모든 의를
이루신
예수 그리스도
II

마태복음 강해 설교집

김 사무엘

義齊堂

목 차

머리말

1. 인류의 죄의 병을 깨끗이 고쳐 주신 예수님 · 6
   마 8:1-17

2. 예수님의 제자가 되려는 동기가 무엇입니까? · 18
   마 8:18-27

3. 너희 신(神)이 누구더냐? · 28
   마 8:28-34

4. 우리의 모든 죄를 사하신 예수님은 하나님이시다 · 36
   마 9:1-8

5. 자기의 고집과 묵은 종교의 틀을 버려라 · 46
   마 9:9-17

6. 죄와 죽음에서 우리를 해방시키신 주님 · 56
   마 9:18-26

7. 하나님은 우리의 믿음 위에 역사하신다 · 66
   마 9:27-38

8. 제자의 길(1): 천국 복음을 전파하는 자 · 76
   마 10:1-23

9. 제자의 길(2): 두려워하지 말고 상을 바라보라 · 88
   마 10:24-42

10. 세례 요한에 대한 예수님의 증거 · 98
    마 11:1-15

11. 누구든지 회개하지 않으면 멸망합니다 · 112
　　　　　　　　　　　마 11:16-24

12. 거듭난 자들이 누리는 안식 · 124
　　　　　　　　　　　마 11:25-30

13. 안식일 규례를 세우신 하나님의 뜻 · 134
　　　　　　　　　　　마 12:1-8

14. 우리를 온전하게 하시는 주님 · 144
　　　　　　　　　　　마 12:9-21

15. 성령을 훼방하는 죄 · 154
　　　　　　　　　　　마 12:22-32

16. 거듭난 자라야 좋은 열매를 맺을 수 있습니다 · 168
　　　　　　　　　　　마 12:33-37

17. 표적을 구하지 말고 말씀을 믿으십시오 · 176
　　　　　　　　　　　마 12:38-50

18. 당신의 마음밭은 어떻습니까? · 188
　　　　　　　　　　　마 13:1-23

19. 천국의 아들들과 마귀의 자식들 · 200
　　　　　　　　　　　마 13:24-43

20. 천국 영생이 가장 귀합니다 · 210
　　　　　　　　　　　마 13:44-58

21. 영혼을 죽이는 사역과 영혼을 살리는 사역 · 222
　　　　　　　　　　　마 14:1-21

20. 믿음의 능력 · 234
　　　　　　　　　　　마 14:22-36

머 리 말

　예수님은 흠 없는 제물이 되시려고 육신을 입고 오신 성자(聖子) 하나님입니다. 전 인류의 대속제물인 하나님의 어린양으로 오신 예수님은 대제사장 아론의 후손이자 여자의 몸에서 난 자중에 가장 큰 자인 세례 요한에게 구약의 제사법에 기록된 대로 안수의 형식으로 세례를 받았습니다. 이때에 주님은 요한에게 **"이제 허락하라 우리가 이와 같이 하여 모든 의를 이루는 것이 합당하니라"**(마 3:15)고 명하셨습니다. 예수님께서 인류의 대표자에게 받으신 안수(按手)의 세례가 **"모든 죄"**를 예수님께 넘김으로 이 세상에는 **"모든 의"**가 이루어지게 하는 구원의 역사였습니다.

　예수님께서는 받으신 세례로 우리의 모든 죄를 담당하시고 성령의 인도로 광야에서 40주야를 금식하신 후에 사단 마귀의 시험을 말씀으로 물리치셨습니다. 그리고 제자들과 무리를 향해 산상수훈(山上垂訓)의 말씀을 전해 주셨습니다.

　"모든 의를 이루신 예수 그리스도" 2권은 산상수훈(山上垂訓)의 말씀을 마치시고 산에서 내려오신 후에 행하신 예수님의 교훈과 행적을 기록한 마태복음 8장부터 14장까지의 말씀을 다뤘습니다. 주님께서는 친히 천국 복음을 전파하시며 제자들과 함께 영혼들을 죄에서 구원하는 사역을 하셨습니다.

　"천국은 마치 밭에 감추인 보화와 같으니 사람이 이를 발견한 후 숨겨 두고 기뻐하여 돌아가서 자기의 소유를 다 팔아 그 밭을 샀느니라"(마 13:44). 주님의 말씀은 우리에게 무엇이 가장 귀중한 보물인지를 밝히 가르쳐 줍니다. 우리에게 천국의 영생보다 더 귀한 보화는 없습니다. 그리고 그 보화를 차지하려면 자기의 생각이나 옳음을 다 내다 팔아야 합니다. 저는 독자 여러분들이 이 책을 통해서 **"밭에 감추인 보화"**와 같은 진리의 복음을 만나서 **"죄 사함으로 말미암는 구원"**(눅 1:77)을 얻고 자원함과 기쁨으로 신앙생활을 하다가 천국의 영생에 다 들어가게 되기를 간절히 바랍니다.

아멘.

2017년 12월 20일 의제당 서재에서
김 사무엘 목사

인류의 죄의 병을
깨끗이 고쳐 주신 예수님

"예수께서 산에서 내려 오시니 허다한 무리가 좇으니라

한 문둥병자가 나아와 절하고 가로되 주여 원하시면 저를 깨끗케 하실 수 있나이다 하거늘

예수께서 손을 내밀어 저에게 대시며 가라사대 내가 원하노니 깨끗함을 받으라 하신대 즉시 그의 문둥병이 깨끗하여진지라

예수께서 이르시되 삼가 아무에게도 이르지 말고 다만 가서 제사장에게 네 몸을 보이고 모세의 명한 예물을 드려 저희에게 증거하라 하시니라

예수께서 가버나움에 들어가시니 한 백부장이 나아와 간구하여

가로되 주여 내 하인이 중풍병으로 집에 누워 몹시 괴로와하나이다

가라사대 내가 가서 고쳐 주리라

백부장이 대답하여 가로되 주여 내 집에 들어오심을 나는 감당치 못하겠사오니 다만 말씀으로만 하옵소서 그러면 내 하인이 낫겠삽나이다

나도 남의 수하에 있는 사람이요 내 아래도 군사가 있으니 이더러 가라 하면 가고 저더러 오라 하면 오고 내 종더러 이것을 하라 하면 하나이다

예수께서 들으시고 기이히 여겨 좇는 자들에게 이르시되 내가 진실로 너희에게 이르노니 이스라엘 중 아무에게서도 이만한 믿음을 만나보지 못하였노라

또 너희에게 이르노니 동서로부터 많은 사람이 이르러 아브라함과 이삭과 야곱과 함께 천국에 앉으려니와

나라의 본 자손들은 바깥 어두운데 쫓겨나 거기서 울며 이를 갊이 있으리라

예수께서 백부장에게 이르시되 가라 네 믿은대로 될찌어다 하시니 그 시로 하인이 나으니라

예수께서 베드로의 집에 들어가사 그의 장모가 열병으로 앓아 누운 것을 보시고

그의 손을 만지시니 열병이 떠나가고 여인이 일어나서 예수께 수종들더라

저물매 사람들이 귀신 들린 자를 많이 데리고 예수께 오거늘 예수께서 말씀으로 귀신들을 쫓아 내시고 병든 자를 다 고치시니

이는 선지자 이사야로 하신 말씀에 우리 연약한 것을 친히 담당하시고 병을 짊어지셨도다 함을 이루려 하심이더라"(마 8:1-17).

마태복음 8장부터는 산상수훈(山上垂訓)을 마치신 예수님께서 십자가로 향해서 가시면서 우리에게 베푸신 이적들과 교훈들을 기록하신 말씀입니다. 오늘의 본문 말씀을 크게 세 부분으로 나눌 수 있는데, 첫째는 문둥병을 고치신 예수님, 둘째로는 백부장의 하인의 중풍병을 고쳐 주신 예수님, 마지막으로 시몬 베드로의 장모의 열병을 고쳐 주신 예수님—이렇게 세 부분입니다. 예수님께서는 복음을 전파하시며 많은 병자들과 장애인들을 고치시고 귀신을 쫓아 내셨습니다. 그런데 예수님께서 문둥병을 비롯해서 중풍병자, 혈루병자 등의 각종 병자를 고치신 이적과 소경, 앉은뱅이, 혈기 마른 자 등 불구자들을 온전하게 하신 일이며, 또 귀신들도 쫓아내 주신

사역은 모두 **"예수님이 모든 죄인들을 구원하셨다"**라는 사실을 계시합니다. 즉 예수님께서 많은 병자와 불구자들 그리고 귀신들린 이들을 육신적으로 온전하게 고쳐 주신 것은, 그들의 영혼을 온전하게 치료해 주신 하나님의 구원을 의미합니다.

예수님께서 치유(治癒) 이적을 베푸신 목적은 우리로 하여금 당신께서 완성하신 하나님의 의를 믿게 하기 위함이었습니다. 사람들은 자기의 육신을 가장 중요하게 여깁니다. 그래서 어떤 이의 육신의 병을 고쳐 준 것에 놀라며 자기들의 병도 치유받고자 예수님을 쫓아다녔지만, 예수님께서 사람들의 병을 고쳐 주시고 귀신을 쫓아내는 이적을 베푸신 목적은 당신이 구원자로 이 땅에 오셔서 우리의 모든 죄를 깨끗이 없애 주신 진리의 복음을 믿게 하기 위해서였습니다. 누구에게나 **"죄 사함으로 말미암는 구원"**(눅 1:77)의 축복이 가장 귀한 것인데, 사람들은 거기에는 관심이 없고 육신적으로 배불리 먹고 건강 장수하는 것을 가장 귀하게 여깁니다. 예수님께서 보리떡 다섯 개와 물고기 두 마리로 오천 명을 먹이셨을 때에도, 사람들은 결사적으로 예수님을 쫓아다녔습니다. 그리고 "저분을 왕으로 삼으면 우리가 절대로 굶지는 않고 살겠구나!" 하며 예수님을 강권해서 자기들의 왕으로 삼고자 했습니다. 그런데 예수님은 그런 자들에게, **"너희가 나를 찾는 것은 표적을 본 까닭이 아니요 떡을 먹고 배부른 까닭이로다 썩는 양식을 위하여 일하지 말고 영생하도록 있는 양식을 위하여 하라"**(요 6:26-27)고 책망하셨습니다.

우리는 스스로 "내가 왜 하나님을 믿는가? 내가 왜 예수님을 믿는가? 썩을 양식을 위해서 하나님을 믿는 것은 아닌가?" 하고 자주 질문을 해야 합니다. 많은 사람들이 썩을 양식을 위해서 예수님을 믿습니다. 예수님을 믿으면 사업 잘되고 직장에서 승진이 잘 되고, 병이 낫고, 자녀가 잘된다고 믿는 사람은 썩을 양식을 위하여 예수님을 믿는 자입니다. 이런 것들은 다 이 땅에 속한 것들이며 지나가는 것들입니다. 썩지 아니할 양식은 천국의 영원한 생명입니다. 그리고 영원한 생명을 얻기 위해서 예수님을 믿는 것이 올바른 믿음입니다. 예수님을 올바르게 믿는 사람은 영생(永生)을 지향합니다.

영혼의 문둥병인 죄의 병을 깨끗이 낫게 하신 예수님

어떤 문둥병자가 예수님께 나와서 **"주여 원하시면 저를 깨끗게 하실 수 있나이다"** 하고 간청했습니다. 예수님께서는 우리 모두가 죄의 문둥병에 걸려 있는 것을 아시고 죄의 병을 고쳐 주기를 원하십니다. 하나님께서는 보이는 현상들을 통해서 보이지 않는 영의 세계의 일들을 우리에게 가르쳐 주십니다. 육신의 문둥병은 우리의 영혼이 고통을 받고 있는 죄의 문제를 계시합니다. 문둥병은 자기도 모르게 3년, 자기만 알고 3년, 남도 알게 3년—이렇게 모두 9년을 앓다가 죽는다고 합니다. 나균(癩菌)이 몸에 들어오면 잠복해 있으면서 서서히 몸속에서 퍼집니다. 그래서 자기가 문둥병에 걸린 줄을 초기에는 전혀 모릅니다. 문둥병은 3년이라는 잠복기가 지나야 몸의 은밀한 부분에서부터 작은 종기들이 볼록볼록 튀어나옵니다. 그때부터 문둥병이 걸렸다는 사실을 자기만 알게 되는데, 그래도 종기들을 최대한 감추면서 또 3년이 지납니다. 그런데 그 병증이 점점 더 심해지면, 문둥병의 부스럼이 얼굴에도 드러나서 더 이상 감출 수가 없게 됩니다. 눈이나 귀, 손마디도 다 짓무르고 주저

앉으면서, 심해지면 손가락이 다 떨어져 나가서 조막손이 됩니다. 너무도 흉악해서 보기 싫으니까 중증 환자들은 손이나 얼굴을 붕대로 칭칭 감고 다닙니다. 그러다가 끝내 죽습니다.

문둥병은 인간의 죄악된 상태를 가장 잘 드러내 주는 병입니다. 우리가 어렸을 때, 즉 청소년기에는 자기 자신이 죄인인 줄도 모릅니다. 그런데 철이 나면서, 또 하나님의 율법을 바라보면서, "아, 내가 죄인이구나!" 하고 깨닫습니다. 그러나 아직 죄악의 꽃이 밖으로 심하게 드러나지는 않습니다. 그런데 나이를 먹을수록 죄의 꽃들이 활짝 피고 죄의 열매가 맺힙니다. 그래서 최대한 윤리와 도덕의 붕대로 감아서 보이지 않게 하려고 하지만, 결국 죄와 허물로 범벅된 삶을 살다가 죽어서 지옥에 가게 되는 것이 우리 인생들입니다. 영적으로는 모든 사람이 다 죄의 문둥병자들입니다.

스스로는 도저히 고칠 수 없는 천형(天刑)인 영적(靈的) 문둥병에서 우리를 깨끗이 고쳐 주시려고, 하나님 아버지께서 당신의 외아들인 예수 그리스도를 육신으로 이 땅에 보내 주셨습니다. 예수님께서는 흠 없는 어린양으로 우리 가운데 오셔서 인류의 대표자인 세례 요한에게 안수의 형식으로 세례를 받으셨습니다. 안수는 죄를 제물에게 넘기는 하나님의 공의한 법입니다(레 16:21). 이때에 우리 각자의 영혼에 문둥병을 일으킨 죄와 허물이 인류의 어린양으로 오신 예수님께로 단번에 넘어갔습니다. 그래서 **"이튿날 요한이 예수께서 자기에게 나아오심을 보고 가로되 보라 세상 죄를 지고 가는 하나님의 어린 양이로다"**(요 1:29)라고 요한은 선포한 것입니다. 세례 요한이 예수님께 베푼 세례(안수)로 **"세상 죄"**를 짊어진 예수님은 이제 십자가를 향해서 가셨습니다. 그리고 십자가에 못 박혀 피 흘리시며 **"다 이루었다"**(요 19:30)라고 외치며 돌아가셨습니다. 주님께서는 이와 같이 하여 우리 영혼의 문둥병을 단번에 깨끗하게 고쳐 주셨습니다.

백부장의 하인이 얻은 구원

한 백부장(百夫長)의 하인이 중풍병에 걸려서 몹시 괴로워하고 있었습니다. 중풍병이 들면 초기에는 온몸이 그렇게 아픕니다. 저도 한 20여 년 전에 뇌의 숨골 부근에 엄지손톱만 한 크기로 뇌경색(腦硬塞)이 왔었습니다. MRI를 찍어 보았더니 모세혈관 하나가 막혀서 그 부분이 까맣게 죽었습니다. 그때에 한 일주일간은 온몸이 얼마나 아픈지 너무 아파서 잠을 잘 수가 없었습니다. 그러니 뇌의 큰 부위에서 경색이나 출혈이 있는 사람의 고통은 얼마나 심하겠는지 저는 잘 이해합니다.

이 중풍병도 우리 영혼의 죄악된 상태를 계시합니다. 중풍병에 걸리면 온몸을 움직일 수 없습니다. 생각으로는 바르게 걸을 수 있을 것 같은데 몸은 제대로 말을 듣지 않습니다. 우리의 실상이 그렇습니다. 우리도 생각으로는 죄를 짓지 않고 의롭고 거룩하게 살고 싶지 않습니까? 그런데 몸은 따로 놉니다. 마음은 거룩하게 살기를 원하지만 육신은 늘 죄를 짓는 일로 달려갑니다. 몸과 마음이 따로 노는 이것이 바로 영혼의 중풍병입니다. 우리는 다 영혼의 중풍병자들입니다.

어떤 백부장이 중풍병에 걸려 고통하는 자기의 하인을 고쳐달라고 예수님께 간청을 했습니다. 백부장은 백 명의 부하를 데리고 있는 장교이니 지금으로 치면 중대장 정도 되는 셈입니다. 그 당시의 이스라엘은 로마의 식민지였는데, 로마의 백부장 정도면 그야말로 웬만한 소도시에서는 최고의 권세가 있었을 것입니다. 그런 사람이 예수님이 누구신지를 제대로 알아보고 예수님께 나와서 자기의 부하를 고쳐달라고 간구한 것입니다. 백부장의 간청을 들은 예수님께서는 **"내가 가서 고쳐 주리라"**라고 말씀하셨습니다.

그러자 그 백부장은 **"주여 내 집에 들어오심을 나는 감당치 못하겠사오니 다만 말씀으로만 하옵소서 그러면 내 하인이 낫겠삽나이다"**하며 예수님께서 자기 집에 들어오시지 못하게 만류했습니다. 유대인은 절대로 이방인의 집에 들어갈 수 없었습니다. 이 백부장은 예수님은 하나님의 백성인 유대인 가운데로 오신 하나님이라는 사실을 믿는 사람이었습니다. 이 백부장의 믿음은 대단한 믿음이었습니다. 이 백부장은 "내 부하들조차도 내가 시키면 시키는 대로 하는데 주님께서는 하나님이시므로 다만 말씀으로만 하셔도 내 하인의 병은 낫는다고 저는 믿습니다"하고 믿음으로 고백한 것입니다. 그는 예수님이 하나님이라는 사실을 믿었습니다. 그렇기 때문에 저분이 말씀으로만 해도 어떤 병이든지 다 낫는다고 그는 믿었던 것입니다. 그리고 예수님은 그 백부장의 믿음 위에 역사하셔서 그 시로 백부장의 하인의 병을 낫게 하셨습니다.

오직 믿음으로 얻는 구원

열왕기하 5장에는 아람 나라의 군대장관인 나아만 장군이 하나님의 종 엘리사에게 와서 말씀에 순종함으로 문둥병이 깨끗이 나은 역사가 기록되어 있습니다. 그는 많은 예물을 가지고 엘리사를 찾아왔는데, 자기 생각에는 엘리사가 어떤 특별한 예식이나 기도를 드려서 자기의 병을 고쳐줄 것이라고 생각했었습니다. 그런데 엘리사 본인도 아니고 하인 하나가 쪼르르 나오더니 "**너는 가서 요단 강에 몸을 일곱 번 씻으라 네 살이 여전하여 깨끗하리라**"(왕하 5:10)고 전하고는 다시 집으로 쏙 들어가 버렸습니다. 나아만 장군은 모욕감을 참지 못하고 자기 나라로 돌아가려 했습니다. "내가 돌아가면 군대를 일으켜 나를 모욕한 이 나라를 짓밟으리라"라고 생각했을 것입니다. 그때에 나아만의 부하들이 "**내 아버지여 선지자가 당신을 명하여 큰 일을 행하라 하였더면 행치 아니하였으리이까 하물며 당신에게 이르기를 씻어 깨끗하게 하라 함이리이까**"(왕하 5:13)라고 간청했습니다. 나아만이 부하의 말을 듣고 생각해보니 그의 말이 옳았습니다. 나아만은 하나님의 종의 말씀에 순종해서 요단강 물에 몸을 일곱 번 담그자 그의 문둥병은 깨끗이 나아서 어린아이의 살처럼 되었습니다.

이와 같이 많은 예물을 드리거나 우리의 노력이나 희생으로 우리 영혼의 문둥병이 깨끗이 낫는 것은 아닙니다. 누구든지 하나님의 종이 전한 구원의 말씀을 믿을 때에 "**죄 사함으로 말미암는 구원**"(눅 1:77)을 받습니다. 만일 나아만 장군이 "**내 생각에는**"(왕하 5:11) 하며 돌아갔더라면 그는 결코 구원을 받지 못했을 것입니다. 오늘의 본문에서도 예수님께서는 문둥병자에게 손을 대시면서, "**내가 원하니 깨끗함을 받으라**"라고 말씀하셨는데, 이는 주님께서 우리 영혼에 손을 대시면서, "내가 원하노니 너는 물과 피의 복음을 믿음으로 깨끗함을 받으라"라는 말씀입니다. 주님께서 산상수훈(山上垂訓)을 마치시고 베푸신 첫 번째 역사가 바로 우리 영혼의 문둥병과 중풍병을 고쳐 주신 역사입니다. 우리는 물과 피의 복음을 믿음으로 우리 영혼의 문둥병과 중풍병이 깨끗이 치료된 의인들입니다.

자기의 생각을 버리고 하나님의 말씀을 믿는 믿음, "하나님의 말씀은 반드시 이루어진다"라고 믿는 믿음—이러한 믿음이 하나님께서 기뻐하시는 믿음입니다. "다만 말씀으로만 하옵소서 그러면 내 하인이 낫겠삽나이다"라고 고백한 백부장은 "하나님이신 예수님께서 말씀하시면 말씀하신 그대로 이루어진다"라고 믿었습니다. 예수님께서는 그 백부장의 믿음을 크게 칭찬하셨습니다: "내가 진실로 너희에게 이르노니 이스라엘 중 아무에게서도 이만한 믿음을 만나보지 못하였노라 또 너희에게 이르노니 동서로부터 많은 사람이 이르러 아브라함과 이삭과 야곱과 함께 천국에 앉으려니와 나라의 본 자손들은 바깥 어두운데 쫓겨나 거기서 울며 이를 갊이 있으리라"(마 8:10-12). 육신적으로 아브라함의 후손이라고 해서 저절로 구원을 받는 것이 아닙니다. 누구든지 하나님께 대한 올바른 믿음을 가질 때에 구원을 받습니다. 올바른 믿음이란, 예수님은 성자 하나님이라는 사실과 그분의 입에서 나오는 모든 말씀은 반드시 이루어진다는 믿음입니다. 백부장은 그런 믿음으로 자기 자신도 거듭났으며 자기 부하의 중풍병도 치유함을 받았습니다.

귀신들을 쫓아내시는 예수님

이제 예수님께서 베드로의 집에 들어가셨는데, 베드로의 장모가 열병을 앓고 있었습니다. 예수님께서 그녀의 손을 잡아서 일으켜 주시자 곧 일어나서 예수님을 섬겼습니다. 저녁이 되자 사람들이 귀신들린 자를 많이 데리고 예수님께 나왔습니다. 예수님께서 말씀으로 귀신들을 쫓아내시며 병자들을 고쳐 주셨습니다. 이 말씀도 예수님께서 귀신들린 자들의 영혼을 구원해 주셨다는 뜻입니다.

"그 때에 너희가 그 가운데서 행하여 이 세상 풍속을 좇고 공중의 권세 잡은 자를 따랐으니 곧 지금 불순종의 아들들 가운데서 **역사하는 영이라**"(엡 2:2)고 기록되어 있습니다. 우리 육신의 눈으로는 볼 수 없지만, 이 세상은 사단 마귀의 지배 아래 있습니다. 즉 구원받지 못한 사람들은 다 귀신의 지배 아래 있습니다. "짜고 치는 고스톱"이라는 말처럼, 귀신들은 사람들을 교묘하게 속이고 조정해서 귀신이 쳐놓은 덫에 더욱더 깊이 빠지게 합니다. 어떤 사람이 귀신들려서 미친 짓을 하는데, 가족들이 용하다는 무당을 불러서 굿을 하면 정신이 돌아오기도 합니다. 어떤 목사는 자기가 안수기도를 하면 귀신이 쫓겨나가서 병이 낫는다고 주장합니다. 그렇게 사단 마귀의 부하인 귀신들은 "짜고 치는 고스톱"처럼 세트 플레이(Set play)를 잘 합니다.

"**전에는 우리도 다 그 가운데서 우리 육체의 욕심을 따라 지내며 육체와 마음의 원하는 것을 하여 다른 이들과 같이 본질상 진노의 자녀이었더니**"(엡 2:3)— 죄 사함을 받기 전에는, 우리가 다 사단 마귀의 지배를 받으며 그가 이끄는 대로 죄악된 삶을 살았습니다. 정도의 차이가 있지만 모든 사람들은 다 귀신이 들려서 귀신이 이끄는 대로, 사단 마귀가 불어넣어 준 가치관과 욕망을 좇아 살고 있습니다. 그래서 결국 사단 마귀와 함께 하나님의 심판을 받고 지옥에 떨어집니다.

그런데 주님의 구원의 말씀을 믿음으로 죄 사함을 받고 성령이 우리 마음에 임하시면 우리는 사단 마귀의 지배에서 벗어나게 됩니다. 진리의 복음은 능력이 있습니다. 우리가 **"물과 피로 임"**(요일 5:6)하신 예수 그리스도를 믿음으로 죄 사함을 받으면 하나님이신 성령님께서 우리의 마음에 임하십니다. 전능하시고 힘센 분이 우리의 마음에 들어오시는데 귀신 나부랭이들이 쫓겨나가지 않고 배길 수가 있겠습니까? 어떤 이에게 하나님의 능력의 복음을 전해 주면 귀신은 알아서 도망갑니다.

제가 어렸을 때에 저희 집안은 다 천주교에 다녔습니다. 그 당시에는 귀신들려서 미친 사람들이 많았는데, 저는 천주교인들이 떼거리로 귀신들려서 미친 사람의 집으로 몰려가서 그 사람을 고친다고 방에 감금하고 복숭아나무 가지로 마구 때리며 난리를 치는 것을 자주 보았습니다. 왜 꼭 복숭아나무 회초리를 써야 했는지는 모르겠습니다만, 그렇게 때린다고 귀신이 나갑니까? 제가 잘 아는 감리교회 목사가 있는데, 저는 그분(정○○선교사)이 운영했던 방글라데시의 신학교에 초청을 받아서 특강을 했던 적이 있습니다. 그 후에 그 목사님이 안식년을 맞아서 미국에 갔다가, 귀신들린 사람을 고치겠다고 여러 신자들과 함께 귀신들린 사람을 발로 밟으며 기도했는데, 그 사람의 늑골이 부러지면서 그 뼈가 폐를 찔러서 폐출혈로 죽었습니다. 그 사건으로 그분은 2급 살인죄로 기소되어 미국에서 감옥살이를 했습니다. 약 20년 전에 실제로 있었던 사건인데, 참으로 어처구니없는 일입니다.

"예수께서 말씀으로 귀신들을 쫓아내시고 병든 자를 다 고치시니"(마 8:16)라고 기록되어 있습니다. 예수님께서는 말씀으로 귀신을 쫓아내셨습니다. 어떤 영혼에게 진리의 복음을 전해 주면, 그 사람은 죄 사함을 받게 되고 그때까지 그 사람을 사로잡고 조종했던 귀신들은 다 도망갑니다. 신사적으로 하나님의 능력의 말씀을 선포해서 귀신을 쫓아내는 것이지, 그 일이 사람을 발로 밟아서 될 일입니까?

주님께서는 우리의 죄의 병을 온전히 치유하시러 오셨고, 또 우리를 마귀의 권세에서 구원하러 오셨습니다. 그래서 우리는 모든 죄의 사함을 받았고 사단 마귀의 손아귀에서 벗어났습니다. 주님은 **"너희가 내 말에 거하면 참 내 제자가 되고 진리를 알찌니 진리가 너희를 자유케 하리라"**(요 8:31-32)고 말씀하셨습니다. 루어(가짜 미끼) 낚시를 해 보면 물고기들이 루어(lure)의 먹음직한 모양과 화려한 색상에 현혹되어서 그 루어를 확 물었다가 루어에 달린 낚싯바늘에 꿰어서 끌려 나옵니다. 그렇듯이 사단 마귀가 돈과 명예와 권력과 쾌락이라는 이 세상의 루어(lure)들을 사람들 앞에 막 흔들어 대면 사람들은 그것을 따라가다가 마귀에게 사로잡히고 결국 지옥에 가게 됩니다.

 그런 우리를 불쌍히 여기신 우리 주님께서 육신을 입고 이 땅에 **"물과 피로 임"**(요일 5:6)하셔서 우리의 죄의 병을 고쳐 주시고 사단 마귀의 권세와 손아귀에서 우리를 구원해 주셨습니다. 우리에게 참된 자유를 주신 주님께 감사를 드립니다. 할렐루야!

 말씀을 마쳤습니다.

예수님의 제자가 되려는 동기가 무엇입니까?

"예수께서 무리가 자기를 에워쌈을 보시고 저 편으로 건너가기를 명하시니라

한 서기관이 나아와 예수께 말씀하되 선생님이여 어디로 가시든지 저는 좇으리이다

예수께서 이르시되 여우도 굴이 있고 공중의 새도 거처가 있으되 오직 인자는 머리 둘 곳이 없다 하시더라

제자 중에 또 하나가 가로되 주여 나로 먼저 가서 내 부친을 장사하게 허락하옵소서

예수께서 가라사대 죽은 자들로 저희 죽은 자를 장사하게 하고 너는 나를 좇으라 하시니라

배에 오르시매 제자들이 좇았더니

바다에 큰 놀이 일어나 물결이 배에 덮이게 되었으되 예수는 주무시는지라

그 제자들이 나아와 깨우며 가로되 주여 구원하소서 우리가 죽겠나이다

예수께서 이르시되 어찌하여 무서워하느냐 믿음이 적은 자들아 하시고 곧 일어나사 바람과 바다를 꾸짖으신대 아주 잔잔하게 되거늘

그 사람들이 기이히 여겨 가로되 이 어떠한 사람이기에 바람과 바다도 순종하는고 하더라"(마 8:18-27).

오늘의 본문 말씀은 두 가지 내용을 담고 있습니다. 그 하나는 예수님의 제자가 되려는 동기(動機)에 관한 말씀이고 다른 하나는 "예수님의 제자가 되려면 어떤 믿음이 있어야 하는가"에 대한 말씀입니다.

주님의 제자가 되려는 동기

우리는 왜 예수님의 제자가 되려고 합니까? 예수님의 제자가 되겠다고 첫 번째로 나온 사람은 서기관입니다. 이스라엘은 종교가 중심이 된 제정일치(祭政一致)의 나라입니다. 서기관들(scribes)은 성경을 필사를 하고 율법을 연구하고 가르치며 재판관 노릇도 했던 이들인데, 그들은 예수님 당시의 공무원인 셈입니다. 우리나라도 요즘 공무원들이 얼마나 인기가 높습니까? 올해에는 제일 말단직인 9급 공무원 시험에 25만여 명이 응시를 했다고 합니다. 서기관은 이스라엘 나라에서 존경을 받는 직업이었습니다. 그런 위치에 있는 어떤 서기관이 예수님께 나와서 **"선생님이여 어디로 가시든지 저는 좇으리이다"** 하고 고백했습니다. 그는 주님의 제자가 되겠다는 의사표시를 한 것입니다. 그가 한 말만 놓고 보면 아주 귀한 고백이고 갸륵한 일입니다.

모든 사람은 거짓말쟁이입니다. 우리는 마음속에 있는 것을 정직하게 말하기보다는 그것을 포장해서 상대방이 듣기 좋아하거나 자기에게 유리한 방식으로 표현합니다. 그러나 주님은 우리 입술의 말보다 우리의 마음 중심을 살피시는 분입니다. 그 서기관은 "저는 주님의 제자가 되어서 주님이 인도하는 대로 살겠습니다" 하고 입술로는 귀한 고백을 했지만, 주님께서는 그의 마음의 중심을 보시고 "여우도 굴이 있고 공중의 새도 거처가 있으되 오직 인자는 머리 둘 곳이 없다"라고 말씀하심으로 그의 요청을 완곡하게 거절하셨습니다. 그 서기관은 "예수님을 따라다니면 자기도 영광을 받고 존귀하게 되겠구나" 하는 육신적인 동기를 품고서 예수님의 제자가 되겠다고 간청한 것인데, 예수님께서는 그 서기관의 마음을 꿰뚫어 보시고 그렇게 말씀하신 것입니다.

오늘날도 많은 젊은이들이 신학교에 가서 신학자나 목사가 되려고 합니다. 그런데 그렇게 하려는 그들의 동기(動機)가 무엇이냐는 겁니다. 그들이 진정으로 영혼들을 구원하기 위해서 자기의 십자가를 지고 진리의 복음을 전파하는 데에 자기의 생애를 드리기를 원해서 신학교에 가려는 것입니까? 과연 그들이 비록 머리 둘 곳조차 없을지라도 주님의 제자가 되어서 주님께서 완성해 주신 의의 복음을 전파함으로써 하나님의 영광을 드러내기 위해서 주의 제자가 되려는 것입니까? 아니면 예수님을 빙자해서 잘 먹고 잘 살려고 하는 것입니까? 아마 대부분의 신학교 지망자들은 후자에 속할 것입니다. 그렇기 때문에 오늘날 기독교가 믿지 않는 이들에게 "개독교"라고 지탄을 받고 있습니다. 자칭 하나님 종이 되려는 사람들이 대부분 자기의 영광과 탐욕을 채우려는 동기로 신학을 공부하고 교회를 개척하고 또 선교 사역을 하고 있습니다. 물론 그들도 말로는 주를 위해서 어디든지 가겠다고 고백합니다. 그러나 소위 성공했다는 목회자들의 열매를 보십시오. 결국은 거대한 예배당을 짓고 그 안에서 왕 노릇하지 않습니까? 심지어 어떤 목사는 절대권력을 휘두르며 그렇게 성취한 대형교회를 자기 아들에게 세습시키지 않습니까? 그렇다면 그들이 김일성이나 김정은과 다를 것이 무엇입니까? 주님께서는 그들의 마음 중심을 살피십니다.

참된 제자의 길

예수님은 "무릇 내게 오는 자가 자기 부모와 처자와 형제와 자매와 및 자기 목숨까지 미워하지 아니하면 능히 나의 제자가 되지 못하고 누구든지 자기 십자가를 지고 나를 좇지 않는 자도 능히 나의 제자가 되지 못하리라"(눅 14:26-27)고 말씀하셨습니다. 사람은 근본 이기적이고 욕망 덩어리입니다. 그러므로 주님의 제자가 되려면 자기의 생각과 계획과 욕망을 부인하고 자기가 감당할 십자가를 지고 따라야 합니다. 주님의 제자는 자기의 욕망이나 좋아하는 것을 꺾어 버리고 주님께서 기뻐하시는 뜻을 좇아야 합니다.

그런데 이 서기관처럼 오늘날의 기독교인들도 이 땅에서 자기가 하는 일이 잘되고 가족들이 건강하고 평안하기를 바라서 예수님을 믿는 이들이 대부분입니다. 예수님 당시에도 많은 무리가 예수님을 따라다녔지만 그들은 대부분 육신적인 동기를 품고 육신의 문제를 해결하려고 예수님을 좇았습니다. 예수님께서는 "너희가 나를 찾는 것은 표적을 본 까닭이 아니요 떡을 먹고 배부른 까닭이로다 썩는 양식을 위하여 일하지 말고 영생하도록 있는 양식을 위하여 하라"(요 6:26-27)고 그들을 책망하셨습니다. 오늘날의 기독교인들도 그런 기복적(祈福的)인 동기를 가지고 교회를 찾고 있습니다.

우리는 우리 자신의 마음을 솔직하게 들여다보아야 합니다. 우리가 정말 우리를 구원해 주신 진리의 복음이 너무 감사하기 때문에, 또 이 복음을 전파하는 일이 너무나 귀하기 때문에 주님을 따르고자 합니까? 아니면 내 육신의 욕망을 만족시키고 자기의 영광을 구하려고 주님을 따르는 척하는 것입니까?―이 질문을 자신에게 던져 봐야 합니다. "내가 나의 욕망과 계획을 부인하고 오직 나를 구원하신 주님께서 기뻐하시는 뜻을 믿음으로 좇는 것이냐?" 만일 그렇지 않다면 우리도 그 서기관과 다를 것이 없습니다. 사람은 외모를 살피지만 하나님께서는 우리 마음의 중심을 살피십니다. 하나님께서는 우리 마음의 숨은 동기들도 낱낱이 아십니다. **"그런즉 너희가 먹든지 마시든지 무엇을 하든지 다 하나님의 영광을 위하여 하라"**(고전 10:31)고 말씀하셨습니다. 주님의 제자가 되려고 하면 오직 주님의 영광을 위해서 자기를 드리고자 해야 합니다.

서기관을 돌려보낸 후에 한 제자가 나와서, "제 아버지가 거진 돌아가실 때가 다 되었는데 돌아가실 때까지만 제가 모시고 살다가 제 부친의 장례를 치른 후에 주님께 돌아오면 안 될까요?" 하고 주님께 여쭈었습니다. 그런데 예수님께서는 **"죽은 자들로 저희 죽은 자를 장사하게 하고 너는 나를 좇으라"**라고 단호하게 대답하셨습니다. 죽은 자들, 즉 송장들끼리 어떻게 장례를 치르겠습니까? 여기에서 **"죽은 자들"**이란 영적으로 죽은 자들, 즉 거듭나지 못한 죄인들을 의미합니다. 이 세상의 일이나 도리는 거듭나지 못한 자들이 더 잘합니다. 물론 거듭난 우리도 세상에서 돌아보아야 할 부분이 많이 있습니다. 그러나 이 세상의 도리를 다하면서는 주님을 따르기가 어렵습니다. 주님의 뜻을 좇으려면 나의 평판에 흠이 날 수밖에 없습니다. 그렇더라도 주님께서 기뻐하시는 일을 위해서 기꺼이 자기의 뜻을 꺾는 것이 제자의 길입니다.

저도 형제자매가 있습니다. 그들에 대한 형제의 정(情)도 있고 해야 할 도리가 있어서 저도 그들을 돌아보는 일을 전혀 무시할 수는 없습니다. 무엇보다도 그들도 구원을 받게 하기 위해서, 그들에게 **"진리의 사랑"**(살후 2:10)을 베풀기 위해서 할 수만 있으면 저는 형제의 도리를 잊지 않으려고 합니다. 지난번에 저는 조카의 장례식에 다녀왔습니다. 홀로되어서 자식들을 키운 누님을 위로하고자 하는 마음으로 다녀왔지만, 언젠가는 제 형제들과 조카들 가운데 몇 명이라도 하나님께서 구원해 주시기를 바라기 때문에 기도하면서 먼 길을 다녀온 것입니다. 저는 모든 인간관계를 복음과 연관 지어서 생각합니다. 제기 알고 있는 영혼들 중에서 몇 명이라도 진리의 복음을 믿어서 구원받기를 간절히 바라기 때문입니다.

자기를 부인하고 하나님의 뜻을 좇으면 큰 손해가 날 것 같습니까? 아닙니다. 마음을 정해서 먼저 그 나라와 그 의를 구하면 나머지는 하나님께서 다 해결해 주십니다. 믿음으로 살면 망할 것 같습니까? 아닙니다. **"의인의 길은 돋는 햇볕 같아서 점점 빛나서 원만한 광명에 이르거니와 악인의 길은 어둠 같아서 그가 거쳐 넘어져도 그것이 무엇인지 깨닫지 못하느니라"**(잠 4:18-19)고 기록되어 있습니다. 우리를 부르셔서 제자로 삼으신 하나님의 부르심에는 후회하심이 없습니다. **"주라 그리하면 너희에게 줄 것이니 곧 후히 되어 누르고 흔들어 넘치도록 하여 너희에게 안겨 주리라"**(눅 6:38)고 말씀하셨습니다. 하나님께서는 주님의 뜻을 위해서 순수한 동기로 자기를 드리는 자들에게 말에 되어 흔들어 넘치도록 축복을 주십니다.

예수님의 제자의 믿음

오늘 본문의 두 번째 내용은 "예수님은 누구신가?"라는 부분입니다. 예수님과 제자들이 탄 배가 큰 파도를 만나서 침몰하게 되었는데 예수님께서는 그 난리 중에 편안하게 주무시고 계셨습니다.

제자들이 예수님을 급히 흔들어서 깨웠고 예수님은 바다를 꾸짖어서 잠잠하게 만드셨습니다. 이에 제자들은 "**이 어떠한 사람이기에 바람과 바다도 순종하는고**"(마 8:27) 하고 기이하게 여겼습니다.

여러분, 예수님은 "**어떠한 사람**"입니까? 예수님은 근본 사람이 아니라 하나님입니다. 예수님은 하나님의 외아들이신 성자(聖子) 하나님입니다. 예수님은 영원 전부터 하나님 아버지와 함께 계셨던 참 신(神)입니다. 영이신 성자 하나님께서 우리 인류를 죄에서 구원하시려고 처녀 마리아의 몸에서 육신을 입고 사람으로 오신 분이 바로 예수 그리스도입니다. 우리는 예수님이 근본 하나님이라는 진리를 믿습니다.

그러나 신학자들 중에는 예수님을 하나님이라고 믿는 사람이 그리 많지 않습니다. 얼마 전에 제가 졸업한 대학교의 후배이자 해방신학으로 박사학위를 받은 신학자와 교제를 한 적이 있습니다. 그분은 예수님을 소외된 계층을 해방시켜 주러 오신 혁명가나 사회 개혁가로 인식하고 있었습니다. 그런 신학자들 밑에서 신학을 배운 목사님들은 또 어떻습니까? 사실은 예수님을 하나님이라고 믿지 않는 목사님들이 많습니다. 그러나 그렇게 말했다가는 교인들에게 비난을 받을 것 같으니까, 교리상 예수님은 하나님이라고 가르칠 뿐이고 정작 자기들은 그렇게 믿지 않는 이들이 많습니다. 예수님의 제자들조차 "**이 어떠한 사람이기에 바람과 바다도 순종하는고**"(마 8:27) 하고 기이하게 여겼는데, 예수님은 창조주 하나님이기 때문에 바다와 바람도 순종했던 것입니다. 예수님은 하나님입니다. 예수님은 우주 만물을 창조하시고 주관하는 분입니다. 주께서 말씀하시면 말씀하신 그대로 됩니다. 예수님을 하나님이라고 믿는 믿음—이것이 우리 믿음의 기초입니다. 참된 제자는 예수님을 하나님이라고 믿습니다.

교회 안에 거하는 믿음

　오늘의 본문에서 예수님과 제자들을 태운 배는 교회를 의미입니다. 노아의 방주처럼 이 배는 교회의 상징입니다. 교회 안에는 예수님께서 계십니다. 세월호 참사를 기억하려는 촛불집회에서 "♬진실은 침몰하지 않는다"라는 노랫말이 불렸습니다. 걱정하지 마십시오. 예수 그리스도가 탄 배, 즉 하나님의 교회는 절대로 침몰하지 않습니다. 우리는 하나님의 교회입니다. **"물과 피와 성령이 합하여 하나"**(요일 5:8)인 증거를 믿음으로 거듭난 자들이 둘 이상 모여서 하나님의 뜻을 좇는 곳이 하나님의 교회입니다. 하나님 교회에는 예수 그리스도께서 계십니다. 그래서 하나님의 교회는 절대로 침몰하지 않습니다. 어떤 문제가 있든지 예수님께 들고 나가면 예수님께서 다 해결해 주십니다. 예수님은 **"이 어떠한 사람이기에"**가 아니라, 예수님은 하나님이시기에 전능하십니다.

　여러분은 안심하십시오. 예수님과 함께라면 우리는 안전합니다. 큰 파도가 일어나서 제자들은 다 물에 빠져 죽는 줄 알았는데, 주님께서 바다를 책망하시자 바다가 잠잠해졌습니다. 방금 전까지도 공포에 휩싸여 있었던 제자들이 얼마나 좋았을까요? 우리에게 닥치는 어떠한 어려움도 주님을 하나님이라고 믿는 믿음이 있다면 주님께서 다 잠재워 주실 것입니다. 하나님 교회는 예수님께서 함께 타고 계신 배입니다. 예수님께서만 우리와 함께 하신다면, 우리는 절대로 망하지 않습니다. 우리들에게 문제가 있으면 언제든지 예수님께 들고 나와서 해결해 달라고 부탁하면 됩니다.

저는 예수님이 하나님이신 줄 믿습니다. 그래서 어떤 어려움이 와도 크게 요동하지 않습니다. "주님, 우리가 이런 문제에 부딪혔는데 주님께서 해결해 주십시오. 주님께서 큰 파도도 잠잠케 하시지 않았습니까? 주님께서 해결해 주십시오" 하고 기도하고 저의 염려를 주님께 맡깁니다.

오늘은 주님의 제자가 되려는 자의 동기와 믿음이 어떠해야 하는지에 대해서 말씀을 드렸습니다. 예수님은 성자(聖子) 하나님이라는 믿음, 그래서 예수님이 해결하지 못할 일이 없다는 믿음이 주님의 제자들의 믿음입니다.

말씀을 마쳤습니다.

너희 신(神)이 누구더냐?

"또 예수께서 건너편 가다라 지방에 가시매 귀신 들린 자 둘이 무덤 사이에서 나와 예수를 만나니 저희는 심히 사나와 아무도 그 길로 지나갈 수 없을만하더라

이에 저희가 소리질러 가로되 하나님의 아들이여 우리와 당신과 무슨 상관이 있나이까 때가 이르기 전에 우리를 괴롭게 하려고 여기 오셨나이까 하더니

마침 멀리서 많은 돼지 떼가 먹고 있는지라

귀신들이 예수께 간구하여 가로되 만일 우리를 쫓아 내실찐대 돼지떼에 들여 보내소서 한대

저희더러 가라 하시니 귀신들이 나와서 돼지에게로 들어가는지라 온 떼가 비탈로 내리달아 바다에 들어가서 물에서 몰사하거늘

치던 자들이 달아나 시내에 들어가 이 모든 일과 귀신들린 자의 일을 고하니

온 시내가 예수를 만나려고 나가서 보고 그 지방에서 떠나시기를 간구하더라"(마 8:28-34).

예수님께서 갈릴리 호수 건너편의 가다라(Gadarenes) 마을에 들어가셨는데, 그때에 귀신들린 자 둘이 무덤 사이에서 나왔습니다. 그들은 귀신이 들려서 몹시 사나웠기 때문에 아무도 그리로 지나가지 못할 지경이었습니다. 예수님께서 자기들에게 가까이 오시는 것을 보고 그들은 자진해서 예수님 앞에 나와서는 "하나님의 아들이여 우리와 당신과 무슨 상관이 있나이까 때가 이르기 전에 우리를 괴롭게 하려고 여기 오셨나이까" 하며 자기들의 괴로움을 자복

했습니다. 귀신들도 예수님은 육신을 입고 오신 하나님의 아들인 줄 압니다. 우리 속담에 "귀신같이 안다"라는 말도 있듯이, 예수님은 성자(聖子) 하나님이시고 전능한 신(神)인 줄 알았기 때문에 귀신들은 스스로 자기들의 정체를 자백하며 차라리 저 돼지 떼에게로 들어가게 해달라고 애원했습니다.

귀신들이 **"때가 이르기 전에"**라고 말했는데, 여기에서 **때**는 "정하신 때"(the appointed time, NIV), 즉 하나님의 심판의 날(the Day of Judgment)을 의미합니다. 앞으로 마지막 때에 환난의 시기가 있을 것입니다. 환난의 시기는 알곡과 쭉정이를 나누는 시험의 때입니다. 끝까지 진리의 복음을 믿음으로 지킨 의인들은 주님께서 공중에 재림하실 때에 공중으로 들림(휴거, 携擧)을 받습니다. 우리 의인들이 공중에서 신랑이신 예수님과 혼인잔치를 치르는 동안, 이 땅에는 일곱 대접의 진노가 부어집니다. 그 후에 주님께서 초토화된 세상을 새롭게 하시고 당신의 백성들과 함께 지상으로 내려오셔서 천 년 동안 다스리십니다. 이 천년왕국의 시대가 의인들에게는 보상(補償)의 기간입니다. 주님과 복음을 위하여 희생하고 충성한 의인들에게 각각 열 고을, 다섯 고을, 두 고을씩 주셔서 분봉왕(分封王)으로 다스리게 하십니다. 천년왕국의 시대가 끝나면 우주의 재판장이신 주님께서 사단 마귀의 무리와 하나님의 사랑을 거부한 모든 죄인들을 영원히 꺼지지 않는 지옥 불에 처넣으실 것입니다. 그리고 주님은 하나님의 백성들, 즉 **"물과 피의 복음"**을 믿어 거듭난 의인들을 데리고 영원한 천국으로 들어가실 것입니다.

귀신들도 하나님께서 마지막 때에 전개(展開)하실 일들을 알고 있습니다. 그래서 귀신들이 "아직 하나님이 정한 때가 되지 않았는데, 왜 우리를 괴롭히시냐?"라고 예수님께 항변한 것입니다. 땅속에만 숨어서 지내던 지렁이가 햇빛에 노출되면 온몸이 따가워 발광(發狂)을 하며 죽어 가듯이, **불꽃 같은 눈(계 2:18)**으로 쏘아보시는 주님의 권세 앞에 귀신들은 견딜 수 없어서 어찌할 바를 몰랐습니다. 그래서 자기들이 이 사람을 버리고 떠날 테니 차라리 우리를 저기 있는 돼지 떼에게 들어가게 해달라고 예수님께 애원했습니다. 가다라 마을은 데가볼리(Decapolis, 열 도시라는 뜻) 지방에 속한 이방인의 땅이고, 이방인들은 돼지고기를 먹었습니다. 이 귀신들의 이름은 군단(軍團) 크기의 "군대"였습니다. 엄청난 수의 장교와 병사가 한 개 군단(region)을 형성합니다. 그렇게 많은 귀신들이 두 사람에게 들어가 있었습니다. 귀신들은 악한 영이고 몸이 없으니까 기생충처럼 사람이나 짐승을 숙주(宿主)로 삼습니다. 그 부근에 멀지 않은 곳에 2,000마리나 되는 큰 돼지 떼가 있었습니다. 주님께서 **"가라"**라고 명하시자 귀신들이 그 돼지 떼에게로 들어갔고 돼지들이 미쳐서 날뛰면서 비탈로 내리 달려서 바다에 빠져 모두 죽었습니다.

   돼지를 치던 자들이 마을로 달려가서 그 일의 자초지종을 마을 사람들에게 알렸습니다. 그러자 마을 사람들이 놀라서 예수님께로 나왔습니다. 그들이 와서 보았더니 귀신들렸던 사람들이 멀쩡한 정신으로 앉아 있었습니다. 그들은 사납기가 이루 말할 수 없어서 쇠사슬로 묶어 놓아도 쇠사슬을 끊어버리고 자기 몸을 돌로 찍어 상하게 하기도 했던 자들이었습니다. 그런 사람들이 멀쩡한 정신으로 앉아 있는 것을 보면서도, 마을 사람들은 예수님께 그 지방에서 떠나시기를 간청했습니다. 왜 그랬을까요? 예수라는 분이 나타나서 그들에게 막대한 손실을 입혔기 때문입니다. 그들에게는 큰 재산이었던 돼지 떼가 바다에 빠져서 죽어버렸으니 큰 손실을 보게 된 것입니다.

무엇이 더 소중합니까?

사람과 돼지 떼 중에 무엇이 더 귀합니까? 당연히 사람이 귀중합니다. 한 사람의 영혼이 천하보다 귀합니다. 이천 마리가 아니라 이천만 마리의 돼지라도 한 사람과 바꿀 수는 없을 정도로 한 사람의 영혼은 가장 귀한 것입니다. 가다라(Gadarenes) 마을의 사람들은 귀신에 사로잡혔던 두 사람이 구원을 받은 일을 귀하게 여기고 예수님께 나와서 자기들도 구원받고자 하는 마음이 있어야 했습니다. 그러나 그들은 재산상으로 큰 손해 본 것에만 온통 정신이 팔려 있었습니다. "저 예수라는 분이 우리 마을에 더 있다가는 우리가 더 큰 손해를 입겠으니 빨리 떠나가라고 해야겠다"라고 그들은 합의를 보았습니다. 그래서 그들은 예수님께 "**그 지방에서 떠나시기를 간구**"한 것입니다.

만일 우리의 마음이 영혼의 구원보다 재물을 더 소중하게 여긴다면 우리가 가다라의 이방인들과 다를 것이 무엇입니까? 우리의 마음에서 "돈"이 큰 비중을 차지하기가 일쑤입니다. 어떤 성도는 복음 전파의 일이 잘 되지 않고 영혼들이 지옥에 가고 있을지라도 그런 일은 크게 신경을 쓰지 않습니다. 그러나 자기에게 물질적으로 손해가 올 것 같으면 온 마음을 거기에 쏟습니다. 우리의 마음에서 무엇이 더 중한가를 우리는 정직하게 인정해야 합니다. "내 마음에는 하나님과 재물 중에서 무엇이 더 중한가?" 하고 우리는 자문해야 합니다. 주님께서는 "**너희 보물 있는 곳에는 너희 마음도 있으리라**"(눅 12:34)고 말씀하셨습니다. 가다라 사람들에게는 돈이 제일 귀중했습니다. 만일 우리도 돈이 제일 소중하다고 생각한다면 우리는 우상숭배자들입니다.

"한 사람이 두 주인을 섬기지 못할 것이니 혹 이를 미워하며 저를 사랑하거나 혹 이를 중히 여기며 저를 경히 여김이라 너희가 하나님과 재물을 겸하여 섬기지 못하느니라"(마 6:24). 영생(永生)이 중하냐, 아니면 현생(現生)이 중하냐? 대부분의 사람들은 "나는 영생 같은 것에는 관심이 없다"라고 생각합니다. 그래서 그들은 "돈이면 안 되는 일이 없지! 돈이 있으면 죽은 사람도 살린다"라고 말하며 돈을 전능한 신으로 섬깁니다. 그들은 돈을 벌기 위해서 살고 돈 때문에 울고 웃습니다. 돈이 그들의 목적이고 존재 이유입니다. 그들은 빈손으로 와서 일평생 돈을 좇다가 빈손으로 돌아갑니다. 그런 자들의 영혼은 영원한 지옥 불에 떨어질 것입니다.

"이는 만물이 주에게서 나오고 주로 말미암고 주에게로 돌아감이라 영광이 그에게 세세에 있으리로다"(롬 11:36)—우리 생명도 주님께로부터 나와서 주님의 은혜로 말미암아 구원을 받았고 장차 우리는 주님께로 돌아갈 것입니다. 이 진리 안에 굳게 선 사람은 "하나님 앞에서"(Coram Deo), 하나님의 뜻을 좇아 믿음으로 살아갑니다. 그러나 비록 거듭났을지라도 하나님의 뜻을 좇기로 마음이 정해지지 않고 자기 마음의 한구석에 여전히 물질의 우상을 감추어 두고 있는 사람은 끝내 세상으로 돌아갑니다. 그리고 그런 이의 끝은 멸망입니다. 아브라함의 조카 롯의 결국을 보십시오.

돈과 명예와 권력과 쾌락—이런 현생(現生)의 것들이 주님과 함께 누릴 영생(永生)보다 더 중요합니까? 영원한 차원에서 바라보면, 우리의 생애는 찰나만도 못합니다. 우리의 일생은 잠깐 보이다가 사라지는 아침 안개에 불과합니다. 그런데 하나님께서는 우리를 당신의 자녀로 삼으셔서 아름다운 천국에서 영원한 복락을 누리게 해 주셨습니다. 우리에게는 영원한 낙원이 예비되어 있습니다. 그래서 우리가 이 세상의 것들을 다 잃어버린다 할지라도 영생은 결코 포기할 수 없습니다. "**씨 뿌리는 자의 비유**"에서 예수님은 "**(어떤 씨가) 가시떨기에 뿌리웠다는 것은 말씀을 들으나 세상의 염려와 재리의 유혹에 말씀이 막혀 결실치 못하는 자요**"(마 13:22)라고 말씀하셨습니다. 재물이 자기의 신(神)인 사람은 비록 복음을 듣고 믿었다고 해도 끝내 구원에 이르지 못한다는 말씀입니다.

가다라(Gadarenes) 마을의 사람들은 재물이 그들의 신(神)이었습니다. 그렇기 때문에 그들은 예수님의 능력을 눈으로 보고도 자기 마을을 떠나달라고 예수님께 간청했습니다. 여러분의 마음에도 예수님이 달갑지 않은 마음이 있을 수 있습니다. "에이, 예수님의 말씀은 부담스럽다! 그냥 자유롭게 인생의 쾌락을 누리면서 알콩달콩 살고 싶은데 왜 이렇게 예수님을 따르라고 하시느냐?"—만일 여러분의 마음이 그렇다면, 여러분도 가다라 사람들입니다. 우리는 가다라 사람이 되어서는 안됩니다. 그것은 진정 돼지와 같은 운명을 자초하는 비극입니다. "**존귀에 처하나 깨닫지 못하는 사람은 멸망하는 짐승 같도다**"(시 49:20)라고 말씀하셨습니다. 하나님께서 우리에게 존귀하게 될 수 있는 길을 열어 주셨는데도 그저 땅의 것들에 정신이 팔려 있는 자들은 구정물통에 주둥이를 박고 행복해하는 돼지와 다를 것이 없습니다. 군대 귀신이 두 사람에게로부터 나와서 돼지 떼에게 들어가서 바다에 빠져 죽었다는 말씀은 영적으로 이 세상에 속한 사람들의 종국을 계시하고 있습니다. 돼지처럼 살다가 머지않아 지옥에 가는 것이 행복해 보입니까? 돼지처럼 산다는 것은 참으로 비참한 것입니다.

진리의 원형복음을 믿고 거듭나서 하나님의 자녀로서 주님과 연합해서 주님의 뜻을 좇아 살 때에 우리는 가장 행복합니다. 그러면 우리는 영육간에 가장 복되며 창대(昌大)하게 됩니다. 아브라함을 보십시오. 우리도 아브라함과 같이 영화롭게 살 수 있습니다. 믿음으로 살면 그렇게 평안하고 복된 것인데 믿음이 없으니까 손해를 볼 것만 같고 하나님의 뜻을 좇기로 마음을 정하기가 싫은 것입니다. 믿음으로 살면 재미가 없을 것 같습니까? 마음을 정해서 복음을 위해서 살면 정말 행복합니다. 여러분도 알다시피 저도 취미가 많은 사람입니다. 낚시도 좋아하고 바둑도 좋아합니다. 그런데 이제는 그런 것들이 별로입니다. 그런 것들보다 더 제 마음을 행복하게 하는 일이 생겼기 때문입니다. 주님의 뜻을 따를 때에, 먼저 그의 나라와 그의 의를 구할 때에 제 마음은 가장 기쁩니다. 새벽에 일어나서 기도하고 하나님의 복음을 전파할 문서들을 작성하고 수정하는 시간이 저는 제일 기쁘고 행복합니다.

"존귀에 처하나 깨닫지 못하는 사람은 멸망하는 짐승 같도다" (시 49:20)라고 말씀하신 주님은 "너는 가다라 사람이 아니더냐?"라고 우리에게 물으십니다.

말씀을 마쳤습니다.

우리의 모든 죄를 사하신 예수님은 하나님이시다

"예수께서 배에 오르사 건너가 본 동네에 이르시니

침상에 누운 중풍병자를 사람들이 데리고 오거늘 예수께서 저희의 믿음을 보시고 중풍병자에게 이르시되 소자야 안심하라 네 죄 사함을 받았느니라

어떤 서기관들이 속으로 이르되 이 사람이 참람하도다

예수께서 그 생각을 아시고 가라사대 너희가 어찌하여 마음에 악한 생각을 하느냐

네 죄 사함을 받았느니라 하는 말과 일어나 걸어가라 하는 말이 어느 것이 쉽겠느냐

그러나 인자가 세상에서 죄를 사하는 권세가 있는 줄을 너희로 알게 하려 하노라 하시고 중풍병자에게 말씀하시되 일어나 네 침상을 가지고 집으로 가라 하시니

그가 일어나 집으로 돌아가거늘

무리가 보고 두려워하며 이런 권세를 사람에게 주신 하나님께 영광을 돌리니라"(마 9:1-8).

예수님은 사람의 죄를 사하는 권세를 가진 하나님입니다. 죄를 사하는 권세는 하나님께만 있습니다. 사람은 다른 이의 죄를 용서할 수는 있지만 우리의 죄를 없애 주어서 심판을 받지 않게 하는 권세는 하나님께만 있습니다. 엄밀하게 말하자면, 죄는 하나님 앞에서만 성립되는 것입니다. 다윗은 밧세바와 간음의 죄를 짓고서,

"내가 주께만 범죄하여 주의 목전에 악을 행하였사오니 주께서 말씀하실 때에 의로우시다 하고 판단하실 때에 순전하시다 하리이다"(시 51:4) 하고 노래했습니다. 우리가 죄를 범한 것은 영적인 차원에서 볼 때에 하나님 앞에만 문제가 되는 것입니다.

사람끼리 서로 잘못을 하고 해를 입혔다면, 그것은 상대적인 것입니다. 한일합방 직전인 1909년에 안중근 의사는 하얼빈 역에서 이토 히로부미(伊藤博文)를 암살했습니다. 그런데 이 사건을 바라보는 서로의 판단 기준이 다르기 때문에 일본인들은 안중근 의사를 자기들의 공신(功臣)을 죽인 살인자라고 여기고 우리나라 사람들은 이 사건을 의거(義擧)라고 여깁니다.

그런데 하나님 앞에서는 무엇이 죄인지가 분명해집니다. 하나님의 율법을 범한 것이 죄입니다. 그리고 하나님의 율법은 선의 절대적 기준입니다. 하나님 앞에서만 죄가 성립되고 그 죄는 하나님께서 사해 주셔야만 없어집니다. 사람들끼리는 아무리 죄를 서로 용서해도 소용이 없습니다. 하나님 앞에는 그 죄가 그대로 남아 있기 때문입니다. 죄를 사하는 권세는 하나님께만 있습니다.

예수님께서 이방인의 땅인 가다라 마을에 들어가셨다가 그들이 자기들의 마을을 떠나달라고 간청했기에 배를 타시고 본 동네인 가버나움(Capernaum)으로 돌아오셨습니다. 가버나움은 예수님께서 주로 활동하셨던 본거지였습니다. 예수님께서 돌아오셨다는 소문을 듣고 사람들이 중풍병자를 들것에 들고 예수님께 나왔습니다. 예수님은 **"저희의 믿음을 보시고"** 그 중풍병자에게 **"소자야 안심하라 네 죄 사함을 받았느니라"**라고 말씀하셨습니다. 예수님은 아무에게나 무조건 **"네 죄 사함을 받았느니라"**라고 선포하실 분이 아닙니다. **"저희의 믿음을 보시고"**라는 말씀은, 중풍병자나 그를 데려

온 자들이 모두 "예수님은 우리의 죄를 사해 주실 수 있는 전능한 하나님이다"라고 믿었다는 뜻입니다.

하나님께서는 우리 죄를 사해 주실 때, 반드시 우리의 믿음을 보십니다. 우리의 믿음은 **"물과 피와 성령이 합하여 하나"**(요일 5:8)인 진리의 복음을 믿는 믿음입니다. **성령**께서는 "예수님은 하나님이다"라고 **증거**하십니다. **"물"**은 "예수님은 요단강에서 인류의 대표자인 세례 요한에게 안수의 형식으로 세례를 받으셔서 세상의 모든 죄를 단번에 담당하셨다"라고 증거합니다(마 3:15). **"피"**는 "예수님께서 십자가에 못 박히셔서 **'다 이루었다'**(요 19:30)라고 크게 외치시고 돌아가시기까지 우리의 모든 죄를 없애 주셨다"라고 증거합니다. 이것이 독생자이신 예수님에 대한 하나님 아버지의 증거입니다(요일 5:9-10). 그리고 이 증거를 믿는 자라야 **"죄 사함으로 말미암는 구원"**(눅 1:77)을 받고 의인으로 거듭나게 됩니다.

"소자야 네 죄 사함을 받았느니라"—이 말씀은 "이제는 네 마음의 모든 죄가 사해졌기 때문에 너는 결코 심판을 받지 않는다"라는 엄청난 축복의 말씀입니다. 사람은 자기가 보고 싶은 것들만 보고 자기가 기억해야 할 일들만 기억합니다. 대부분의 기독교인들은 **"죄 사함"**이라는 말씀이 성경에 기록되어 있어도 그냥 스쳐 지나갑니다. 그래서 그들은 이런 말씀이 성경에 있는지도 모릅니다. 물론 그들도 "예수님께서 십자가의 보혈로 우리의 죄를 용서하셨다"라고 교리적인 수준으로 예수님을 믿습니다. 그러나 자기들의 죄가 실제로 예수님께로 넘어간 말씀의 증거를 믿지 않기 때문에 그들의 마음에는 여전히 죄가 남아 있습니다. 그런 이들을 기독죄인(Christian sinners)이라고 부릅니다. 그들은 "죄 사함? 그거 좋은 얘기지!" 하고 그냥 무시합니다. 그들은 자기들의 모든 죄를 실제로 없애 주신 **"하나님의 증거"**(요일 5:9)를 믿는 것이 아니라 **"칭의교리"**(稱義敎理)를 믿습니다. 부를 칭(稱) 자, 옳을 의(義) 자로 구성된 칭의교리는 "하나님께서는 네 마음에는 죄가 있지만 네가 예수님을 구주로 믿는다고 하니 의롭다고 불러 준다"라는 교훈입니다. 대부분의 기독교인들은 칭의교리를 따라 예수님을 믿기 때문에 결국 기독죄인(Christian sinners)이 될 수밖에 없습니다.

예수님은 하나님의 증거를 가진 자들에게 **"소자야 안심하라 네 죄 사함을 받았느니라"**라고 말씀하셨습니다. 이 말씀을 들은 어떤 서기관들이 속으로 **"이 사람이 참람하도다"** 하고 예수님을 비난했습니다. 참람(僭濫)이라는 말은 "분수에 맞지 않게 너무 지나치다"라는 뜻입니다. **"이 사람이 참람하도다"**라는 부분이 흠정역(欽定譯) 성경에는 "이 사람이 신성모독을 하는구나"(This man blasphemes. KJV)로 번역되어 있습니다. 그들은 예수님을 그저 평범한 사람으로 보았기 때문에 "자기가 무슨 하나님이란 말인가?" 하며 속으로 예수님을 비난한 것입니다.

어느 것이 쉽겠습니까?

예수님은 그들의 속마음을 아시고 **"너희가 어찌하여 마음에 악한 생각을 하느냐 네 죄 사함을 받았느니라 하는 말과 일어나 걸어가라 하는 말이 어느 것이 쉽겠느냐"**라고 그들에게 물었습니다. 여러분, 사람의 병을 치유하는 것과 사람의 죄를 사하는 것 중에서 어느 것이 더 큰 축복이며 어느 것이 더 어렵겠습니까? 후자 즉 죄 사함을 받는 것이 비교할 수 없이 더 큰 축복이며, 이 축복은 인간으로서는 절대로 베풀 수 없는 일입니다. 병을 고치는 일은 인간의 의술로도 얼마든지 할 수 있습니다. 저는 얼마 전에 EBS TV에서 인간의 의술이 얼마나 발달했는지에 대한 교육방송 프로그램을 보고 감탄한 적이 있습니다. 수술실에는 좌심실의 판막에 이상(異狀)이 있어서 죽어 가던 어떤 심장병자가 수술을 받고 있었습니다. 집도의는 가슴을 열어서 심장을 열고 수술하는 것이 아니라 허벅지의 대동맥으로 가는 철사 같은 튜브를 넣어서 초소형 카메라와 초소형 전자기구로 심장 수술을 성공적으로 마치는 것을 보았습니다. 그 환자는 죽을 고비를 넘겼고 이제는 혈액순환이 잘 돼서 정상적인 삶을 살게 되었습니다. 요즈음은 불치병의 영역이 점점 좁아지고 있습니다. 인공심장이나 정밀한 전자 팔 등 인공장기도 속속 개발되고 있습니다. 머지않아 반도체와 인간의 신경계가 안정적으로 연결되는 시대가 도래할 것입니다. 그러면 소경들도 장비의 도움을 받아서 완전한 영상을 보게 될 것입니다. 이제 인간 스스로 장애나 병을 고치는 능력은 놀라울 정도의 경지에 이르렀습니다.

그런데 육신의 병을 고쳐 주는 일은 잠시 수명을 연장해 주는 것에 불과합니다. 어떤 병자가 예수님의 능력을 힘입어서 죽을 고비를 넘기고 살아났다고 칩시다. 그러나 병만 치유되었지 죄 사함을 받지는 못했다면 그 사람은 얼마 후 죽어서 지옥에 갈 수밖에 없습니다. 그러니 우리의 병이 치유되는 것과 죄 사함을 받는 것 중에서 어떤 것이 영원하고 진정한 축복입니까? 죄 사함을 받는 것이 비교할 수 없이 큰 축복입니다.

죄를 사하는 권세를 가진 예수님

병을 고친다든지 귀신을 쫓아내는 능력은 "짜고 치는 고스톱"

에 능한 귀신들도 얼마든지 보여줄 수 있습니다. 그러나 죄를 사하는 권세는 하나님께만 있습니다. 병을 고치는 일과 죄를 사하는 일—이 둘 중에서 어느 것이 더 어렵습니까? 죄를 사하는 일은 우리에게 어려운 정도가 아니라 절대로 불가능한 일입니다. 그 일은 하나님만 하실 수 있는 일입니다. 그런데 서기관들은 **"너희가 어찌하여 마음에 악한 생각을 하느냐 네 죄 사함을 받았느니라 하는 말과 일어나 걸어가라 하는 말이 어느 것이 쉽겠느냐"**라는 주님의 말씀이 무슨 뜻인지조차 알지 못했습니다. 머쓱하게 서로의 얼굴만 쳐다보던 그들에게 주님은 **"그러나 인자가 세상에서 죄를 사하는 권세가 있는 줄을 너희로 알게 하려 하노라"** 하시고, 중풍병자에게는 **"일어나 네 침상을 가지고 집으로 가라"**라고 말씀하셨습니다. 주님께서 베푸신 이적들은 다 당신이 인류의 죄를 사하러 오신 하나님의 아들이라는 사실을 **"믿게 하려"**(요 2:11) 하신 것입니다.

예수님은 인류의 죄와 허물을 단번에 없애기 위해서 어린양으로 오신 하나님의 아들입니다. 인류의 대속의 제물이 되려면 예수님은 흠이 없어야만 했습니다. 예수님께서는 처녀 마리아의 태를 통해서 사람의 몸을 입고 오셨기 때문에 "아담의 후손"이 아니라 **"여자의 후손"**(창 3:15)이며 그래서 근본 죄가 없는 분입니다. 흠 없는 제물로 오신 어린양 예수님께서는 인류의 대표자인 세례 요한에게 안수의 형식으로 세례를 받으셨습니다. 해마다 대속죄일이 돌아오면 대제사장 아론은 이스라엘 백성을 대표해서 흠 없는 아사셀 염소의 머리에 안수하고 백성들의 죄를 고백함으로써 백성 전체의 1년 치 죄를 단번에 그 염소에게 넘겼습니다. 그런데 아론의 직계 후손이고 **"여자가 낳은 자 중에서 가장 큰 자"**(마 11:11)인 세례 요한이 흠 없는 어린양으로 오신 예수님의 머리에 안수하며 세례를 베풀었으니, 그 때에 인류의 모든 죄가 단번에 예수님께 넘어간 것이 확실합니다.

예수님께서 세례 요한에게 세례를 베풀라고 명하실 때에, **"이제 허락하라 우리가 이와 같이 하여 모든 의를 이루는 것이 합당하니라"**(마 3:15)고 말씀하셨습니다. 이 세상에 **"모든 의(義)"**가 이루어지려면 우리에게서 **"모든 죄(罪)"**가 없어져야만 합니다. 예수님께서는 인류의 대표자에게 세례를 받으심으로 세상의 모든 죄를 담당하시고 십자가로 가셨습니다. 주님은 십자가에 못 박히셔서 여섯 시간 동안 피를 흘리시고 마지막에 **"다 이루었다"**(요 19:30)라고 크게 외치시며 숨을 거두셨습니다. 주님께서 다 이루신 일이 무엇입니까? 주님께서는 우리 인류의 모든 죄를 없애는 일을 다 이루셨습니다. 그렇기 때문에 **"물과 피로 임하셔서"**(요일 5:6) 이루신 주님의 구원 사역을 믿는 자들에게 죄를 사해 주는 권세는 주님께만 있습니다.

우리는 하나님께서 베푸신 구원의 사랑을 믿어서 죄 사함을 받았습니다. 그래서 이제 우리는 하나님 앞에서 거듭난 의인이며 하나님의 자녀입니다. 우리는 이제 영원한 천국의 상속자들이 되었으므로 잠시 머물다 갈 이 땅의 것들에 대해 미련이 없습니다. 다만 아직도 하나님의 구원의 사랑을 알지 못하는 이들에게 그의 사랑의 복음을 전파하기 위해서 우리가 이 땅에서 육체의 남은 때를 충성스럽게 살고 있습니다. 우리는 이제 **"그의 나라와 그의 의"**(마 6:33)를 위해서 삽니다. 그러면 주님께서는 우리에게 필요한 것들은 다 주십니다.

우리 주님께서 중풍병자에게 **"일어나 네 침상을 가지고 집으로 가라"**라고 말씀하시자 그는 일어나서 자기 침상을 들고 집으로 돌아갔습니다. 그는 이제 자기를 꼼짝 못하게 붙들고 있었던 죄의 자리를 떨치고 일어나서 의의 길을 가게 되었습니다. 예수님께서 중풍병자에게 베푸신 이적은 사실 우리를 위한 시청각 교육입니다. 하나님은 실제적인 사건을 통해서 우리에게 영적인 것을 가르쳐 주시는데, 이 중풍병자가 바로 우리 모두의 근본 모습입니다. 영적으로는 모든 사람이 다 중풍병자입니다. 중풍병자는 자리에 누워서 일어나지도 못하고 똑바로 걸어 다닌다는 것은 상상조차 못합니다. 중풍병자의 자리는 죄의 자리를 의미합니다. 우리 인간은 태어날 때부터 죄를 가지고 태어나서 죽을 때까지 죄를 짓습니다. 우리는 결코 죄의 자리를 떨치고 일어날 수가 없었습니다. 항상 우리의 죄가 우리 자신을 무겁게 짓누르고 죄의 구렁텅이로 끌어당기고 있어서, 우리는 영의 중풍병자로서 죄의 자리에 들러붙어서 살다가 지옥에 갈 운명이었습니다. 그런데 영혼의 중풍병자로 살아가던 우리가 예수님을 만나서 그의 진리의 복음을 믿음으로 온전히 고침을 받았습니다. 주님께서는 우리에게도 **"일어나 네 침상을 가지고 집으로 가라"** 라고 말씀하셨습니다. 이제 우리는 **"죄와 상관없이"**(히 9:28) 하나님의 집인 교회 안에서 살게 되었습니다.

중풍병자의 소원

중풍병자가 "어떻게 하면 이 병상(病床)을 떨치고 일어나서 올바로 걸어가 볼까?" 하는 간절한 소원이 있었듯이, 예수님을 믿는 사람들은 "어떻게 하면 이 죄의 자리를 떨치고 일어나서 죄와 상관없이 의의 길을 걸으며 빛 된 삶을 살 수 있을까?" 하는 간절한 소원이 있습니다. 그런 소원으로 영혼의 중풍병자인 기독교인들은 회개 기도에 매달립니다. 기독교인들의 신앙생활은 회개 기도로 점철되어 있습니다. 그들은 마음속에서 죄를 깨닫게 되면 그 죄를 용서해 달라고 주님께 간절히 기도를 드립니다. 하루의 삶을 마치고 하나님 앞에 무릎을 꿇으면 마음에 죄만 가득 쌓여서 그 죄들을 자백하고 용서를 빌지 않고서는 편안히 잠을 청할 수도 없습니다. 그런데 다음날 아침이면 죄들은 다시 새록새록 고개를 듭니다. 그래서 눈물로 새벽을 시작합니다. 그렇게 회개 기도를 드리면 죄가 없어집니까? 죄는 여전히 마음에 새겨져 있고 그들의 영혼은 여전히 중풍병에 걸려 있습니다. 왜 그렇게 영혼의 중풍병자로 신앙생활을 하고 있습니까? 그들은 아직 진리의 원형복음을 만나지 못해서 그렇습니다.

주님께서 진리의 원형복음으로 우리를 찾아 오셔서, **"소자야 안심하라 네 죄 사함을 받았느니라"**(마 9:2)고 말씀하셨습니다. 우리는 그 기쁜 소리(복음)를 듣고 믿음으로써 우리가 그토록 지긋지긋하게 여겼던 죄의 자리를 단번에 떨쳐버리고 일어났고 이제는 의의 길을 걸어가게 되었습니다. 예수님께서 이 중풍병자의 믿음을 보시고 죄 사함의 축복을 베풀어 주셨듯이, 주님은 진리의 원형복음을 믿는 모든 이들에게, **"소자야 안심하라 네 죄 사함을 받았느니라"**라고 축복하십니다.

주님께서는 **"일어나 네 침상을 가지고 집으로 가라"**라고 말씀하셨습니다. 이제 우리는 죄의 침상을 들고 걸어갈 수 있습니다. 우리는 여전히 죄를 짓는 자이지만 이제 그 죄가 결코 우리를 짓누르거나 주저앉히지 못합니다. 거듭난 의인들도 육신은 연약해서 여전히 죄를 짓지만 복음을 다시 한번 마음에 되새김질함으로써 일절 거룩함을 지키면서 당당하게 의의 길을 걸어갈 수 있습니다.

"물은 예수 그리스도의 부활하심으로 말미암아 이제 너희를 구원하는 표니 곧 세례라 육체의 더러운 것을 제하여 버림이 아니요 오직 선한 양심이 하나님을 향하여 찾아가는 것이라"(벧전 3:21)는 말씀이 그런 뜻입니다.

우리의 모든 죄를 단번에 완벽하게 사해 주신 주님께 감사를 드립니다. 하나님의 구원의 사랑을 입어서 죄 사함을 받은 의인들은 그때부터 의로운 삶을 바르게 살아갈 수 있습니다. 할렐루야!

말씀을 마쳤습니다.

자기의 고집과 묵은 종교의 틀을 버려라

"예수께서 거기서 떠나 지나가시다가 마태라 하는 사람이 세관에 앉은 것을 보시고 이르시되 나를 좇으라 하시니 일어나 좇으니라

예수께서 마태의 집에서 앉아 음식을 잡수실 때에 많은 세리와 죄인들이 와서 예수와 그 제자들과 함께 앉았더니

바리새인들이 보고 그 제자들에게 이르되 어찌하여 너희 선생은 세리와 죄인들과 함께 잡수시느냐

예수께서 들으시고 이르시되 건강한 자에게는 의원이 쓸데 없고 병든 자에게라야 쓸데 있느니라

너희는 가서 내가 긍휼을 원하고 제사를 원치 아니하노라 하신 뜻이 무엇인지 배우라 내가 의인을 부르러 온 것이 아니요 죄인을 부르러 왔노라 하시니라

그 때에 요한의 제자들이 예수께 나아와 가로되 우리와 바리새인들은 금식하는데 어찌하여 당신의 제자들은 금식하지 아니하나이까

예수께서 저희에게 이르시되 혼인집 손님들이 신랑과 함께 있을 동안에 슬퍼할 수 있느뇨 그러나 신랑을 빼앗길 날이 이르리니 그 때에는 금식할 것이니라

생베 조각을 낡은 옷에 붙이는 자가 없나니 이는 기운 것이 그 옷을 당기어 해어짐이 더하게 됨이요

새 포도주를 낡은 가죽 부대에 넣지 아니하나니 그렇게 하면

부대가 터져 포도주도 쏟아지고 부대도 버리게 됨이라 새 포도주는 새 부대에 넣어야 둘이 다 보전되느니라"(마 9:9-17).

죄인의 대표격인 세리와 창녀

예수님께서는 죄인을 불러서 의인으로 거듭나게 하십니다. 그리고 사람이 거듭나지 않으면 어느 누구도 하나님의 나라에 들어갈 수 없습니다. 그런데 어떤 사람이 거듭나느냐? 자기는 죄 덩어리여서 지옥에 갈 수밖에 없는 자라고 정직하게 스스로를 인정하는 사람이 예수 그리스도를 만나서 죄 사함을 받고 거듭납니다.

오늘의 본문에 등장하는 마태(Matthew)는 세리(tax collector)였습니다. 그 당시의 세리들은 로마의 총독의 허가를 얻어서 자기 백성들로부터 세금을 걷었습니다. 세리들은 로마 총독에게 바칠 부분을 빼고도 자기들 몫을 챙겨야 했으니 세금을 악착같이 거뒀을 것입니다. 그래서 당시의 이스라엘 백성들은 세리들을 창녀와 같이 죄인 취급을 했습니다.

심령이 가난한 세리 마태

죄인의 대명사격인 세리 중에 마태라는 사람이 있었습니다. 그는 **"알패오의 아들 레위"**(막 2:14)라고도 불렸습니다. 마태는 자기가 지옥에 가야 할 죄인이라고 인정한 **"심령이 가난한 자"**(마 5:3)였기에 예수님이 그를 부르셔서 거듭나게 하시고 당신의 제자로 삼으셨습니다. 마태는 늘 죄에 눌려 살았었는데 예수님이 자기와 같은 죄인을 불러주시고 제자로 삼아주시니까 너무 기뻐서 큰 잔치를 벌였습니다. 유유상종(類類相從)이라는 말도 있듯이, 그 잔치 자리에는 마태의 친구들인 **"세리와 죄인들"**(마 9:10)이 많이 모였습니다. 바리새인들은 이런 모습을 보고 예수님의 제자들에게 **"어찌하여 너희 선생은 세리와 죄인들과 함께 잡수시느냐"** 하고 시비를 걸었습니다. 예수님께서는 그런 말을 들으시고서 **"건강한 자에게는 의원이 쓸데 없고 병든 자에게라야 쓸데 있느니라 너희는 가서 내가 긍휼을 원하고 제사를 원치 아니하노라 하신 뜻이 무엇인지 배우라 내가 의인을 부르러 온 것이 아니요 죄인을 부르러 왔노라"**(마 9:12-13)고 말씀하셨습니다.

건강한 자에게는 의사가 필요 없습니다. 저는 두어 시간 전에 치과에 다녀왔는데 제 치아에 아무 문제가 없다면 제가 왜 치과에 갔겠어요? 그러나 병든 자에게 의원이 필요합니다. 또 의원은 병든 자가 찾아오면 치료해 줍니다. 이렇듯이 나는 영적으로 아무 문제가 없다고 하는 사람에게는 영혼의 의사인 예수님이 필요 없습니다. 죄의 병에 걸려서 신음하는 자들에게만, 즉 "나는 지옥에 가야 할 죄인입니다"라고 고백하는 자에게만 예수님이 필요합니다.

그런데 바리새인들은 스스로 의롭다고 하는 **"자칭(自稱) 의인들"** 이었습니다. 자기들은 영적으로 건강하고 아무 문제가 없다고 자부했습니다. 그러니 그런 자들에게 예수님이 무슨 필요가 있었겠습니까? 대부분의 사람들은 자기가 그렇게 심각한 죄인이라고 생각하지 않습니다. "나는 괜찮은 사람이다. 너희들도 나만큼만 선해 봐라"—사람들은 보통 그렇게 생각합니다. 그런 자들이 자칭(自稱) 의인들인데, 자칭 의인들은 예수님을 만나지 못하고 **"죄 사함으로 말미암는 구원"**(눅 1:77)을 받지도 못합니다.

예수님께서는 죄인을 부르러 오셨습니다. "하나님, 저는 죄인입니다. 저를 불쌍히 여겨 주십시오" 하고 하나님 앞에 항복한 자들을 구원하러 예수님은 이 땅에 오셨습니다. 심령이 부유(富裕)한 자에게는 예수님께서 구원의 은총을 베풀지 못하십니다. 죄의 바다에 빠져서 죽어 가면서 "살려 달라"라고 애원하는 자를 하나님께서 건져내 주시는 것이 하나님의 구원입니다. 우리의 속담에 "물에 빠진 자는 지푸라기라도 잡는다"라는 말이 있습니다. 그렇게 간절히 하나님의 긍휼을 바라는 심령이라야 구원을 받습니다. 그러나 물에 빠져 죽어 가면서도 "걱정하지 마라. 난 헤엄 잘 치니 당신들의 도움은 필요 없다"라고 의기양양한 자를 하나님인들 어떻게 건져내겠습니까? 그런 사람에게 누군가가 줄을 묶은 튜브를 던져 주면, "나를 어떻게 보고 이따위 튜브를 던져 주느냐?"라고 오히려 화를 낼 것입니다.

　예수님께서는 그런 자들에게 "너희는 가서 내가 긍휼을 원하고 제사를 원치 아니하노라 하신 뜻이 무엇인지 배우라"라고 말씀하셨습니다. 주님께서는 하나님의 자비를 바라고 나오는 자들에게 긍휼을 베풀어 주십니다. 그러나 대부분의 기독교인들은 자기들이 하나님께 무언가를 드려서 하나님을 기쁘시게 하려고 합니다. 그래서 그들은 착한 일과 봉사와 헌금과 중보기도와 회개 기도를 많이 하는 "신실한(?) 신자"가 되려고 합니다. 그러나 자기의 의를 하나님께 드리려고 하는 종교노선이 바로 **"가인의 길"**(유 1:11)입니다. 가인은 **"땅의 소산으로 제물을 삼아"**(창 4:3), 즉 자기의 노력과 정성을 들고 하나님께 나아가서 자기의 의(義)로 제사를 드렸습니다. 하나님께 먼저 드릴 만한 것이 우리에게 있습니까? 없습니다. **"누가 주께 먼저 드려서 갚으심을 받겠느뇨 이는 만물이 주에게서 나오고 주로 말미암고 주에게로 돌아감이라 영광이 그에게 세세에 있으리로다"(롬 11:35-36)라고 말씀하셨습니다.

우리는 그저 하나님께서 우리에게 긍휼을 베풀어 주시기를 바랄 뿐입니다. "하나님의 구하시는 제사는 상한 심령이라 하나님이여 상하고 통회하는 마음을 주께서 멸시치 아니하시리이다"(시 51:17)라고 말씀하셨습니다. "다윗의 자손 예수여 나를 불쌍히 여기소서"(막 10:47) 하고 외친 소경처럼 하나님께 긍휼을 원하는 자들을 주님은 어여삐 여기시고 그들의 모든 죄와 허물을 단번에 사해 주십니다. "하나님, 저는 지옥 가야 마땅한 죄 덩어리입니다. 저를 불쌍히 여겨 주십시오" 하고 하나님께 긍휼을 바라는 자를 하나님은 기뻐하시고 만나 주십니다. 주님께서는 그렇게 상한 심령으로 당신에게 긍휼을 바라고 나오는 자들에게 아벨의 제사 안에 계시된 **영원한 속죄의 은혜**를 입혀 주십니다.

아벨은 자기가 하나님 앞에서 얼굴을 들 수 없는 죄 덩어리인 것을 시인했습니다. 그래서 오직 장차 구원자로 오실 메시아를 바라보면서 **"양의 첫 새끼와 그 기름"**(창 4:4)을 들고 하나님께 나아갔습니다. 장차 인류의 어린양으로 이 땅에 오셔서 안수의 형식으로 세례를 받으심으로 세상 죄를 담당하시고 십자가에 못 박혀서 그 모든 죄의 값을 치러 주실 구원자를 바라보면서 아벨은 하나님께 믿음의 제사를 드렸습니다. 그는 하나님의 의를 의지해서 하나님께 의로운 제사를 드렸습니다. 아벨은 하나님의 긍휼을 입은 의인입니다. 우리도 하나님의 긍휼히 여기심을 입어서 죄 사함을 받았고, 죄 사함을 받은 후에도 늘 주님의 긍휼히 여기심을 입으며 살고 있습니다.

육신의 생각과 묵은 종교의 교훈을 버려야 구원을 받는다

　그때에 요한의 제자들이 예수님께 나아와서 **"우리와 바리새인들은 금식하는데 어찌하여 당신의 제자들은 금식하지 아니하나이까"** 하고 물었습니다. 이 질문 속에는 "금식을 자주 하는 것이 옳다"라는 그들의 신념이 깔려 있습니다. 세례 요한은 예수님께 세례를 베풀어서 세상 죄를 예수님께 다 넘김으로써 자기의 사명을 다했습니다. 그래서 자기의 제자들을 예수님께로 보내고 자기의 사역을 접었습니다. 베드로의 동생 안드레나 야고보의 동생 요한은 본래 세례 요한의 제자들이었습니다. 예수님께서 세례를 받으신 이튿날, 세례 요한은 예수님께서 자기 앞을 지나가시는 것을 보고 이 두 제자에게, **"보라 세상 죄를 지고 가는 하나님의 어린양이로다"**(요 1:29) 하고 외쳤습니다. 그리고 세례 요한은 그 두 제자를 예수님께로 보냈습니다. 그 후에 세례 요한은 아직도 자기 곁을 떠나지 못하고 그의 주위를 맴돌던 다른 제자들에게 **"그는 흥하여야 하겠고 나는 쇠하여야 하리라"**(요 3:30)고 말했습니다. 그들의 정(情)을 떼는 말이었습니다. 그런데 세례 요한이 옥에 갇힌 후에도 옥바라지를 하면서 끝까지 세례 요한의 제자로 남아 있었던 "의리파(派)" 제자들이 있었습니다. 그들이 예수님께 나와서 **"오실 그이가 당신이오니이까 우리가 다른 이를 기다리오리이까"**(마 11:3) 하고 물었습니다. 성경에는 옥중에 있던 세례 요한이 이 제자들을 보내서 묻게 한 것으로 기록되어 있으나, 오죽했으면 세례 요한이 그리했겠습니까? 세례 요한은 하나님의 종입니다. 그는 그 제자들도 미련한 고집을 그만 부리고 예수님의 제자가 되기를 간절히 바랐을 것입니다.

"참된 신앙인은 금식을 해야 하지 않느냐?"라는 그들의 고정관념에 대해서, 예수님은 **"혼인집 손님들이 신랑과 함께 있을 동안에 슬퍼할 수 있느뇨 그러나 신랑을 빼앗길 날이 이르리니 그 때에는 금식할 것이니라"**(마 9:15)고 말씀하셨습니다. 우리는 엄청난 어려움이 있어서 그 해결을 간절히 바랄 때에 금식을 하며 기도합니다. 그런데 지금은 우리 주님께서 우리의 모든 죄를 없애 주셨고 우리를 당신의 신부로 삼아주셨습니다. 우리는 이제 주님과 함께 잔치를 벌이고 있습니다. 잔칫날에 금식하는 것은 합당치 않습니다. 그러나 마지막 때 환난의 날에 신랑이신 예수님을 우리의 마음에서 빼앗길 위기가 오면 그런 때에는 금식하며 결사적으로 믿음을 지켜야 할 것입니다.

"생베 조각을 낡은 옷에 붙이는 자가 없나니 이는 기운 것이 그 옷을 당기어 해어짐이 더하게 됨이요 새 포도주를 낡은 가죽 부대에 넣지 아니하나니 그렇게 하면 부대가 터져 포도주도 쏟아지고 부대도 버리게 됨이라 새 포도주는 새 부대에 넣어야 둘이 다 보전되느니라"(마 9:16-17).

바리새인들처럼 세례 요한의 의리파(義理派) 제자들도 자기들의 지식과 고정관념 때문에 주님의 진리의 교훈을 받아들일 수 없었습니다. 진리의 원형복음을 듣고 믿어서 죄 사함을 받으려면 옛 것들은 다 버려야 합니다. "헌 옷"이나 "낡은 가죽 부대"는 인간의 의나 고정관념 그리고 묵은 종교의 틀을 의미합니다. 아직 거듭나지 못한 종교인들은 자기들이 이전에 신봉했던 종교적 지식이나 고정관념들을 버리지 않고서는 진리의 원형복음을 마음에 담을 수 없습니다. 또 옛것과 새것을 섞고 꿰매서 조합하려고 하면 둘 다 망가집니다. 기독죄인들이 고수하는 교리의 낡은 가죽 부대에 새 포도주인 **"물과 피의 복음"**을 담으려 하면 둘 다 망가집니다.

옷의 재료인 천을 자세히 살펴보면 날줄과 씨줄이 가로 세로로 엮여서 짜여 있습니다. 시간이라는 날줄에 자기의 경험이나 세상의 정보라는 씨줄이 엮여서 각자의 고정관념이나 신념을 형성합니다. 그래서 사람은 나이가 많으면 많을수록 고집이 세집니다. 오랜 시간의 흐름 속에서 이것저것을 경험하고 주워들은 것들까지 엉겨붙게 해서 아주 큰 천을 만들고는 그것을 몸에 두르고 잘난 척을 하는 것이 인간입니다. 저는 얼마 전에 한신대학교 교수인 김○○이라는 사람이 요한복음을 강해한 비디오를 보았습니다. 그분은 기억력도 좋고 참으로 박학다식(博學多識)했습니다. 그런데 영적인 관점에서 볼 때에 그가 요한복음을 해석한 부분에는 많은 오류가 있었습니다. 그분은 예수님을 성자(聖子) 하나님이 아니라 세례 요한의 제자였던 사람이라고 가르쳤습니다. 그분의 학력이나 경력을 보면 아주 독특합니다. 그는 생물학, 신학, 철학 심지어 한의학까지 공부했고 교수, 기자, 저술가로 활동했습니다. 그러니 오랜 시간의 씨줄들 위에 수많은 지식과 경험을 엮어서 자기 생각의 틀이 견고하게 짜여졌기 때문에 본인은 큰 확신으로 자기의 식견을 자랑하지만, 그것은 그저 자기의 육신의 생각에 불과합니다. 그런 육신의 생각이라는 낡은 부대에는 생명력이 넘치는 진리의 말씀을 담아 둘 수 없습니다.

헌 옷은 확 벗어버려야 합니다. 묵은 종교의 교훈들도 진리의 원형복음과는 맞지 않습니다. 우리에게 자기의 생각, 고집, 잘못된 지식 등이 얼마나 많습니까? 그런데도 대부분의 사람들은 자기가 제일 옳다고 생각합니다. 그런 사람은 **"죄 사함으로 말미암는 구**

원"(눅 1:77)을 받지 못합니다. 우리의 옛사람은 낡은 가죽부대인데 거기에는 하나님의 진리의 말씀을 받아서 보존할 수 없습니다. 거듭난 의인들은 새롭게 지으심을 받은 자들입니다. 거듭난 자라도 항상 육신의 생각을 부인해야만 하나님의 말씀을 믿음으로 받아서 마음에 잘 간직하고 다른 사람에게도 나누어 줄 수 있습니다. 우리는 육신의 생각을 부인해야 하고 자기의 옛사람이 간직했던 고정관념이나 가치관도 다 내다 버려야 합니다. 그래야만 우리는 하나님의 생명의 말씀을 마음에 간직하고 믿음으로 주님을 따라갈 수 있습니다.

말씀을 마쳤습니다.

죄와 죽음에서 우리를 해방시키신 주님

"예수께서 이 말씀을 하실 때에 한 직원이 와서 절하고 가로되 내 딸이 방장 죽었사오나 오셔서 그 몸에 손을 얹으소서 그러면 살겠나이다 하니

예수께서 일어나 따라 가시매 제자들도 가더니

열 두 해를 혈루증으로 앓는 여자가 예수의 뒤로 와서 그 겉옷 가를 만지니

이는 제 마음에 그 겉옷만 만져도 구원을 받겠다 함이라

예수께서 돌이켜 그를 보시며 가라사대 딸아 안심하라 네 믿음이 너를 구원하였다 하시니 여자가 그 시로 구원을 받으니라

예수께서 그 직원의 집에 가사 피리 부는 자들과 훤화하는 무리를 보시고

가라사대 물러가라 이 소녀가 죽은 것이 아니라 잔다 하시니 저들이 비웃더라

무리를 내어 보낸 후에 예수께서 들어가사 소녀의 손을 잡으시매 일어나는지라

그 소문이 그 온 땅에 퍼지더라"(마 9:18-26).

마가복음에 의하면, 본문에 등장하는 **"한 직원"**은 야이로라고 하는 회당장입니다(막 5:22). 열두 살쯤 된 야이로의 딸이 방금 죽었습니다. 그는 억장이 무너지는 슬픔 속에 예수님께 나아와서 방금 죽은 자기의 딸에게 손을 얹어서 살려달라고 간구했습니다. 예

수님께서 그의 간청을 들으시고 그의 집으로 가시던 노중(路中)에 다른 이적이 일어났습니다. 열두 해 동안이나 혈루병을 앓던 여인이 믿음으로 주님의 옷을 만졌는데 그녀의 혈루병이 단번에 치료된 이적(異蹟)입니다.

혈루의 근원을 치료하신 예수님

그 여인은 열두 해 동안이나 혈루병을 앓고 있었습니다. 혈루병(血淚病)은 여자의 자궁에서부터 썩은 피가 계속 흘러나오는 고질병입니다. 악취가 나는 썩은 피가 걸어가는 동안에도 다리를 타고 줄줄 흘러내리니 정말 괴롭고 부끄럽기 짝이 없는 병이었습니다. 그녀는 그 병을 고치려고 많은 의원들에게 자기의 수치스러운 부분을 보여줘야 했습니다. 그러나 혈루병은 더 악화되었습니다. 그녀는 돈만 다 탕진하였고 그녀의 자존심도 거덜이 났습니다. 그런 절망의 세월을 보내던 중에 예수님의 소문을 들었습니다. 그녀는 "내가 저분의 옷만 만져도 이 병이 낫겠다"라는 믿음으로 예수님의 뒤로 다가가서 결사적으로 예수님의 옷을 붙들었습니다. 그런데 그녀가 예수님의 옷을 붙잡은 순간에 혈루 근원이 곧 말라 버렸습니다.

이 여인이 혈루병을 고침 받은 이적은 "죄인들이 어떻게 죄 사함을 받는가"에 대하여 계시하고 있습니다. 혈루병(血淚病)은 **우리 영혼의 죄의 병**을 계시합니다. 썩은 피가 줄줄 흐르는 현상의 근본 문제는 사실 저 자궁 속에 있었습니다. 혈루 근원이 잘못되어서 피가 줄줄 흐르는 것입니다. 그와 같이 우리는 태어날 때부터 마음속에 근원적으로 죄를 가지고 태어났기 때문에 평생 동안 죄의 현상,

즉 허물을 쏟아 내면서 사는 것입니다. "병의 뿌리를 뽑아서 병을 완전히 치료하다"라는 뜻을 가진 근치(根治)라는 말이 있습니다. 우리의 죄의 병도 근원적인 치료를 받아야 합니다.

병의 초기에는 이 여인도 밖으로 흐르는 것만 닦아내면 되는 줄 알고 열심히 씻고 닦아 보았습니다. 그러나 혈루 근원의 문제를 해결하지 않고는 아무 소용이 없었습니다. 사람들은 어떻게 하든지 죄를 짓지 않으려고 용을 쓰지만 혈루 근원의 문제를 해결하지 않고는 다 헛수고입니다. 초대교회의 역사에서 수도원 운동이 왜 일어났는지 아십니까? 어떤 이들은 사람들과 부딪치면 죄를 범하는 자신을 바라보면서 높은 기둥을 쌓고 그 위에 앉아서 수도하는 주상고행(柱上苦行)의 길을 택했습니다. 다른 이들은 더 깊은 산속으로 숨거나 수도원이라는 큰 담장 속에 자신을 격리시켜서 어떻게 하든지 죄를 짓지 않으려고 노력했습니다. 당시의 종교지도자들이 자기의 혈루 근원에 문제를 해결하려 하지 않고 밖으로 흘러내리는 허물의 문제만 해결하려고 하다가 생겨난 것이 수도원입니다. 어떻게 하든지 그들은 혈루병의 증상(syndrome)만을 다스리려고 했는데 죄는 아무리 막아도 또 다시 쏟아지게 되어 있습니다. 혈루 근원이 근본적으로 치료가 되어야 합니다.

이 여인은 내가 예수님의 옷을 만지기만 하면 이 병이 나으리라고 믿었습니다. 예수님의 옷은 **"하나님의 의"**(롬 1:17)를 계시합니다. 아담과 하와가 범죄한 후에 스스로 지어 입은 무화과 나뭇잎 옷은 인간의 의를 나타내며, 아담에게 입혀 주신 가죽옷은 하나님께서 어린양을 희생시켜서 만드신 가죽옷이며 완전하고 영원한 **"하나님의 의"**를 계시합니다. 가죽옷을 받아 입으면 사람의 수치가 완전히 가려지고 이 옷은 영원토록 해지지도 않습니다. "내가 하나님의 의를 믿음으로 나의 죄의 문제를 근본적으로 해결하리라"—
이 여인이 그런 믿음으로 예수님의 옷을 만졌을 때 하나님의 능력
이 역사해서 혈루 근원이 즉시에 말랐습니다.

    죄 사함은 점진적으로 받는 것이 아니라 단번에 받는 것입니다.
기독교인들은 "의화(義化) 구원→성화(聖化) 구원→영화(榮華) 구
원"이라는 단계적 구원의 교리를 믿습니다. 그러나 우리는 예수님
께서 완성하신 **"하나님의 의"**(롬 1:17)를 믿음으로 단번에 의롭고
거룩하고 영화롭게 되었습니다. 예수님은 육신을 입고 오신 성자
(聖子) 하나님입니다. 예수님은 흠 없는 당신의 몸을 제물로 드려
서, 즉 세례와 십자가로 **"한 영원한 제사"**(히 10:12)를 드려 주셔
서 우리의 모든 죄를 근원적으로 없애 주셨습니다. 그 여인의 혈루
근원이 단번에 마른 것처럼, 이제 누구든지 예수님께서 **"물과 피로
임"**(요일 5:6)하셔서 우리의 모든 죄를 단번에 없애 주셨다는 진리
의 원형복음을 믿을 때에 단번에 죄 사함을 받습니다. 우리는 날마
다 회개 기도를 드리고 날마다 점진적으로 조금씩 성화를 이뤄서
하나님 앞에서 의롭게 되는 것이 절대로 아닙니다. 우리가 진리의
복음을 믿음으로 우리의 모든 죄가 단번에 예수님께 다 넘어갔기
때문에 우리가 거듭나서 단번에 의인이 된 것입니다.

자기의 의가 거덜나야 얻는 구원

    마가복음에 의하면 이 여인의 처지가 **"많은 의원에게 많은 괴
로움을 받았고 있던 것도 다 허비하였으되 아무 효험이 없고 도리
어 더 중하여졌"**(막 5:26)다고 합니다. 이 여인은 혈루병을 고쳐
보려고 많은 의원들을 찾아 다녔습니다. 우리들도 부끄러운 죄의

문제를 해결해 보려고 이 교회 저 성당을 찾아가 보지 않았습니까? 그런 곳에는 거듭나지 못한 목회자들이나 성직자들이 죄의 혈루병을 낫게 해 주겠다고 별난 짓을 다 시킵니다. 그들의 공식적인 처방은 회개 기도나 고백(고해)성사입니다. 여러분, 고백성사나 회개 기도를 하면 죄가 없어집니까? 금식 기도를 하면 죄가 없어집니까? 자기의 죄를 종이에 써서 모닥불에 태워버리면 죄가 없어집니까? 피해자에게 가서 자기의 죄를 시인하고 용서를 빌면 죄가 없어집니까? 입힌 손해를 배로 배상하면 죄가 없어집니까? 죄는 하나님의 심판 책과 우리의 마음 판에 **"금강석 끝 철필로 기록"**(렘 17:1, 계 20:12)된 것이므로 그런 방식으로는 결코 지워지지 않습니다. 이는 마치 다리를 타고 흘러내리는 썩은 피를 그 순간마다 부지런히 닦아 버린다고 혈루병이 근치(根治)될 수 없는 것과 같습니다. 그런 가짜 의원들을 쫓아다녀 봤자 죄의 혈루병을 고치기는커녕 병만 더 중하여집니다.

　자기 자신의 혈루병도 근치되지 않은 채로 "자칭(自稱) 하나님의 종"이라고 나팔을 부는 거짓 선지자들은 절대로 다른 이들의 혈루병을 고쳐줄 수 없습니다. 그들에게는 죄를 사함 받게 하는 능력의 말씀이 없습니다. 자기도 거듭나지 못했는데 어떻게 다른 이를 거듭나게 인도하겠어요? 자기에게 진리의 말씀이 없는데 어떻게 다른 이들을 죄에서 자유하게 해 주겠어요? 그들은 영적 소경들입니다. 소경이 소경을 인도하면 둘 다 구덩이에 빠져서 멸망합니다. 오늘의 본문에 등장하는 의원들은 돈만 밝히는 가짜 의원들입니다. 그들에게 가봤자 근본적인 치료를 받지 못하고 돈만 빼앗깁니다. 오늘날의 거짓 목회자들도 그와 같습니다. 그러나 거듭난 하나님 종들은 누구든지 죄 때문에 괴로워하는 사람들이 자기들을 찾아오면 100% 고쳐 줄 수 있습니다. 주님께서 혈루병을 앓던 그 여인을 단번에 고쳐 주신 것처럼, 거듭난 하나님의 종들에게는 진리의 원형복음이 있어서 진정으로 죄 사함을 받기 원하는 사람이 있다면 그 사람의 죄의 혈루병을 단번에 고쳐 줄 수 있습니다.

그런데 우리가 죄 사함을 받으려면 이 여인처럼 자기의 것을 다 탕진해야 합니다. 무화과 나뭇잎으로 만든 옷을 벗지 않고서 그 위에 가죽옷을 입을 수 없습니다. 억지로 해서라도 그렇게 가죽옷을 덧입는다고 하면 무화과 나뭇잎 옷이 속에서 살을 쓸기 때문에 괴롭기만 합니다. 그렇게 되면 아무리 좋은 가죽옷도 결코 고맙지 않습니다. 무화과 나뭇잎 옷을 온전히 벗어버려야 가죽옷을 입을 수 있는 것과 같이, 사람은 자기의 의를 다 잃어버리고 나서야 죄 사함을 받게 됩니다.

누가복음 15장에는 세 가지 비유의 말씀, 즉 **"잃었던 양의 비유," "잃었던 은전의 비유,"** 그리고 **"잃었던 아들의 비유"**가 기록되어 있습니다. 이 비유들은 스스로 의롭다고 자랑하는 바리새인들과 스스로를 지옥에 가야 할 죄인이라고 시인했던 자들 중에서 주님께서는 누구를 기뻐하며 구원하는가에 대한 말씀입니다. 주님은 자칭 의인들을 부르러 오신 것이 아니라 죄인을 불러 구원하러 오셨습니다. 소위 **"돌아온 탕자의 비유"**라고도 불리는 **"잃었던 아들의 비유"**의 말씀을 보십시오. 첫째 아들은 주님께서 바리새인이나 서기관을 빗대서 말씀하신 것입니다. 둘째 아들은 하나님을 떠나가서 자기의 의를 다 잃어버리고 돼지와 같은 비참한 처지가 된 자들, 즉 진정으로 하나님의 구원을 간구하게 된 죄인을 상징합니다.

사람은 자기의 옳음이 다 거덜나야만 구원을 받습니다. 자기 옳음과 자기의 생각이 다 거덜나야 하나님의 의를 옷 입게 됩니다.

열두 해 동안 혈루병을 앓으면서 자기의 의가 다 거덜났던 이 여인도 "**하나님의 의**"를 계시하는 주님의 옷을 믿음으로 붙잡았을 때에 혈루병의 근원이 단번에 마르는 역사를 체험하였습니다.

부활과 영생을 주시는 주님

노중에서 혈루병자를 단번에 고치신 주님은 이제 야이로라는 회당장의 집에 들어가셔서 방금 죽은 그의 딸을 살리셨습니다. 예수님은 우리의 모든 병을 고치시며 죽은 자도 살리시는 전능하신 하나님입니다. 예수님은 죄와 죽음에서 우리를 해방시킨 구원의 주님입니다. 죄와 죽음은 별개가 아닙니다. "**죄의 삯은 사망이요 하나님의 은사는 그리스도 예수 우리 주 안에 있는 영생이니라**"(롬 6:23)고 말씀하셨듯이, 죄의 결과와 대가가 영원한 사망인 지옥입니다. 우리의 죄의 혈루병을 근치시켜 주신 주님은 우리를 "**둘째 사망**"(계 20:14) 즉 지옥의 저주에서 구원하셔서 천국의 영생에 들어가게 하셨습니다. 죽었던 나사로를 살리신 예수님께서 그의 누이인 마르다에게 "**나는 부활이요 생명이니 나를 믿는 자는 죽어도 살겠고 무릇 살아서 나를 믿는 자는 영원히 죽지 아니하리니 이것을 네가 믿느냐**"(요 11:25-26)고 말씀하셨습니다.

물과 피로 임하신 주님께서 우리의 모든 죄를 깨끗이 없애 주셨습니다. 이제 우리에게서 사망의 원인이 제거되었으므로, 거듭난 의인들은 죽어도 다시 살겠고 살아서 주님을 만난 자는 죽음을 맛보지 않고 영생에 들어갈 것입니다. 진리의 원형복음을 믿는 자들, 즉 예수님의 옷인 하나님의 의를 믿는 우리는 죄가 전혀 없습니다. 우리의 혈루 근원이 말랐습니다. 여러분은 마음에 죄가 있습니까?

없습니다. 믿음으로 거듭난 의인들에게는 죄가 없습니다. 주님께서 우리의 모든 죄와 허물을 다 가져가셨기 때문에, 우리의 마음에는 아무리 눈을 씻고 봐도 죄가 없습니다.

어떤 이들은 "혈루 근원이 말라 버린 그 여인처럼 죄 사함을 받은 자는 다시는 죄를 짓지 않는다는 말이냐?" 하고 의문을 제기합니다. 아닙니다. 죄 사함을 받았어도 우리는 여전히 연약한 육체 안에 거하기 때문에 죄를 짓습니다. 그러나 그 죄도 예수님께서 세례를 받으실 때에 이미 다 가져가신 죄입니다. 하나님 편에서는 영원한 차원의 속죄를 이미 다 이루어 놓으셨습니다. 이 사실을 믿는 사람의 마음에는 죄의 혈루병이 완전히 근원적으로 치유됩니다. 그리고 거룩해진 의인의 마음에 성령님이 임하십니다. **"너희가 회개하여 각각 예수 그리스도의 이름으로 세례를 받고 죄 사함을 얻으라 그리하면 성령을 선물로 받으리니"**(행 2:38)라고 기록되어 있습니다. 성령은 거룩한 하나님이시기에 결코 죄인의 마음에 거하시지 않습니다. 거듭난 의인들의 마음에는 성령님이 오셔서 그들을 보호하고 인도하십니다. 물과 피의 복음을 믿는 의인들도 여전히 죄를 짓습니다. 그러나 자기 안에 거하시는 성령으로 말미암아 진리의 복음을 붙들고 다시 일어나서 하나님께서 기뻐하시는 의의 길을 걸어갑니다. **"물은 예수 그리스도의 부활하심으로 말미암아 이제 너희를 구원하는 표니 곧 세례라 육체의 더러운 것을 제하여 버림이 아니요 오직 선한 양심이 하나님을 향하여 찾아가는 것이라"**(벧전 3:21)는 말씀이 그런 뜻입니다.

이 여인은 예수님의 옷을 결사적으로 붙들었습니다. 자기가 얼마나 죄 덩어리인지, 죄가 얼마나 괴로운 것인지를 아는 자만이 진리의 복음을 간절한 마음으로 믿고 붙들어서 구원을 받습니다. 스스로 자기는 별로 죄인이 아니라고 여기는 사람들, 즉 현대판 바리새인 같은 종교인들은 죄 사함을 받지 못합니다. "**예수께서 돌이켜 그를 보시며 가라사대 딸아 안심하라 네 믿음이 너를 구원하였다 하시니 여자가 그 시로 구원을 받으니라**"(마 9:22)고 기록되어 있습니다. 하나님 편에서는 모든 사람을 다 구원해 놓으셨지만, 오직 하나님의 구원의 역사를 온전히 믿는 사람에게만 구원의 효력이 임합니다.

주님께서는 우리 영혼을 모든 죄에서 구원하셨을 뿐만 아니라 장차 우리의 죽을 몸도 다시 살리십니다. 예수님은 죽은 아이를 가리켜 "**이 소녀가 죽은 것이 아니라 잔다**"라고 말씀하셨습니다. 나사로가 죽었을 때에도 "**우리 친구 나사로가 잠들었도다**"(요 11:11)라고 말씀하셨습니다. 우리의 죽음은 잠시 잠드는 것에 불과합니다. 우리는 장차 잠에서 깨듯이 부활할 것입니다. 주님께서 공중에 재림하실 때에 자고 있던 의인들을 먼저 부활시키시고 그때까지 살아 있는 의인들은 홀연히 변화시켜서 공중으로 들어 올리실 것입니다. 그렇게 우리를 천국 혼인잔치에 불러 주실 것입니다. "**보라 내가 너희에게 비밀을 말하노니 우리가 다 잠잘 것이 아니요 마지막 나팔에 순식간에 홀연히 다 변화하리니 나팔 소리가 나매 죽은 자들이 썩지 아니할 것으로 다시 살고 우리도 변화하리라**"(고전 15:51-52)고 기록되어 있고, "**주께서 호령과 천사장의 소리와 하나님의 나팔로 친히 하늘로 좇아 강림하시리니 그리스도 안에서 죽은 자들이 먼저 일어나고 그 후에 우리 살아 남은 자도 저희와 함께 구름 속으로 끌어 올려 공중에서 주를 영접하게 하시리니 그리하여 우리가 항상 주와 함께 있으리라**"(살전 4:16-17)고 말씀하셨습니다.

주님께서는 우리를 모든 죄에서 구원하셨고 또 우리를 죽음에서 해방시켜 주셨습니다. 우리의 육신은 죽더라도 잠시 자다가 주님께서 야이로의 딸을 일으키셨듯이 우리를 다시 일으키실 것입니다. 우리를 죄에서 구원하시고 영원한 지옥의 사망에서 건져 주신 주님께 감사를 드립니다.

말씀을 마쳤습니다.

하나님은 우리의 믿음 위에 역사하신다

"예수께서 거기서 떠나 가실째 두 소경이 따라 오며 소리질러 가로되 다윗의 자손이여 우리를 불쌍히 여기소서 하더니

예수께서 집에 들어가시매 소경들이 나아오거늘 예수께서 이르시되 내가 능히 이 일 할 줄을 믿느냐 대답하되 주여 그러하오이다 하니

이에 예수께서 저희 눈을 만지시며 가라사대 너희 믿음대로 되라 하신대

그 눈들이 밝아진지라 예수께서 엄히 경계하시되 삼가 아무에게도 알게 하지 말라 하셨으나

저희가 나가서 예수의 소문을 그 온 땅에 전파하니라

저희가 나갈 때에 귀신 들려 벙어리 된 자를 예수께 데려오니

귀신이 쫓겨나고 벙어리가 말하거늘 무리가 기이히 여겨 가로되 이스라엘 가운데서 이런 일을 본 때가 없다 하되

바리새인들은 가로되 저가 귀신의 왕을 빙자하여 귀신을 쫓아낸다 하더라

예수께서 모든 성과 촌에 두루 다니사 저희 회당에서 가르치시며 천국 복음을 전파하시며 모든 병과 모든 약한 것을 고치시니라

무리를 보시고 민망히 여기시니 이는 저희가 목자 없는 양과 같이 고생하며 유리함이라

이에 제자들에게 이르시되 추수할 것은 많되 일군은 적으니

그러므로 추수하는 주인에게 청하여 추수할 일군들을 보내어

주소서 하라 하시니라"(마 9:27-38).

예수님께서 소경과 귀신들려 벙어리 된 자를 고쳐 주셨습니다. 그런데 주님께서 이러한 이적들을 베푸시는 목적은 천국 복음을 전파하기 위한 것입니다. 요한복음은 예수님께서 세례 요한에게 세례를 받으신 날을 기점(起點)으로 **"이튿날"** 또는 **"사흘 되던 날"**이라는 편년체(編年體) 형식으로 주님의 사역과 교훈을 기술하고 있습니다. 이는 예수님께서 받으신 세례가 복음의 출발점이라는 뜻입니다. 예수님께서 세례 요한에게 세례를 받으신 후 **"사흘 되던 날"**(요 2:1)에 가나라는 마을에서 혼인잔치가 있었습니다. 그 잔칫집에 포도주가 떨어지자 예수님께서는 물이 포도주로 변하는 이적을 베푸셨습니다. 그리고 성경은 이 이적(異蹟)의 말미에 **"예수께서 이 처음 표적을 갈릴리 가나에서 행하여 그 영광을 나타내시매 제자들이 그를 믿으니라"**(요 2:11)고 기록하고 있습니다. 이적이나 표적은 그 자체가 목적이 아니라 우리들로 하여금 예수님은 하나님이라는 사실과 예수님의 모든 말씀은 진리임을 믿게 하기 위함입니다.

믿음으로 얻는 하나님의 축복

하나님께로부터 오는 모든 축복이 우리의 것이 되려면, 우리에게는 믿음이 있어야 합니다. 두 사람의 소경이 눈을 뜨게 된 과정에도, **"이에 예수께서 저희 눈을 만지시며 가라사대 너희 믿음대로 되라 하신대 그 눈들이 밝아진지라"**(마 9:29-30)고 기록되어 있습니다. 소경들은 예수님을 하나님께서 약속하신 **"다윗의 자손"**(Son of David) 즉 구원자(메시아)라고 믿었습니다. 하나님께서는 우리의 믿음 위에 역사하십니다.

하나님께서는 하늘에 속한 모든 좋은 것들을 우리에게 주기를 원하십니다. 그런데 위로부터 즉 빛들의 아버지로부터 오는 **"각양 좋은 은사와 온전한 선물"**(약 1:17)들은 우리의 믿음을 통해서 우리의 것이 됩니다. 우리가 하나님과 하나님의 말씀을 온전히 믿을 때에 하나님은 얼마든지 풍족하게 우리에게 주십니다. 오늘의 본문에 등장하는 소경들에게도 주님은 그들의 눈을 만지시며 **"너희 믿음대로 되라"**라고 말씀하시고 고쳐 주셨고, 귀신들려 벙어리 된 자를 고쳐 주실 때에도 주님을 믿고 나온 저들의 믿음을 보시고 고쳐 주신 것입니다. 우리들이 하나님께로부터 영육간에 은혜를 받으려면 우리 편에서는 믿음이 절대적으로 필요합니다. 믿음이 없이는 하나님께로부터 아무것도 받을 생각을 말아야 합니다.

하나님을 전적으로 믿는 것이 믿음입니다. 그냥 심드렁한 마음으로, "하나님께서 주시면 받고 말면 말지" 하는 사람은 하나님을 믿는 것이 아닙니다. 이런 자는 **"네가 이같이 미지근하여 더웁지도 아니하고 차지도 아니하니 내 입에서 너를 토하여 내치리라"**(계 3:16)고 하신 경고의 말씀을 기억하고 돌이켜야 합니다. 하나님께서 살아 계신 것과 하나님은 자기를 믿고 찾아 나오는 자들에게 상(賞)을 주시는 하나님인 줄을 전적으로 믿는 자의 믿음(히 11:6) 위에 하나님은 필요한 모든 것을 반드시 넘치도록 주십니다.

소경들은 예수님을 따라가며, **"다윗의 자손이여 우리를 불쌍히 여기소서"** 하고 줄곧 소리 질러 외쳤습니다. 그 당시에는 소경과 같은 불구자들은 사람 취급을 받지 못했고 자기 부모든지 자기의 죄 때문에 그렇게 천벌(天罰)을 받은 죄인으로 여김을 받았습니다.

그런데도 평소에는 자기들을 멸시하는 사람들의 근처에는 얼씬도 못했던 그 두 소경은 결사적으로 다른 사람들을 비집고 예수님께 나아갔습니다. 그들은 큰 소리로 **"다윗의 자손이여 우리를 불쌍히 여기소서"** 하며 다른 사람들의 비난을 개의치 않고 군중을 헤집고 예수님께로 나아갔습니다. 아직 죄 사함을 받지 못한 영적 소경들도 그러한 담력과 믿음으로 주님께 나아가야만 합니다. 하나님의 은혜는 우리의 믿음을 따라 우리의 믿음 위에 임합니다. 엿장수는 "옛다! 엿이나 먹어라" 하고 맛보기 엿을 뿌리지만, 하나님은 그냥 아무에게나 구원의 축복을 뿌려 주시는 분이 아닙니다. 하나님의 영적인 선물들을 받으려면 우리 편에서는 온전한 믿음이 있어야 합니다.

우리는 영적인 소경이었고 벙어리였습니다

"몸이 천 냥이면 눈은 구백 냥"이라는 속담이 있습니다. 눈이 온몸에서 가장 소중하다는 말씀입니다. 그런데 우리 모두는 영적 소경들이었습니다. 모든 사람은 태어날 때부터 영적 소경으로 태어나서 영의 세계를 보지 못하고 육신의 세계가 전부인 줄 알고 살다가 죽습니다. 죄 사함을 받지 못한 자들은 진리의 빛을 볼 수 없어서 영생의 천국이 있는 줄도 알지 못하고 지옥을 향해 내려갑니다. 성경은 거듭나지 못한 거짓 목자들에 대해서 **"저희는 소경이 되어 소경을 인도하는 자로다 만일 소경이 소경을 인도하면 둘이 다 구덩이에 빠지리라"**(마 15:14)고 경고합니다. 그들도 진리의 복음을 믿음으로 죄 사함을 받고 영적인 눈이 뜨여서 빛 가운데 의의 길로 걸어가야 합니다. 아직도 절대다수의 사람들이 영적 소경으로 살아가고 있습니다. 저들은 육신의 눈을 뜨고 다니지만 영적으로는 깜깜한 소경들입니다. 그래서 우리가 저들을 예수님께로 인도해서 영적인 눈을 뜨고 빛 가운데 영생의 길을 가기를 간절히 바라는 것입니다.

"**귀신들려 병어리 된 자**" 또한 우리의 옛사람을 계시합니다. 죄 사함을 받아서 성령님이 우리 마음에 오시기 전에는 모든 사람이 다 귀신들려서 살아갑니다. 거듭나기 전에는 우리가 다 영적인 벙어리들이었습니다. 영적인 하나님의 말씀을 전혀 알아들을 수 없었으며 우리의 입에서는 영적인 말을 낼 수가 없었습니다. "**내가 믿는 고로 말하였다**"(고후 4:13)라는 말씀대로, 우리가 하나님의 말씀을 믿는 믿음이 없다면 우리는 영적 벙어리에 불과합니다. 제가 가끔 이 세상에 속한 사람들을 만나 봅니다. 그들은 육신적인 얘기들은 잘 합니다. 하지만 그들이 영적인 얘기들을 할 수 있습니까? 못합니다. "밥 먹었어?" "요즘 너는 어떤 드라마 보냐?" "너 그 가방 어디서 샀니?" "인생 뭐 별거 있어? 잘 먹고 잘 싸다가 가면 최고지!"—이런 말들이 거듭나지 못한 인생들이 나누는 대화의 전부입니다. 그들은 귀신이 들려서 영적으로 벙어리가 되었기 때문에 영적인 말은 하나도 못하고 육신적인 말만 합니다. 저는 영적인 얘기를 할 수 있지만 그들은 영적인 얘기를 전혀 할 수 없습니다. 그들은 영적인 세계에 대해서는 관심도 없습니다. 그들은 영적으로 벙어리들입니다. "**귀신들려 병어리 된 자**"가 바로 그들이며 나의 옛 모습입니다. 그런데 예수님의 능력으로 "**귀신들려 병어리 된 자**"의 영적인 말문이 열렸습니다. 이 이적(異蹟) 또한 거듭나지 못한 자들을 구원하신 하나님의 역사를 계시합니다. "**귀신들려 병어리 된 자**"도 예수님께 나와서 믿고 고침을 받았습니다. 죄인들이 진리의 복음을 믿음으로 죄 사함을 받으면 그들의 영적인 눈이 떠지고 영적인 혀가 풀려서 하늘에 속한 말을 하고 영적인 일들을 하게 됩니다.

천국 복음을 전파하신 주님

"예수께서 모든 성과 촌에 두루 다니사 저희 회당에서 가르치시며 천국 복음을 전파하시며 모든 병과 모든 약한 것을 고치시니라"(마 9:35). 주님께서 행하신 사역을 요약하면 이 한 절로 정리됩니다. 주님께서는 사람들에게 당신은 하나님의 아들이며 모든 죄를 대속할 어린양으로 오신 메시아라는 사실, 즉 천국 복음을 전파하셨습니다. 또 주님은 당신의 말씀을 믿게 하기 위해서 이적과 표적을 베푸셨습니다. 조금 전에도 말씀을 드렸습니다만, 예수님께서 병자들이나 불구자들을 고쳐 주신 이적들을 베푸신 목적은 당신을 믿게 하기 위함이었습니다. 믿음이 없는 사람들은 기적에 굉장히 관심이 많습니다. 오순절 계통의 교회에서는 지금도 안찰 기도로 귀신을 쫓아내고 방언 기도로 병자를 낫게 한다고 난리를 떱니다. 그런데 우리가 진리의 말씀에 터를 두고 생각해보면 육신의 병이 낫는 것은 그리 대단한 일이 아닙니다.

예수님께서 보리떡 다섯 개와 물고기 두 마리로 오천 명을 먹이셨습니다. 굶주렸던 사람들은 배불리 먹은 것에만 만족해서 예수님을 결사적으로 따라다녔습니다. 그때에 예수님께서는 **"내가 곧 생명의 떡이로라"**(요 6:48)고 말씀하시면서 천국 복음을 전하기 시작하셨습니다. 그러자 그들은 "말씀이 너무 어렵도다" 하며 예수님의 곁을 떠나갔습니다. 주님께서 이적을 베풀고 병자들을 치유하신 목적은 천국 복음을 전파해서 저들로 믿게 하려는 것이었습니다. 예수님은 당신이 하나님의 아들이며 우리 인류를 모든 죄에서 구원하러 오신 메시아라는 진리를 사람들이 믿게 하려고 이적을 베푸셨는데, 오늘날의 기독교인들도 영생의 천국 복음에는 관심이 없고 오직 이적이나 치유에만 관심이 있습니다. 우리는 무엇이 귀중한지를 알고 하나님의 말씀을 순수하게 믿고 따라가는 자가 되어야 합니다.

영혼을 긍휼히 여기는 마음

"무리를 보시고 민망히 여기시니 이는 저희가 목자 없는 양과 같이 고생하며 유리함이라"(마 9:36). 예수님께서는 갈 길을 몰라 헤매면서 육신의 욕망만 채우려는 무리를 보시고 민망히 여기셨습니다. 사람들은 예수님을 따라다니면서 배불리 먹는 것만으로 만족해하고 귀신이 쫓겨나가고 병이 낫는 것을 보고 박수를 치고 육신적인 것들만 추구했습니다. 예수님께서는 저들의 영혼의 상태를 보시면서 그들을 참으로 불쌍히 여기셨습니다. 그들도 선한 목자이신 예수님을 진리의 복음 안에서 만나서 믿는다면 더 이상 방황하지 않고 주님의 양떼로서 평안하게 영생의 길을 따라갈 것이기 때문입니다.

우리도 그렇게 민망히 여기심을 받고 주님의 양들이 되었습니다. 이제는 먼저 거듭난 우리들이 주님의 마음을 품고 영혼들을 민망히 여겨야 합니다. "나에게는 영혼들을 바라보면서 민망히 여기는 마음이 있는가?" 하고 자문(自問)해 봅니다. 죄 사함을 받지 못해서 영적 소경으로 방황하는 영혼들을 민망히 여기는 마음—이것이 주님의 일꾼이 마땅히 품어야 할 마음입니다. 주님의 종이이라면, 방황하는 영혼들을 바라보면서, 그들을 육신적으로만 바라보고 "그들이 나에게 어떤 이득이 되겠는가?" 하는 마음으로 영혼들을 대해서는 안됩니다. 그런 마음은 영적 삯꾼의 마음입니다. 삯꾼 목자들은 **"양의 옷을 입고 너희에게 나아오나 속에는 노략질하는 이리"**(마 7:15)들입니다.

하나님의 종들은 영혼들을 바라볼 때에 그들의 외모를 보지 않습니다. 사람들의 생김새나 재산이나 지위를 보고 차별적으로 그들을 대하지 않습니다. 하나님의 종들은 한 영혼 한 영혼이 다 천하보다 귀한 하나님의 피조물이라는 생각으로 어찌하든지 하나님의 구원이 그들에게 임하게 하려고 혼신의 힘을 다합니다. 그것이 **"진리의 사랑"**(살후 2:10)입니다. "저 사람이 나에게 유익이 되느냐 안 되느냐?"—이런 눈으로 영혼들을 바라보는 자는 주님의 종이 아닙니다. 우리가 영혼을 바라볼 때에 주님과 같이 민망히 여기는 눈으로 그들을 바라보는 것이 주의 종 된 자의 마음 자세입니다. 영혼들을 민망히 여기는 마음이 없다고 하면 하나님의 종이 아닙니다.

주님은 제자들에게 **"눈을 들어 밭을 보라 희어져 추수하게 되었도다"**(요 4:35)라고 말씀하셨습니다. 수많은 영혼들이 지금 방황하며 떠돌고 있는데 천국 복음을 전파해서 저들을 구원해야 한다는 주님의 말씀입니다. 주님과 같이 영적인 눈으로 영혼들을 바라보는 것이 종의 마음입니다. **"추수할 것은 많되 일군은 적으니 그러므로 추수하는 주인에게 청하여 추수할 일군들을 보내어 주소서 하라"**(마 9:37-38)고 주님께서 제자들에게 당부하셨습니다. 우리는 영적인 일꾼을 일으켜 달라고 하나님께 기도해야 합니다. 저는

"많은 일꾼들이 일어나서 이런 일도 하고 저런 일도 하면 참 좋겠다"라는 간절한 소원이 있습니다. 그래서 늘 복음의 일꾼들을 일으켜 달라고 하나님께 기도를 드립니다. 지금도 여러분들이 있으니까 저는 복음을 섬기고 있습니다만, 더 많은 일꾼들이 일어나서 영차 영차 하면서 울력 바람에 더 힘차게 복음의 사역을 감당할 수 있게 되기를 간절히 바랍니다.

말씀을 마쳤습니다.

제자의 길(1):
천국 복음을 전파하는 자

"예수께서 그 열 두 제자를 부르사 더러운 귀신을 쫓아내며 모든 병과 모든 약한 것을 고치는 권능을 주시니라

열 두 사도의 이름은 이러하니 베드로라 하는 시몬을 비롯하여 그의 형제 안드레와 세베대의 아들 야고보와 그의 형제 요한,

빌립과 바돌로매, 도마와 세리 마태, 알패오의 아들 야고보와 다대오,

가나안인 시몬과 및 가룟 유다 곧 예수를 판 자라

예수께서 이 열 둘을 내어보내시며 명하여 가라사대 이방인의 길로도 가지 말고 사마리아인의 고을에도 들어가지 말고

차라리 이스라엘 집의 잃어버린 양에게로 가라

가면서 전파하여 말하되 천국이 가까왔다 하고

병든 자를 고치며 죽은 자를 살리며 문둥이를 깨끗하게 하며 귀신을 쫓아내되 너희가 거저 받았으니 거저 주어라

너희 전대에 금이나 은이나 동이나 가지지 말고

여행을 위하여 주머니나 두 벌 옷이나 신이나 지팡이를 가지지 말라 이는 일군이 저 먹을것 받는 것이 마땅함이니라

아무 성이나 촌에 들어가든지 그 중에 합당한 자를 찾아내어 너희 떠나기까지 거기서 머물라

또 그 집에 들어가면서 평안하기를 빌라

그 집이 이에 합당하면 너희 빈 평안이 거기 임할 것이요 만일 합당치 아니하면 그 평안이 너희에게 돌아올 것이니라

누구든지 너희를 영접도 아니하고 너희 말을 듣지도 아니하거든 그 집이나 성에서 나가 너희 발의 먼지를 떨어 버리라

내가 진실로 너희에게 이르노니 심판날에 소돔과 고모라 땅이 그 성보다 견디기 쉬우리라

보라 내가 너희를 보냄이 양을 이리 가운데 보냄과 같도다 그러므로 너희는 뱀 같이 지혜롭고 비둘기 같이 순결하라

사람들을 삼가라 저희가 너희를 공회에 넘겨 주겠고 저희 회당에서 채찍질 하리라

또 너희가 나를 인하여 총독들과 임금들 앞에 끌려 가리니 이는 저희와 이방인들에게 증거가 되게 하려 하심이라

너희를 넘겨줄 때에 어떻게 또는 무엇을 말할까 염려치 말라 그 때에 무슨 말할 것을 주시리니

말하는 이는 너희가 아니라 너희 속에서 말씀하시는 자 곧 너희 아버지의 성령이시니라

장차 형제가 형제를, 아비가 자식을 죽는데 내어주며 자식들이 부모를 대적하여 죽게 하리라

또 너희가 내 이름을 인하여 모든 사람에게 미움을 받을 것이나 나중까지 견디는 자는 구원을 얻으리라

이 동네에서 너희를 핍박하거든 저 동네로 피하라 내가 진실로 너희에게 이르노니 이스라엘의 모든 동네를 다 다니지 못하여서 인자가 오리라"(마 10:1-23).

예수님께서는 승천하시기 전에 당신의 제자들에게, "너희는 가서 모든 족속으로 제자를 삼아 아버지와 아들과 성령의 이름으로 세례를 주고 내가 너희에게 분부한 모든 것을 가르쳐 지키게 하

라"(마 28:19-20)고 당부하셨습니다. 영혼들에게 천국 복음을 전파해서 그들이 죄 사함을 받고 주님의 제자가 되게 하는 것이 주님께서 우리에게 부탁하신 **대사명**(大使命, the Great Commission)입니다. 오늘의 본문은 합당한 제자의 삶에 대한 주님의 교훈입니다. 모든 기독교인들은 주님의 제자가 되어야 합니다. 그래서 한때 (특히 1990년대)에는 "제자도"(弟子道, discipleship)라는 키워드(keyword)가 젊은 기독교인들의 화두(話頭)였고 제자 훈련이나 제자도에 관한 책들이 많이 출간되기도 했습니다.

제자의 길

제자란 스승을 본받고 그의 가르침을 준행하는 자입니다. 사도 요한은 **"저 안에 거한다 하는 자는 그의 행하시는 대로 자기도 행할찌니라"**(요일 2:6)고 말씀하셨습니다. "예수님 안에 거하는 자"란 누구입니까? 죄 사함 받고 거듭난 자만이 예수님 안에 거할 수 있습니다. 예수님은 거룩하신 성자(聖子) 하나님입니다. 그러므로 죄 사함을 받지 못한 사람, 즉 죄인은 거룩한 주님 안에 거할 수 없습니다. 거듭난 의인들은 예수님께서 행하신 대로 자기도 행해야 한다고 성경은 말씀합니다. 그런데 대부분의 기독교인들은 **"그의 행하시는 대로 자기도 행할찌니라"**라는 말씀을 오해해서, 예수님의 여러 덕성(德性)이나 신성(神性)을 닮고 따라가려고 합니다. 요약하자면 기독교는 "예닮 운동" 즉 "예수님 닮기 운동"을 하고 있습니다. 그래서 교회 이름 중에는 "예닮 교회"라는 이름이 많습니다. 또 예닮 유치원이나 예닮 어린이집도 많습니다.

앤드류 머레이(Andrew Murray, 1828-1917)라는 설교자의

『예수님처럼』(*Like Christ*)이라는 책이 있습니다. 이 책은 한 달의 날수만큼인 31개의 소제목으로 예수님의 덕성을 제시하면서, 우리도 그러한 부분을 본받아 "예수님처럼" 살아야 한다고 기술(記述)하고 있습니다. 저는 젊은 시절에 그 책을 읽고 감동을 받아서 늘 가방에 가지고 다니며 반복적으로 읽었던 기억이 납니다. 물론 예수님을 닮아서 나쁠 건 없습니다. 그러나 우리는 연약하고 부족하기 때문에 예수님을 온전히 닮을 수 없습니다. "오르지 못할 나무는 쳐다보지도 말라"라는 속담이 있습니다. 하나님이신 예수님의 덕성(德性)을 닮아보려고 몸부림치고 자책(自責)하는 동안에 정작 주님께서 우리에게 간절하게 부탁하신 복음 전파의 **대사명**(大使命, the Great Commission)은 뒷전으로 밀리고 맙니다.

천국 복음의 전파자인 제자

예수 그리스도께서는 영혼들을 죄와 사망에서 구원하기 위해서 이 땅에 오셨습니다. 당신의 몸을 제물로 삼아 **"한 영원한 제사"**(히 10:12)를 드려서 **"하나님의 의"**(롬 1:17)를 완성하시고 누구든지 당신이 완성하신 **"물과 피의 복음"**을 믿으면 죄 사함을 받고 천국의 영생에 들어가게 하셨습니다. 그리고 주님은 친히 천국 복음을 전파하시며 당신의 제자들에게도 천국 복음을 전파하라고 명령하셨습니다. 주님의 제자가 되려면 먼저 죄 사함을 받아야 합니다. 자기가 죄 사함을 받지 못했는데 어떻게 하나님의 의를 이루신 예수님의 뜻을 준행하겠습니까?

거듭나지도 못한 죄인들이 행위와 외모만 예수님을 닮으려고 발버둥 치는 것을 보면 안타깝습니다. 앞에 언급한 앤드류 머레이

(Andrew Murray)의 책 26장에는 "온유하신 예수님처럼"(Like Christ: In His Meekness)이라는 설교가 있습니다. 그러면 제자는 상대방이 어떻게 하든 화를 내지 않고 참고 스마일 운동을 해야만 합니까? **"저 안에 거한다 하는 자는 그의 행하시는 대로 자기도 행할찌니라"**(요일 2:6)고 말씀하셨다고 해서, 우리가 화도 내지 않고 욕도 하지 말고 온화한 표정으로 스마일 운동이나 하라고 예수님께서 우리를 제자로 부르신 줄 압니까? 그렇지 않습니다. 예수님께서 성전에 들어가셨을 때에 **"노끈으로 채찍을 만드사 양이나 소를 다 성전에서 내어 쫓으시고 돈 바꾸는 사람들의 돈을 쏟으시며 상을 엎으시고 비둘기 파는 사람들에게 이르시되 이것을 여기서 가져가라 내 아버지의 집으로 장사하는 집을 만들지 말라"**(요 2:15-16)고 진노하셨습니다.

"저 안에 거한다 하는 자는 그의 행하시는 대로 자기도 행할찌니라"(요일 2:6)는 말씀은 천국 복음을 전파하신 주님과 같이 주님의 제자들도 천국 복음을 위해 헌신하라는 당부입니다. **"가면서 전파하여 말하되 천국이 가까왔다 하고"**(마 10:7)—예수님께서 진정으로 우리 제자들에게 위탁하신 사명은 천국 복음을 전파하는 일입니다. 이 **대사명**(大使命, the Great Commission)을 외면하고 자기의 언행이나 가다듬어서 선하고 아름답게 보이도록 훈련하는 일이 제자훈련인 줄 압니까? 사도 바울은 영의 아들 디모데에게 **"육체의 연습은 약간의 유익이 있으나**(For bodily exercise profiteth little, KJV) **경건은 범사에 유익하니 금생과 내생에 약속이 있느니라"**(딤전 4:8)고 권면했습니다. 그런 육체의 연습은 영적으로 유익이 거의 없습니다(little).

제자들에게 귀신을 쫓아내며 병자들을 치유해 주라고 명하신 것도 사실은 사람들이 천국 복음을 믿게 하기 위한 것입니다. 예수님 자신도 사람들이 천국 복음을 믿게 하려고 이적을 베푸셨습니다. 예수님께서 세례를 받으시고 사흘째 되던 날에 가나에서 혼인 잔치가 있었습니다. 잔칫집은 예수님의 육신의 어머니인 마리아의 친척 집이었습니다. 그래서 예수님과 제자들도 그 자리에 가셨습니다. 주님께서 잔치 음식이나 드시려고 그 집에 가셨겠습니까? 주님은 제자들이 당신을 믿게 하려고(요 2:11) 그곳에서 물이 변하여 포도주가 되는 이적을 베푸신 것입니다.

자, 무엇이 중요합니까? 사람들을 육신적으로 돌보아 주어서 그들로부터 칭찬과 감사를 받는 것이 중요합니까? 여러분이 덕성(德性)을 쌓고 인격을 연마해서 "예수 믿는 사람은 과연 인격이 참으로 훌륭하다"라는 평판을 듣는 것이 중요합니까? 제자들에게는 천국 복음을 전파하는 일이 제일 중합니다. 물론 주님의 제자들도 영혼들의 구원에 필요하면 육신적인 배려와 봉사를 얼마든지 할 수 있습니다. 영혼들에게 천국 복음을 전하기 위해서라면 모든 것을 다 양보할 수 있습니다. 그러나 사람들에게 천국 복음을 전해 주어서 그들이 죄 사함을 받고 영생을 누리게 하는 것이 진정한 사랑이며 **"진리의 사랑"**(살후 2:10)입니다. 사도 바울이 고린도전서 13장에서 말씀하신 사랑도 바로 진리의 사랑입니다. 진리의 사랑은 **"오래 참고 사랑은 온유하며 투기하는 자가 되지 아니하며 사랑은 자랑하지 아니하며 교만하지 아니하며 무례히 행치 아니하며 자기의 유익을 구치 아니하며 성내지 아니하며 악한 것을 생각지 아니하며 불의를 기뻐하지 아니하며 진리와 함께 기뻐하고 모든 것을 참으며 모든 것을 믿으며 모든 것을 바라며 모든 것을 견디느니라"**(고전 13:4-7)고 말씀합니다.

제자는 영혼들의 마음밭을 살펴야

"차라리 이스라엘 집의 잃어버린 양에게로 가라"(마 10:6).

복음을 아무에게나 전하지 말라는 말씀입니다. 아무에게나 천국 복음을 전해 봐야 소용이 없고, 오히려 그들로부터 비난과 훼방을 받기 일쑤입니다. 예수님께서는 **"거룩한 것을 개에게 주지 말며 너희 진주를 돼지 앞에 던지지 말라 저희가 그것을 발로 밟고 돌이켜 너희를 찢어 상할까 염려하라"**(마 7:6)고 말씀하셨습니다. 여러분, 돼지에게 진주를 주면 좋아하겠습니까? 돼지는 진주를 딱 씹어 보고 "아이고! 내 이빨만 깨졌네" 하며 그것을 준 사람을 공격할 것입니다. 개가 무엇이 거룩한 것인 줄 알겠습니까? 가장 귀하고 거룩한 것이 천국 복음인데, 천국 복음은 그 가치를 알아보는 이들에게 전해 줘야 합니다.

주님께서는 **"이스라엘 집의 잃어버린 양에게"** 복음을 전파하라고 하셨습니다. 우리는 하나님을 믿는 자 중에 자기의 의를 다 잃어버린 자, 즉 **"심령이 가난한 자"**(마 5:3)들에게 복음을 전해야 합니다. 바싹 마른 땅에 물을 주면 그 땅이 물을 쫙 빨아들입니다. 그러나 나름대로 흥건히 젖어 있는 땅에 물을 주면 다 흘러내립니다. 그렇듯이 자기가 악하고 부족해서 지옥에 갈 수밖에 없는 자라고 고백하며 하나님의 긍휼을 간절히 바라는 자들에게 복음을 전해 주어야 합니다. 예수님께서는 "씨 뿌리는 자의 비유"에서 이 세상 사람들의 마음밭에는 네 가지가 있다고 가르쳐 주셨습니다. 네 가지 마음밭 중에서 구원의 결실을 맺는 밭은 **"좋은 땅"**(눅 8:15)뿐입니다. 자기는 죄 덩어리이고 자기에게는 아무 의(義)가 없다고 인정하며, 또 이 세상에는 아무 소망이 없는 줄 아는 **"잃어버린 양**

들"에게 우리는 복음을 전해 주어야 합니다.

제자들에게는 하나님께서 공급하신다

"병든 자를 고치며 죽은 자를 살리며 문둥이를 깨끗하게 하며 귀신을 쫓아내되 너희가 거저 받았으니 거저 주어라"(마 10:8).

우리가 무엇을 거저 받았습니까? 천국 복음입니다. 우리는 가장 값진 천국 복음을 거저 받았습니다. 이 천국 복음 안에는 죄의 병이 든 자를 고치고 귀신을 쫓아내며 영적 불구자들을 온전하게 하는 능력이 있습니다. 우리는 천국 복음을 거저 받았습니다. 그러니 이 천국 복음을 거저 전해 줘야 합니다. 우리는 복음을 전해 주되 결코 그 대가를 바라지 않습니다. 사도 바울은 천막을 짜서 번 돈으로 자비량(自費糧-자기 돈으로 식량을 사 먹음)하면서 복음을 전했습니다. 저희들도 바울의 본을 따라 복음을 전합니다.

그러면 제자들은 무엇을 먹고 삽니까? 염려하지 마십시오. "**너희 전대에 금이나 은이나 동이나 가지지 말고 여행을 위하여 주머니나 두 벌 옷이나 신이나 지팡이를 가지지 말라 이는 일군이 저 먹을 것 받는 것이 마땅함이니라**"(마 10:9-10)고 약속하셨습니다. 참새조차 돌보시는 하나님께서 하물며 당신의 충성된 종들에게 모든 필요한 것들을 다 공급하시지 않겠습니까? "**너희는 먼저 그의 나라와 그의 의를 구하라 그리하면 이 모든 것을 너희에게 더하시리라**"(마 6:33)는 주님의 약속을 저는 믿습니다. 부족한 저에게도 주님의 공급하심을 맛본 수많은 간증이 있습니다. 제가 제주도에 내려올 때에는 지병도 있었고 손에 쥔 것도 별로 없었습니다. 그러나 오직 천국 복음을 지키고 전파하고자 간절히 기도했습니다. 그리고 하나님께서 허락하시는 대로 진리의 복음을 전파했습니다. 그런데 주님께서는 모든 필요를 넘치도록 채워 주시고 복음을 전파할 수 있는 길들을 열어 주셨습니다. 주님께서는 우리의 머리카락까지도 센 바 되십니다(마 10:30). 그러니 아무 걱정 말고 복음 전파에 매진하는 삶을 살라고 주님께서는 당부하십니다.

"누구든지 너희를 영접도 아니하고 너희 말을 듣지도 아니하거든 그 집이나 성에서 나가 너희 발의 먼지를 떨어 버리라"(마 10:14). 누가 천국 복음을 거부하면 그런 자에게는 아무 미련도 두지 말고 그를 떠나서 다른 이들에게 새로운 마음으로 복음을 전하라는 말씀입니다. 복음을 거부하면 누가 손해입니까? 주님의 제자가 손해입니까, 복음을 받아들이지 않은 당사자가 손해입니까? 진리의 복음을 거부한 사람은 영원토록 지옥불 가운데서 고통을 당할 것입니다. 방금 전에 천국행 열차의 특석에 당첨될 뻔했는데 그것을 거부함으로써 지옥행 특급열차를 타게 된 셈입니다. 천국 복음을 거부한 자는 끔찍한 손해를 본 것입니다. 하나님 종들을 알아보고 그를 영접하는 자는 복이 있습니다. 그러나 하나님의 종이 발의 먼지를 탈탈 털어 버리고 나면 하나님도 그런 자에게 미련을 두시지 않습니다.

지혜롭고 순결하라

"보라 내가 너희를 보냄이 양을 이리 가운데 보냄과 같도다 그러므로 너희는 뱀 같이 지혜롭고 비둘기 같이 순결하라"(마 10:16).

첫째로 복음 전도자는 지혜가 있어야 합니다. 씨를 뿌리려면 밭을 먼저 준비해야 하듯이, 무턱대고 복음부터 전해 준다고 상대방이 구원을 받는 것은 아닙니다. 우리는 지금 뱀같이 지혜롭게 문서 사역을 하고 있습니다. 이 시대에는 책이나 새로운 미디어를 통해서 복음을 전하지 않으면 복음 전파의 사역이 어렵습니다. 요즈음에는 우리가 어깨에 띠를 두르고 터미널 같은 곳에 가서 "예수 천당!" 하고 외치면 미친놈 취급을 받습니다.

둘째로 복음전도자는 **"비둘기같이 순결"** 해야 합니다. 우리는 절대로 거짓 선지자들과 연합해서는 안 됩니다. 마귀에게 속한 자들에게 우리의 곁을 내어 주면 그들의 누룩이 우리에게 들어와서 우리가 간직하고 있는 복음의 진리도 부패됩니다. **"너희는 믿지 않는 자와 멍에를 같이 하지 말라 의와 불법이 어찌 함께하며 빛과 어두움이 어찌 사귀며 그리스도와 벨리알이 어찌 조화되며 믿는 자와 믿지 않는 자가 어찌 상관하며"** (고후 6:14-15)라고 경고하셨습니다.

환난이나 핍박을 두려워하지 말라

우리가 복음을 전하다 보면 많은 환난과 핍박을 당하게 됩니다. 그러나 주님께서는 "두려워하지 말라"라고 말씀하십니다. 그때에 성령께서 우리에게 이를 말을 주십니다. 사도 바울이 실제로 그리하지 않았습니까? 사도 바울이 복음을 전하다가 죄수로 구금되어서 이리저리 끌려가면서도 하나님께서 기회를 주시면 베스도 총독이나 아그립바 왕과 같이 유명한 자들 앞에서도 담대하게 복음을 전했습니다. 사도 바울은 로마에 가서도 로마제국의 보호 아래서 연금생활을 하면서 당당하게 복음을 전했습니다. **"너희를 넘겨줄**

때에 어떻게 또는 무엇을 말할까 염려치 말라 그때에 무슨 말할 것을 주시리니 말하는 이는 너희가 아니라 너희 속에서 말씀하시는 자 곧 너희 아버지의 성령이시니라"—우리가 어떠한 위기에 처해도 성령께서 우리 안에 계셔서 때를 따라 우리에게 이를 말을 주십니다.

"또 너희가 내 이름을 인하여 모든 사람에게 미움을 받을 것이나 나중까지 견디는 자는 구원을 얻으리라"(마 10:22). 복음 전도자의 삶은 고단하고 험난합니다. 복음을 전파하기 위해서는 자기를 부인하고 희생도 많이 해야 합니다. 우리는 그런 고난이나 핍박들을 다 견뎌야 합니다. 우리의 삶은 면류관을 얻기까지 포기하지 않고 달리는 마라톤 선수와 같습니다. 그러나 영광의 면류관이 우리를 기다리고 있기에 우리는 결코 중도에 포기할 수는 없습니다. 그것이 예수 그리스도의 제자의 삶입니다. 하나님께서 우리가 그 길을 끝까지 달려갈 수 있도록 때를 따라 넉넉한 은혜를 베푸십니다.

말씀을 마쳤습니다.

제자의 길(2): 두려워하지 말고 상을 바라보라

"제자가 그 선생보다, 또는 종이 그 상전보다 높지 못하나니

제자가 그 선생 같고 종이 그 상전 같으면 족하도다 집 주인을 바알세불이라 하였거든 하물며 그 집 사람들이랴

그런즉 저희를 두려워하지 말라 감추인 것이 드러나지 않을 것이 없고 숨은 것이 알려지지 않을 것이 없느니라

내가 너희에게 어두운 데서 이르는 것을 광명한 데서 말하며 너희가 귓속으로 듣는 것을 집 위에서 전파하라

몸은 죽여도 영혼은 능히 죽이지 못하는 자들을 두려워하지 말고 오직 몸과 영혼을 능히 지옥에 멸하시는 자를 두려워하라

참새 두 마리가 한 앗사리온에 팔리는 것이 아니냐 그러나 너희 아버지께서 허락지 아니하시면 그 하나라도 땅에 떨어지지 아니하리라

너희에게는 머리털까지 다 세신바 되었나니

두려워하지 말라 너희는 많은 참새보다 귀하니라

누구든지 사람 앞에서 나를 시인하면 나도 하늘에 계신 내 아버지 앞에서 저를 시인할 것이요

누구든지 사람 앞에서 나를 부인하면 나도 하늘에 계신 내 아버지 앞에서 저를 부인하리라

내가 세상에 화평을 주러 온 줄로 생각지 말라 화평이 아니요 검을 주러 왔노라

내가 온 것은 사람이 그 아비와, 딸이 어미와, 며느리가 시어미

와 불화하게 하려 함이니

사람의 원수가 자기 집안 식구리라

아비나 어미를 나보다 더 사랑하는 자는 내게 합당치 아니하고 아들이나 딸을 나보다 더 사랑하는 자도 내게 합당치 아니하고

또 자기 십자가를 지고 나를 좇지 않는 자도 내게 합당치 아니하니라

자기 목숨을 얻는 자는 잃을 것이요 나를 위하여 자기 목숨을 잃는 자는 얻으리라

너희를 영접하는 자는 나를 영접하는 것이요 나를 영접하는 자는 나 보내신 이를 영접하는 것이니라

선지자의 이름으로 선지자를 영접하는 자는 선지자의 상을 받을 것이요 의인의 이름으로 의인을 영접하는 자는 의인의 상을 받을 것이요

또 누구든지 제자의 이름으로 이 소자 중 하나에게 냉수 한 그릇이라도 주는 자는 내가 진실로 너희에게 이르노니 그 사람이 결단코 상을 잃지 아니하리라 하시니라"(마 10:24-42).

사단 마귀를 두려워 말라

예수님의 제자가 된다는 것은 참으로 영광스러운 일입니다. 그리고 제자의 삶에는 모든 축복이 보장됩니다. 그러나 예수님의 제자로 살아가는 데에는 많은 어려움이 있습니다. 스승이신 예수님께서 핍박을 받으신 것처럼 예수님의 제자들도 핍박을 받고 세상으로부터 배척을 당합니다. 주님의 제자들을 핍박하는 세력의 우두머리는 사단 마귀입니다. 육신의 눈에는 보이지 않지만 이 세상에는

천사도 있고 사단 마귀도 있습니다. 천사들은 우리들을 보호하고 돕지만 마귀들은 반대로 우리를 시험에 빠뜨리고 우리가 의의 길을 가지 못하게 훼방합니다.

"몸은 죽여도 영혼은 능히 죽이지 못하는 자들을 두려워하지 말고 오직 몸과 영혼을 능히 지옥에 멸하시는 자를 두려워하라"(마 10:28). 마귀는 사람을 병들게 하거나 중독에 빠지게 하는 능력이 있습니다. 사단 마귀는 세상 사람들을 조종해서 하나님의 백성들을 핍박하고 심지어는 죽이기까지 합니다. 초대교회 시대에 얼마나 많은 기독교인들이 원형경기장에서 사자의 밥이 되기도 하고 화형을 당하기도 했습니까? 오늘날에도 극단주의 이슬람 교도들과 같은 이교도(異敎徒)들이 기독교인들을 공격해서 살해하는 일이 자주 일어납니다.

저는 30대 초반에 인도에 가서 노방전도를 하다가 죽을 뻔한 적이 있습니다. 인도에는 3억 개가 넘는 신(神)들이 있는 잡신교(雜神敎)의 나라입니다. 남신들과 여신들은 물론이고 소의 신과 코끼리 신, 원숭이 신, 쥐 신, 코브라 신도 있습니다. 인도에서는 웬만한 동물들을 다 신으로 섬깁니다. 그때에 저희 노방전도단은 잡신들의 신당이 가득한 지역에 들어갔었습니다. 컴컴한 골목길이 거미줄처럼 펼쳐져 있었고 집집마다 다 신당들을 차려놓고 장사를 하는데 향 냄새가 골목 안에 가득 찼었습니다. 그런 지역을 통과해서 그 부근에 있는 시장(市場)의 공터에서 기타를 치면서 찬양하고 전도했습니다. 사람들이 모여들고 어린이들은 신기한 눈으로 우리를 쳐다보며 좋아했는데 갑자기 분위기가 험악해지기 시작했습니다. 엄청난 무리의 사람들이 멀리서 몰려오는 것이었습니다. 우리를 안내하던 인도인 목사가 "Run(뛰어요)!" 하고 외치면서 앞서서

뛰어갔습니다. 우리도 그 목사님의 뒤를 따라 시장통의 사람들을 비집고 마구 달렸습니다. 우리의 차를 댔던 곳에 도착해서 보니 이미 우리의 미니버스는 뒷문을 연 채로 천천히 출발을 하고 있었습니다. 제일 뒤에 따라붙은 저와 제 아내는 그 버스에 겨우 올라탔습니다. 지금 생각해 보면 영화의 한 장면 같았습니다. 쫓아오던 사람들과는 2~30m 거리밖에 떨어지지 않았습니다. 그때 그들에게 잡혔으면 저와 아내는 죽었을 것입니다. 그들은 결사적으로 우리를 잡으려고 달리는 차를 한참 동안이나 쫓아왔습니다. 뒤에서 그들을 조종하는 자는 사단 마귀입니다. 그런데 마귀들은 우리의 몸은 죽일 수 있지만 우리 영혼은 어떻게 못합니다. 사단 마귀는 **"공중의 권세 잡은 자"**(엡 2:2)로서 세상 사람들의 마음과 생각을 사로잡고 조종해서 하나님의 백성들을 핍박하고 죽이지만 우리의 영혼은 어떻게 할 수 없습니다.

우리가 진정 두려워해야 할 분

"몸은 죽여도 영혼은 능히 죽이지 못하는 자들을 두려워하지 말고 오직 몸과 영혼을 능히 지옥에 멸하시는 자를 두려워하라"(마 10:28).

몸도 멸할 수 있고 영혼도 멸할 수 있는 분은 하나님 한 분뿐입니다. **"몸과 영혼을 능히 지옥에 멸하시는 자"**는 바로 심판장이신 예수님입니다. **"죄의 삯은 사망"**(롬 6:23)입니다. 죄인들에게 지옥의 판결을 내릴 분은 오직 예수님밖에 없습니다. 그래서 죄인들은 하나님을 두려워해야 합니다. 거듭난 의인들, 그중에서도 마음을 정해서 하나님의 뜻을 좇고자 하는 예수님의 제자들은 아무것도 두려울 것이 없습니다. 우리 주님께서 당신의 제자들을 생명 싸개로 보호하시고 인도하시기 때문입니다.

"**참새 두 마리가 한 앗사리온에 팔리는 것이 아니냐 그러나 너희 아버지께서 허락지 아니하시면 그 하나라도 땅에 떨어지지 아니하리라 너희에게는 머리털까지 다 세신바 되었나니 두려워하지 말라 너희는 많은 참새보다 귀하니라**"(마 10:29-31). 저는 어렸을 때에 참새를 많이 잡아먹었습니다. 참새들은 초가집의 추녀 속에 둥지를 틀고 밤이 되면 그 집에 돌아와서 잡니다. 우리는 사다리를 놓고 올라가서 추녀 밑의 구멍에 손을 넣어서 참새를 움켜잡았습니다. 그렇게 잡은 참새를 구워 먹으면 참으로 맛났습니다. 예수님 당시에는 참새 두 마리가 동전 한 닢에 팔렸다고 하니, 이스라엘 사람들도 참새를 먹었던 것 같습니다. 주님은 그렇게 하찮은 참새라도 하나님 아버지께서 허락하지 아니하시면 땅에 떨어지지 않는다고 말씀하셨습니다.

주님께서는 우리를 가장 존귀하게 여기시고 우리에게 지극한 관심을 가지고 계십니다. 주님은 우리의 머리털 개수까지 다 아십니다. 사람의 머리카락은 하루에 200개 정도 빠지고 200개 정도 새로 난다고 합니다. 저는 빠지는 숫자가 더 많아서 이렇게 얼굴과 머리의 경계선이 상승하고 있습니다. 그런데 주님께서는 시시각각으로 감소하는 제 머리털의 숫자도 다 헤아리실 정도로 저에게 관심을 두시며 저를 사랑하시고 보호하십니다. 참새 두 마리가 동전 한 닢에 팔리는데 그렇게 하찮은 참새 한 마리도 하나님께서 허락하시지 않으면 떨어지지 않는다고 말씀하십니다. 하물며 미물인 참새도 돌보시는 주님 앞에서 우리가 얼마나 더 귀합니까? 그래서 두려워할 것이 없습니다. 하나님을 믿는 자는 두려워하지 말고 담대하게 제자의 길을 가라는 주님의 말씀입니다.

영적인 전쟁을 일으키시는 주님

"내가 세상에 화평을 주러 온 줄로 생각지 말라 화평이 아니요 검을 주러 왔노라 내가 온 것은 사람이 그 아비와, 딸이 어미와, 며느리가 시어미와 불화하게 하려 함이니 사람의 원수가 자기 집안 식구리라"(마 10:34-36).

예수님은 사랑의 하나님이고 화평의 하나님인데, 주님께서는 왜 우리에게 화평을 주러 오지 않고 칼을 주러 왔다고 하십니까? 예수님께서는 왜 가족끼리 싸움질을 시키러 왔다고 말씀하십니까? 그것은 하나님의 말씀이 진리이고 하나님의 복음이 우리를 영생에 이르게 하는 축복의 말씀인데 이것을 거부하는 자들은, 그들이 비록 가족일지라도, 천국 복음을 좇는 주님의 제자들과 원수가 될 수밖에 없기 때문입니다. 세상 사람들은 이 세상의 가치를 공유(共有)하기 때문에 서로 화목하게 잘 지냅니다. 그런데 제자들은 세상 가치에 지배를 받지 않고 하나님의 뜻을 좇기 때문에 거듭나지 못한 가족들과는 불화할 수밖에 없습니다. 그래서 **"사람의 원수가 자기 집안 식구리라"**(마 10:36)고 말씀하신 것입니다.

제자는 주님을 가장 사랑합니다

"아비나 어미를 나보다 더 사랑하는 자는 내게 합당치 아니하고 아들이나 딸을 나보다 더 사랑하는 자도 내게 합당치 아니하고 또 자기 십자가를 지고 나를 좇지 않는 자도 내게 합당치 아니하니라 자기 목숨을 얻는 자는 잃을 것이요 나를 위하여 자기 목숨을 잃는 자는 얻으리라"(마 10:37-39).

이 말씀은 가족을 사랑하지 말라는 얘기가 아닙니다. 아비나 어미를 예수님보다 **"더 사랑"**한다면 주님의 제자가 아닙니다. 인간적인 사랑 때문에 우리가 하나님의 뜻을 배척하고 버린다고 하면 우리는 주님의 제자가 될 수 없습니다. 주님의 제자는 가장 먼저 주님의 말씀에 순종해야 하는데, 그렇게 하기 위해서는 자기의 생각을 부인해야 합니다. 우리는 자녀나 부모 형제를 가장 먼저 생각합니다. 그런데 주님께서는 우리가 당신의 뜻을 가장 먼저 좇기를 원하십니다. 또 그것이 우리에게 가장 큰 축복입니다. 주님은 **"먼저 그의 나라와 그의 의를 구하라"**(마 6:33)고 말씀하십니다. 주님은 우리가 가족들보다 하나님을 더 사랑하고 하나님의 뜻을 먼저 좇기를 바랍니다. 그러면 가족들도 구원을 받고 모두가 함께 주님의 은혜 아래서 평안하고 축복된 삶을 살 수 있습니다. 먼저 주님을 사랑하고 주님의 뜻을 좇으면 가족끼리도 아름답고 축복된 영적 관계가 형성됩니다.

우리의 육신적인 생각은 항상 주님보다 내 가족, 내 아내, 내 남편, 내 자녀를 먼저 생각합니다. 그러나 **"육신의 생각은 사망"**(롬 8:6)입니다. 우리는 자기 육신의 생각이 얼마나 악하고 부패한 것인지를 인정하고 **"육신의 생각"**을 부인(否認)해야 합니다. 우리 속담에 "사람이 누워서 생각을 하면 하룻밤에 집을 세 채나 짓는다"라는 말이 있습니다. 우리는 그렇게 자기 생각이 많은 자들입니다. 자기 생각이 머릿속에 꽉 차 있습니다. 그런데 주님은 자기 생각을 부인하라고 말씀하십니다. 만약에 주님의 뜻과 내 생각이 투 트랙으로 평행선을 그리면서 나란히 간다고 하면 우리는 반드시 자기 생각을 꺾어야 합니다. 자기의 생각을 꺾어 버리고 주님의 뜻을 좇는 자가 진정한 제자입니다. 제자는 자기 생각을 부인하고 주님 뜻을 먼저 좇는 자입니다.

우리가 쓰는 시간을 가지고 구체적으로 생각해 봅시다. 지금 여러분에게 여유 시간이 있으면 그 시간을 먼저 어디에 쓰겠습니까? 내 할 일을 다하고 남는 시간이 있으면 복음을 위해 쓸 것이냐? 아니면 복음의 일이 가장 급하니까 이 일을 먼저 하고 남는 시간이 있으면 내 일을 할 것이냐? 이런 갈등이 있을 때에, 자기의 유익을 좇지 않고 **"먼저 그의 나라와 그의 의를 구"**하는 자가 주님의 제자입니다. 저도 자비량(自費糧)하면서 복음을 전하고 있기 때문에 늘 그런 갈등이 있습니다. 그러나 할 수만 있으면 먼저 주님의 일을 하고 나서 저의 일을 합니다. 그래서 주님은 **"자기 목숨을 얻는 자는 잃을 것이요 나를 위하여 자기 목숨을 잃는 자는 얻으리라"**(마 10:39)고 말씀하신 것입니다.

제자는 절대로 망하지 않습니다

"자기 목숨을 얻는 자는 잃을 것이요 나를 위하여 자기 목숨을 잃는 자는 얻으리라 너희를 영접하는 자는 나를 영접하는 것이요 나를 영접하는 자는 나 보내신 이를 영접하는 것이니라 선지자의 이름으로 선지자를 영접하는 자는 선지자의 상을 받을 것이요 의인의 이름으로 의인을 영접하는 자는 의인의 상을 받을 것이요 또 누구든지 제자의 이름으로 이 소자 중 하나에게 냉수 한 그릇이라도 주는 자는 내가 진실로 너희에게 이르노니 그 사람이 결단코 상을 잃지 아니하리라 하시니라"(마 10:39-42).

"우리가 자기의 삶을 다 희생하고 주님만 위해서 살면 우리에게는 무엇이 남습니까?"―이런 생각을 가질 수 있습니다. 그런데 우리 주님은 **"먼저 그의 나라와 그의 의를 구"**하는 자에게 넉넉한 상을 주십니다. 우리가 주님을 위해서 살면 주님은 우리가 생각하는 것이나 구하는 것에 더욱 넘치게 베풀어 주십니다. 주님만을 위해서 살면 쫄딱 망할 것 같은데, 오히려 그 반대입니다. 아브라함을 보십시오. 그의 집안은 갈대아 땅의 우르(Ur)에서 갑부(甲富)였습니다. 그런데 아브라함은 그렇게 잘나가던 가문과 재산을 버리고 하나님의 말씀을 따라갔습니다. 그런데 하나님께서는 그를 창대(昌大)하게 하셔서 동방에서 모두가 두려워하는 족장이 되게 하셨습니다. 그러므로 걱정하지 마십시오. 하나님은 제자의 길을 가는 자들에게 넉넉한 상을 주십니다. 예수님의 제자들을 선대(善待)한 자들조차 결단코 상을 잃지 않는데, 주님의 제자는 얼마나 더 큰 상을 받겠습니까?

제자는 자기의 생각이나 육신의 욕망보다는 주님의 뜻을 먼저 좇는 자입니다. 주님의 제자로 살기로 결단한 자는 하나님께서 친히 인도하시고 보호하십니다. 그러므로 두려워하지 말고 담대하게 제자의 길을 가라고 주님께서 격려하십니다.

저는 주님의 제자입니다. 제자는 스승이 기뻐하는 일을 합니다. 저는 부족한 것도 많고 능력도 없지만 진리의 복음을 위해서 살기로 마음을 정하고 주님께서 기뻐하시는 일을 먼저 하려고 합니다. 제대로 한 것도 별로 없지만, 제자의 삶을 살기로 마음을 정한 후로 저는 지금까지 한 번도 궁핍하지 않았습니다. 그러므로 여러분도 두려워하지 말고 담대하게 주님의 도우심을 입으면서 제자의 삶을 살라고 권면의 말씀을 드립니다.

말씀을 마쳤습니다.

세례 요한에 대한 예수님의 증거

"예수께서 열 두 제자에게 명하시기를 마치시고 이에 저희 여러 동네에서 가르치시며 전도하시려고 거기를 떠나 가시니라

요한이 옥에서 그리스도의 하신 일을 듣고 제자들을 보내어

예수께 여짜오되 오실 그이가 당신이오니이까 우리가 다른이를 기다리오리이까

예수께서 대답하여 가라사대 너희가 가서 듣고 보는 것을 요한에게 고하되

소경이 보며 앉은뱅이가 걸으며 문둥이가 깨끗함을 받으며 귀머거리가 들으며 죽은 자가 살아나며 가난한 자에게 복음이 전파된다 하라

누구든지 나를 인하여 실족하지 아니하는 자는 복이 있도다 하시니라

저희가 떠나매 예수께서 무리에게 요한에 대하여 말씀하시되 너희가 무엇을 보려고 광야에 나갔더냐 바람에 흔들리는 갈대냐

그러면 너희가 무엇을 보려고 나갔더냐 부드러운 옷 입은 사람이냐 부드러운 옷을 입은 자들은 왕궁에 있느니라

그러면 너희가 어찌하여 나갔더냐 선지자를 보려더냐 옳다 내가 너희에게 이르노니 선지자보다도 나은 자니라

기록된바 보라 내가 내 사자를 네 앞에 보내노니 저가 네 길을 네 앞에 예비하리라 하신 것이 이 사람에 대한 말씀이니라

내가 진실로 너희에게 말하노니 여자가 낳은 자 중에 세례 요한보다 큰이가 일어남이 없도다 그러나 천국에서는 극히 작은 자라도 저보다 크니라

세례 요한의 때부터 지금까지 천국은 침노를 당하나니 침노하는 자는 빼앗느니라

모든 선지자와 및 율법의 예언한 것이 요한까지니

만일 너희가 즐겨 받을찐대 오리라 한 엘리야가 곧 이 사람이니라

귀 있는 자는 들을찌어다"(마 11:1-15).

오늘은 예수님께서 세례 요한에 대해서 증언하신 말씀을 읽었습니다. **"귀 있는 자는 들을찌어다"**라고 말씀하셨는데, 영적인 하나님의 말씀을 들을 귀가 없는 사람들이 많습니다. 세례 요한은 예수님보다 육 개월 먼저 태어난 하나님의 종입니다. 예수님을 낳은 마리아와 세례 요한의 어머니인 엘리사벳이 친척(눅 1:36)이었기 때문에, 세례 요한은 육신적으로 예수님과 친척뻘입니다. 그러나 예수님은 근본 하나님이고 세례 요한은 근본 사람입니다. 그래도 세례 요한은 하나님께서 특별한 뜻을 두고 예비하셔서 보내 주신 하나님의 종입니다.

"내가 진실로 너희에게 말하노니 여자가 낳은 자 중에 세례 요한보다 큰이가 일어남이 없도다"(마 11:11). 이 말씀은 세례 요한이 **인류 전체의 대표자**라는 뜻입니다. 예수님께서 친히 세례 요한에 대해서 그렇게 증거하셨습니다. 그 세례 요한은 하나님께서 특별한 뜻을 두고 이 땅에 보내신 하나님의 종입니다.

세례 요한의 두 가지 사역

세례 요한의 사역을 크게 두 가지로 정리할 수 있습니다.

첫째로 세례 요한은 사람들이 예수 그리스도를 구세주로 받아들일 수 있도록 그들의 마음을 준비시키는 사역을 했습니다. 구약 시대의 북왕조 이스라엘에 엘리야라고 하는 선지자가 있었습니다. 모세가 율법의 대표라면, 그는 모든 선지자 중의 대표라고 말할 수 있습니다. 엘리야는 아합 왕의 시대에 백성들의 마음을 하나님께로 돌이키게 하는 사역을 감당했습니다. 그 시대에 이스라엘 백성들은 하나님을 떠나서 바알 신과 아세라 신 등의 우상(偶像)을 섬겼습니다. 이방 신(神)을 섬기는 제사장들이 득세를 해서 이스라엘 나라는 영적으로 매우 타락했었습니다. 그때에 엘리야라는 종이 일어나서 이방 신의 선지자들, 즉 바알 신과 아세라 신의 선지자 850명과 갈멜 산에서 영적인 결투를 벌였습니다.

엘리야는 혼자였습니다. 그러나 1대 850의 영적 결투에서 하나님의 능력을 힘입은 엘리야가 이겼습니다. 엘리야가 주먹질을 해서 이긴 것이 아닙니다. 각기 자기의 신에게 제사를 드려서 누가 참 신(神)인지를 입증하자는 대결이었는데, 엘리야가 이겼습니다. 각기 제단을 쌓고 소를 잡아서 제물을 준비하고, 각기 자기의 신에게 기도해서 하늘로부터 불이 내려서 제물을 태우면 그 신이 참 신(神)으로 판결 나는 대결이었습니다. 850명이나 되는 바알과 아세라의 선지자들은 난리를 떨면서 자기들의 신에게 기도했지만, 불이 내리지 않았습니다. 아무리 발광을 떨어도 불이 내리지 않자 나중에는 자기들끼리 칼로 찔러서 상처를 내고 피를 흘리면서 기도했는데도 하늘에서 불이 내리지 않았습니다. 그들의 신은 가짜 신이고 인간이 만든 우상(偶像)에 불과했기 때문입니다.

엘리야가 나섰습니다. 번제단을 준비하고 그 위에 소를 잡아 얹고 번제단 주변에 도랑을 파고 물이 도랑둑에 넘칠 정도로 몇 동이의 물을 제물 위에 부었습니다. 그리고 엘리야는 여호와 하나님이 참 신(神)인 것을 보여달라고 하나님께 기도를 드렸습니다. 그러자 하늘에서 불이 내려서 제물을 불사르고 도랑물까지 싹 말려 버렸습니다. 그동안 바알 신과 아세라 신을 섬겼던 이스라엘 백성들은 그 장면을 눈으로 보고는 "참 신(神)은 여호와 하나님뿐이로구나!" 하고 돌이켰습니다. 그리고 엘리야와 함께 일어나서 거짓 선지자들을 다 쳐 죽였습니다. 이렇게 이스라엘 나라가 바로잡혀서 하나님께로 돌아오는 역사가 있었는데, 그 사역을 감당한 이가 바로 엘리야 선지자입니다.

백성들을 회개시킨 요한의 사역

엘리야는 이와 같이 하나님을 등지고 죄악된 길로 갔던 이스라엘 백성을 하나님께로 돌이키게 하는 일을 했는데, 세례 요한도 그런 사역을 하도록 보내심을 받은 자입니다. 세례 요한은 광야에 거하면서, **"회개하라 천국이 가까왔느니라"**(마 3:2)고 외쳤습니다. 그는 백성들이 그 마음을 하나님께 돌이키도록 그들을 책망하고 인도한 하나님의 종입니다. 진정으로 돌이킨 자들에게 세례 요한은 물로 세례를 주었습니다. 그는 물로 세례를 베풀면서, "우리 가운데 지금 하나님의 아들이 와 계신데, 나도 아직은 그분이 누구인지 모른다. 그런데 나를 보내서 너희에게 물로 세례를 주라 하신 하나님께서 내가 누군가에게 세례를 베풀 때 성령이 그 위에 머무는 것을 보거든 그분이 바로 메시아인 줄 알라고 말씀하셨다"라고 선포했습니다.

세례는 머리에 손을 얹어서 물에 푹 잠갔다가 꺼내는 예식(禮

式)입니다. 세례에는 반드시 안수(按手)가 포함됩니다. 구약시대에는 제사장들이나 죄인들이 속죄제사를 드릴 때에, 반드시 흠 없는 양이나 염소를 끌고 와서 그 머리에 안수를 해서 그 제물에게 죄를 넘기고 이 제물을 대신 죽임으로 죄 사함을 받았습니다. 구약시대의 안수는 죄를 넘기는 하나님의 법이었는데, 구약의 안수는 신약의 세례와 같은 것입니다.

이스라엘 백성들은 속죄제사를 어떻게 드리는지 잘 알고 있었습니다. 그래서 그들은 세례 요한이 전하는 **"의의 도"**를 듣고서 "아, 그러면 장차 하나님의 아들이 흠 없는 제물로 오셔서 안수를 받으심으로 그분이 세상 죄를 다 담당하겠구나!" 하고 깨달았습니다. 후에 예수님은 **"요한이 의의 도로 너희에게 왔거늘 너희는 저를 믿지 아니하였으되 세리와 창기는 믿었으며 너희는 이것을 보고도 종시 뉘우쳐 믿지 아니하였도다"**(마 21:32) 하고 대제사장들과 백성의 장로들을 책망하신 적이 있습니다. **"요한이 의의 도로 너희에게 왔다"**라는 주님의 말씀은 세례 요한도 예수 그리스도의 복음을 전파했다는 뜻입니다. 세례 요한은 이처럼 이스라엘 백성들에게 회개를 촉구했고 회개한 자들에게 물로 세례를 주면서 예수 그리스도의 **"의의 도"**를 소개했습니다.

세상 죄를 예수님에게 넘긴 요한의 침례(浸禮)

둘째로 세례 요한은 예수님에게 안수의 형식으로 세례를 베풀어서 세상 죄를 단번에 예수님에게 넘기는 역사적인 사역을 감당했습니다. 세례 요한이 진정으로 회개한 사람들에게 **"죄 사함을 얻게 하는 회개의 세례"**(눅 3:3)를 베풀고 있을 때에 예수님께서 자기에게 오시는 것을 보았습니다. 그때에 세례 요한은 하나님 종이기 때문에 이미 "오실 이가 바로 이분이구나!" 하고 즉시 알아보았습니다. 그래서 예수님께 머리를 조아리며, **"내가 당신에게 세례를 받아야 할 터인데 당신이 내게로 오시나이까"**(마 3:14) 하고 저어(齟齬)했습니다. 그러자 예수님께서 **"이제 허락하라 우리가 이와 같이 하여 모든 의를 이루는 것이 합당하니라"**(마 3:15)고 단호히 명령하셨습니다. 그러자 세례 요한은 예수님의 머리에 안수한 상태로 예수님을 물에 푹 잠갔다가 일으키는 침례(浸禮)를 베풀었습니다.

성경은 세례 요한의 부모에 대해서 **"유대 왕 헤롯 때에 아비야 반열에 제사장 하나가 있으니 이름은 사가랴요 그 아내는 아론의 자손이니 이름은 엘리사벳이라"**(눅 1:5)고 기록하고 있습니다. 요한의 아버지 사가랴는 아비야 반열(班列)의 제사장, 즉 대제사장 아론의 손자 중 하나인 아비야의 후손입니다. 또 요한의 어머니인 엘리사벳도 아론의 후손입니다. 그러니까 세례 요한은 제1대 대제사장 아론의 정통(正統) 후손입니다. 따라서 세례 요한은 인류의 대표자이며 대제사장의 직분을 잇는 하나님의 종입니다. 대제사장은 제7월 제10일에 이스라엘 백성 전체의 1년 치 죄를 사함 받는 대속죄일(大贖罪日)의 제사를 드렸습니다(레 16:29). 그날에 아론은 먼저 자기와 자기의 가족을 위해서 수송아지로 속죄제사를 드린 후에, 백성들을 위해서 흠 없는 숫염소 두 마리로 속죄제사를 드렸습니다. 아론은 먼저 제비 뽑힌 한 마리의 염소를 끌고 성막 뜰 안으로 들어가서 속죄의 제사를 드렸습니다. 아론은 그 염소의 머리에 안수해서 이스라엘 백성의 1년 치 죄를 그 염소에게 넘기고 그 염소를 잡아서 그 피를 지성소(至聖所)의 속죄소 위에 뿌리고 성막 안의 모든 기구에 발랐습니다. 이 단계의 제사는 하나님의 심판책에 기록된 이스라엘 백성들의 1년 치 죄를 도말(塗抹)하는 제사였습니다.

성막 안에서의 속죄를 마친 아론은 산 채로 남겨두었던 **"아사셀"**(내어놓음이라는 뜻) 염소를 끌고 백성들 앞으로 나왔습니다. 아론은 백성들이 보는 앞에서 **"아사셀"** 염소의 머리에 손을 얹고 이스라엘 백성들이 지난 일 년 동안 지은 죄를 고했습니다. 그때에 아론이 대표가 되어 혼자서 안수를 했지만 이스라엘 백성 전체의 죄가 **"아사셀"** 염소에게로 단번 만에 넘어갔습니다(레 16:21). 그리고 **"아사셀"** 염소는 미리 정한 사람의 손에 이끌려서 풀 한 포기 없고 모래바람만 날리는 사막 깊은 곳에 버려졌습니다. 이스라엘 백성의 1년 치 죄를 짊어진 **"아사셀"** 염소는 사막에서 헤매다가 거기서 죽었습니다. 다윗은 이러한 하나님의 구원의 은혜에 대해서, **"동이 서에서 먼 것 같이 우리 죄과를 우리에게서 멀리 옮기셨으며"**(시 103:12)라고 노래했습니다.

인류의 대표자이며 아론의 후손인 세례 요한은 아사셀 양으로 계시되었던 예수님에게 안수의 형식으로 세례를 베풀었습니다. 이 사역이 세례 요한의 가장 중요한 사역입니다. 이 일을 위해서 하나님께서 세례 요한을 보내신 것입니다. **"이제 허락하라 우리가 이와 같이 하여 모든 의를 이루는 것이 합당하니라"**(마 3:15)고 세례 요한에게 단호히 명령하심으로 세례 요한은 예수님의 머리에 손을 얹었습니다. 예수님께서 **"이와 같이 하여"** 즉 안수의 형식으로 받으신 세례는 이 세상의 모든 죄를 당신의 육체에 단번에 넘겨받은 세례입니다. 그래서 세례 요한이 예수님의 머리에서 손을 떼었을 때에는 세상 죄가 예수님께로 다 넘어가서 이 세상에는 **"모든 의"(πασαν δικσιοσυνην, all righteousness)가 이루어졌습니다. 이것은 성경에 기록된 분명한 사실입니다. 그때에 세상 죄가 예수님께로 다 넘어갔기 때문에, 세례 요한은 예수님께서 세례를 받으신 이튿날에 자기 앞을 지나가시는 것을 보고서, **"보라 세상 죄를 지고 가는 하나님의 어린양이로다"**(요 1:29) 하고 자기의 제자들에게 선포했습니다.

예수께서 받으신 세례 안에는 **예수님의 구원사역이 다 함축**되어 있습니다. 세례 요한이 흠 없는 어린양으로 오신 예수님에게 머리에 안수(按手)했을 때에 인류 전체의 죄가 예수님께 다 넘어갔습니다. 예수님께서 그런 상태로 물에 잠긴 것은 당신이 장차 십자가에 못 박혀 돌아가실 것을 계시합니다. 그리고 물에서 다시 올라오신 것은 죽음에서 부활하실 것을 계시합니다. 그래서 예수님께서 세례 요한에게 받으신 세례의 비밀을 아는 사람은 그 비밀 안에 담긴 복음의 능력으로 죄 사함을 받는 것입니다. 우리는 죽을 때까지 죄를 지을 수밖에 없는 자들인데 하나님께서는 세례 요한이라고 하는 인류의 대표자를 하나님의 종으로 세우셔서 예수님께 안수의 형식으로 세례를 베풀게 하셨습니다. 하나님의 전능하신 능력이 역사한 **"그 세례"**(the Baptism, 행 10:37)로 저와 여러분의 모든 죄도 세상 죄와 함께 예수님께로 넘어갔습니다. 하나님의 능력은 우리가 상상할 수 없을 정도로 큽니다. 우리는 오늘을 살아가면서 현재형으로 죄를 지을지라도 예수님은 우리의 모든 죄를 2,000년 전에 이미 세례 요한의 안수를 통해서 당신 몸에 다 넘겨받으셨습니다. 그리고 십자가에 못 박히셔서 당신의 모든 피를 흘리시며 **"다 이루었다"**(요 19:30)라고 외치시고 돌아가심으로 그 모든 죗값을 다 지불하셨습니다.

그러면 이제 우리에게 죄가 있습니까, 없습니까? 없습니다. 하나님께서 당신의 외아들을 육신으로 세상에 보내셔서 행하신 일은 **"이와 같이 하여 모든 의를 이루"**(마 3:15)신 일입니다. 우리는 세례 요한이 누구이며 그가 예수님에게 베푼 세례가 인류의 구원사역에서 어떠한 능력이 있는지를 잘 알아야 합니다. 예수님에게 세례를 베풂으로써 세례 요한의 사역은 끝났습니다. 베드로의 동생 안드레나 사도 요한 같은 분들은 세례 요한의 제자였는데, 세례 요한은 예수님께 세례를 베푼 이튿날에 자기 제자들을 예수님께로 보냈습니다. 그리고 세례 요한은 **"그는 흥하여야 하겠고 나는 쇠하여야 하리라"**(요 3:30) 하며, 자기의 사역을 접었습니다.

"꼴통파" 기독교인들

그러면 **"요한이 옥에서 그리스도의 하신 일을 듣고 제자들을 보내어"**(마 11:2)라는 말씀에 등장하는 요한의 "제자들"은 어떤 자들이었겠습니까? 그들은 좋게 말하면 스승을 끝까지 떠나지 않았던 "의리파" 제자들이고, 나쁘게 말하자면 스승이신 요한의 말에 순종하지 않았던 "꼴통파" 제자들입니다. 자세히 기록되어 있진 않지만 앞뒤 맥락을 볼 때 아직까지 세례 요한에게 남아 있던 제자들은 아주 꼴통들입니다. 그들은 세례 요한이 전해 준 **"의의 도"**(마 21:32)를 믿지 않았습니다. 사도 요한이나 안드레같이 영적으로 명민(明敏)한 제자들은 세례 요한의 말을 듣자마자 일찍감치 순종해서 예수님의 제자가 되었습니다. 그러니 오죽했으면 세례 요한이 "꼴통파" 제자들을 예수님께로 보내서 "너희들이 직접 여쭤보라"라고 했겠습니까?

그들이 예수님께 왔을 때 예수님께서는 그들에게, **"너희가 가서 듣고 보는 것을 요한에게 고하되 소경이 보며 앉은뱅이가 걸으며 문둥이가 깨끗함을 받으며 귀머거리가 들으며 죽은 자가 살아나며 가난한 자에게 복음이 전파된다 하라 누구든지 나를 인하여 실족하지 아니하는 자는 복이 있도다"**(마 11:4-6)라고 말씀하셨습니다. 어떤 설교자들은 "세례 요한이 옥에 갇혀 있으면서 예수님에 대한 의심이 들어서 믿음을 실족했기 때문에 제자들을 예수님께 보내서 **'오실 그이가 당신이오니이까 우리가 다른 이를 기다리오리이까'**(마 11:3)라고 물었다"라고 주장합니다. 그래서 예수님께서 **"그러나 천국에서는 극히 작은 자라도 저보다 크니라"**(마 11:11) 하고 세례 요한을 비하하셨다고 그들은 주장합니다.

그러나 그런 주장은 턱도 없는 얘기입니다. 세례 요한은 **"여자가 낳은 중에 가장 큰 자"** 즉 인류의 대표자입니다. 그는 나면서부터 **"나실인"**(민 6:2-3, 눅 1:15)으로 드려졌고 성장해서는 광야에 거하면서 철저하게 금욕적인 생활을 했습니다. **"요한은 켜서 비취는 등불이라 너희가 일시 그 빛에 즐거이 있기를 원하였거니와"**(요 5:35)라는 말씀은 요한의 의가 그만큼 대단했다는 말씀입니다. 율법의 의에서도 빛이 납니다. 자기 스승의 철저한 금욕적 삶에 매료되어 있던 요한의 "꼴통파" 제자들은 그런 빛으로 인해서 그를 떠날 수 없었습니다. 인간의 의를 최고의 경건으로 여기는 자들은 종교인으로 살다가 거듭나지 못하고 지옥에 갑니다. 모세가 율법을 받아서 내려왔을 때에 그의 얼굴에서 빛이 났습니다. 그러나 율법으로 말미암는 빛 때문에 백성들이 복음의 빛을 보지 못할까 봐, 모세는 자기 얼굴을 수건으로 가렸습니다(출 34:35, 고후 3:13). 인간의 의로써는 가장 큰 세례 요한이라도 자기의 의로는 결코 하늘나라에 들어갈 수 없습니다. 세례 요한이 금욕적으로 살았던 율법의 의가 아무리 커도 천국에 들어간 의인들이 자랑하는 **"하나님의 의"**(롬 1:17)에 비하면 아무것도 아닙니다. 율법의 의로는 아무도 천국에 들어갈 수 없습니다.

"너희가 가서 듣고 보는 것을 요한에게 고하되 소경이 보며 앉은뱅이가 걸으며 문둥이가 깨끗함을 받으며 귀머거리가 들으며 죽은 자가 살아나며 가난한 자에게 복음이 전파된다 하라"—예수님께서는 문자적으로는 이 말씀을 요한에게 전하라고 하셨지만 사실 이 말씀은 세례 요한의 "꼴통파" 제자들에게 하신 말씀입니다. "나는 육신을 입고 온 하나님의 아들이기에 심령이 가난한 자들이 복음을 듣고 죄 사함을 받는 것을 너희들이 확인하고 믿으라"라는 말씀입니다. 그런데 그들은 예수님을 직접 만나서 주님이 영혼들을 구원하는 현장을 보고도 다시 세례 요한에게 돌아갔습니다. 오늘날의 기독교인들 중에도 "꼴통파" 종교인들이 많습니다. 하나님의 아들이신 예수님께 붙어야 하는데 그들은 입술로만 예수님의 이름을 부르고 다시금 스스로 경건하게 살겠다고 율법의 의로 돌아갑니다.

세례 요한은 참으로 귀한 하나님의 종입니다. 요한은 예수 그리스도께서 사람들의 마음에 들어가실 수 있도록 그들의 마음을 준비시켰습니다. 하나님은 **"보라 여호와의 크고 두려운 날이 이르기 전에 내가 선지 엘리야를 너희에게 보내리니 그가 아비의 마음을 자녀에게로 돌이키게 하고 자녀들의 마음을 그들의 아비에게로 돌이키게 하리라 돌이키지 아니하면 두렵건대 내가 와서 저주로 그 땅을 칠까 하노라 하시니라"**(말 4:5-6)고 구약성경의 마지막 성경인 말라기서의 제일 끝에 기록되어 있습니다. 그 약속하신 말씀 그대로 **"오리라 한 엘리야"**(마 11:14)를 보내 주셨는데, 그가 바로 세례 요한입니다. 그리고 신약성경의 첫 번째 책인 마태복음에 예수님의 탄생에 대한 기록을 뒤이어 세례 요한의 등장이 기록되어 있습니다. 그는 엘리야의 심령으로 백성들의 마음을 하나님께로 돌이키게 해서 구원자로 오실 예수 그리스도를 영접하도록 준비시켰습니다. 그리고 하나님께서 그에게 위탁하신 중차대한 사역, 즉 **예수님께 세례를 베풀어서 인류의 모든 죄를 단번에 예수님께 넘기는 사역**을 감당했습니다. 하나님의 어린양으로 오신 예수님께서 세례를 받으심으로 천국의 문은 활짝 열렸습니다.

담대한 믿음으로 "침노하는 자"가 차지하는 천국

"세례 요한의 때부터 지금까지 천국은 침노를 당하나니 침노하는 자는 빼앗느니라"(마 11:12).

세례 요한이 예수님에게 세례를 베푼 그때부터 천국의 문은 활짝 열렸습니다. 세례 요한이 반포한 **"그 세례"**(the Baptism, 행 10:37)로 세상의 모든 죄가 예수님께 다 넘어갔습니다. 이제 그 모든 죄를 짊어지고 가신 예수님께서 십자가에 못 박혀 **"다 이루었다"**(요 19:30)라고 외치며 돌아가시기까지 온전히 갚아주셨다고 믿는 사람은 누구든지 천국에 담대하게 들어갈 수 있게 되었습니다. **"침노한다"**라는 말은 **"쳐들어간다"**라는 뜻입니다. 흠정역(欽定譯) 성경(King Jame Version)은 이 부분을 **"세례 요한의 때부터 지금까지 천국은 폭행을 당하나니, 폭력자들은 힘으로 그것을 빼앗느니라"**(And from the days of John the Baptist until now the kingdom of heaven suffereth violence, and the violent take it by force.)고 번역하고 있습니다. **"물과 피로 임"**(요일 5:6)하신 예수님의 공로로 이제 믿는 우리에게 천국으로 들어가는 문이 활짝 열려 있습니다. 그러니 누구든지 담대하게 뛰어들어가서 "천국은 내 것입니다!" 하고 믿음으로 깃발을 꽂으면 내 것이 됩니다.

가나의 혼인잔치에서 주님의 능력으로 물이 변하여 포도주가 되었습니다. 이와 같이 하나님의 능력으로 죄인(罪人)이 진리의 복음을 믿어서 의인(義人)으로 변화되는 역사가 **"죄 사함으로 말미암는 구원"**(눅 1:77)이며 **"거듭남"**입니다. 예수님께서 요한에게 세례를 받으실 때에 내 죄가 예수님께 다 넘어갔고 예수님께서는 십자가의 피로 내 모든 죄의 삯을 다 지불하셨다"라고 담대하게 믿는 자는 마음의 모든 죄가 깨끗이 씻어져서 의인(義人)으로 거듭나게 됩니다. 그리고 거듭난 의인들은 천국의 영생을 얻습니다. 세례 요한은 우리의 구원에 있어서 중요한 역할을 감당했습니다. 그는 예수님께 세상의 모든 죄를 넘기는 역할을 감당함으로써 하나님의 구원이 우리에게 임하는 데 있어서 귀하게 쓰임을 받은 하나님의 종입니다. **"그러나 천국에서는 극히 작은 자라도 저보다 크니라"**(마 11:11)고 주님은 말씀하셨습니다. 요한이 아무리 경건한 삶을 살았더라도 요한 자신의 의(義)로는 결코 천국에 들어갈 수 없습니다. 요한도 예수 그리스도의 **"의의 도"** 즉 복음을 믿어서 죄 사함을 받고 영생을 얻었습니다. 우리 모두도 **"물과 피로 임"**(요일 5:6)하신 예수님의 **"영원한 속죄의 제사**(히 10:12)를 믿음으로 천국을 차지했습니다.

성경은 예수 그리스도를 가리켜, **"이는 물과 피로 임하신 자니 곧 예수 그리스도시라 물로만 아니요 물과 피로 임하셨고 증거하는 이는 성령이시니 성령은 진리니라 증거하는 이가 셋이니 성령과 물과 피라 또한 이 셋이 합하여 하나이니라"**(요일 5:6-8)고 증거합니다. **"성령과 물과 피"**의 세 가지 증거가 다 있어야 온전한 (하나인) 복음입니다. 예수님의 세례를 계시하는 **"물의 증거"**를 빼 놓고 십자가의 피만을 믿어서는 결코 **"죄 사함으로 말미암는 구원"**(눅 1:77)을 받을 수 없습니다. 그러나 지금도 "우리 목사님은 한 번도 예수님의 세례가 세상 죄를 담당하신 역사라고 가르친 적이 없어! 나는 우리 목사님의 가르침을 끝까지 따라갈 거야!"하는 "의리파" 기독교인들이 많습니다. 그런 자들은 자신이 비록 지옥에 갈지라도 영적 소경들과 끝까지 함께하겠다는 "꼴통파" 기독교인임을 스스로 깨달아야 합니다.

말씀을 마쳤습니다.

누구든지 회개하지 않으면 멸망합니다

"이 세대를 무엇으로 비유할꼬 비유컨대 아이들이 장터에 앉아 제 동무를 불러

가로되 우리가 너희를 향하여 피리를 불어도 너희가 춤추지 않고 우리가 애곡하여도 너희가 가슴을 치지 아니하였다 함과 같도다

요한이 와서 먹지도 않고 마시지도 아니하매 저희가 말하기를 귀신이 들렸다 하더니

인자는 와서 먹고 마시매 말하기를 보라 먹기를 탐하고 포도주를 즐기는 사람이요 세리와 죄인의 친구로다 하니 지혜는 그 행한 일로 인하여 옳다 함을 얻느니라

예수께서 권능을 가장 많이 베푸신 고을들이 회개치 아니하므로 그 때에 책망하시되

화가 있을찐저 고라신아 화가 있을찐저 벳새다야 너희에게서 행한 모든 권능을 두로와 시돈에서 행하였더면 저희가 벌써 베옷을 입고 재에 앉아 회개하였으리라

내가 너희에게 이르노니 심판날에 두로와 시돈이 너희보다 견디기 쉬우리라

가버나움아 네가 하늘에까지 높아지겠느냐 음부에까지 낮아지리라 네게서 행한 모든 권능을 소돔에서 행하였더면 그 성이 오늘날까지 있었으리라

내가 너희에게 이르노니 심판 날에 소돔 땅이 너보다 견디기

쉬우리라 하시니라"(마 11:16-24).

참된 회개란?

오늘의 본문 말씀은 "너희도 회개하지 않으면 지옥의 심판을 받는다"라고 경고합니다. 회개(悔改)란 "뉘우칠 회(悔)"자와 "고칠 개(改)"자로 구성된 단어로서, 사전적으로는 "잘못을 뉘우치고 고침"이라는 뜻입니다. 그리스어(語)로 된 신약성경의 원문에는 "회개하다"라는 말이 메타노이아(μετάνοια)라고 기록되어 있습니다. 이 말은 "뒤"(after) 또는 "너머"(beyond)를 뜻하는 "메타"(meta)라는 말과 마음(mind)을 의미하는 "노우스"(nous)"라는 말이 결합된 단어인데, 일반적으로는 "어떤 사람이나 일에 대한 마음을 바꾼다"라는 뜻입니다. 성경에서는 이 말이 "지금까지 하나님을 등지고 살았던 길에서 돌이켜서 하나님의 긍휼히 여기심을 바라고 하나님께로 돌아서는 것"을 의미합니다. 누가복음 15장에 등장하는 "돌아온 둘째 아들"이 바로 진정으로 회개한 자의 전형(典型)입니다.

둘째 아들은 아버지께 자기 몫의 유산을 얻어내서 아버지를 떠났습니다. 그는 세상으로 나가서 방탕한 생활을 하다가 재산을 다 탕진하고 돼지를 치는 사람의 종이 되었습니다. 그는 돼지들이나 먹는 쥐엄나무의 열매를 먹으면서 비참한 생활을 하다가 자기 아버지의 집으로 돌아가야겠다는 생각을 합니다. 둘째 아들은 "내 아버지의 집에는 모든 것이 풍족한데, 내가 아버지 집을 떠나서 내 욕망만 좇아 살다가 이토록 비참하게 되었구나! 차라리 아버지께로 돌아가서 나를 품꾼의 하나로라도 써달라고 해야겠다" 하고 아버지께로 돌아옵니다. 그렇게 자기의 죄와 비참한 상태를 깨닫고 하나님께 돌아오는 것이 회개(悔改)입니다. 아버지는 돌아오고 있는 아들을 보고 그 아들이 아직 멀리 있을 때에 맨발로 달려가서 그를 품에 안아 주셨습니다. 그리고 종들에게 **"제일 좋은 옷을 내어다가 입히고 손에 가락지를 끼우고 발에 신을 신기라 그리고 살진 송아지를 끌어다가 잡으라 우리가 먹고 즐기자 이 내 아들은 죽었다가 다시 살아났으며 내가 잃었다가 다시 얻었노라"**(눅 15:22-24)고 명하셨습니다. 하나님 아버지께서는 진정으로 회개한 사람을 조건 없이 당신의 품에 안아 주십니다. 하나님 아버지께서는 회개한 자에게 **"제일 좋은 옷"**인 **"하나님의 의(義)"**를 입혀 주셔서 아들의 신분(가락지)을 회복시켜 주십니다.

반면에 첫째 아들은 회개할 것이 없었습니다. 그는 스스로 의로운 자였습니다. 자기 스스로를 지옥에 가야 할 죄인이라고 시인하지 않는 사람은 결코 하나님 아버지께로 돌아서는 회심(悔心)을 맛볼 수 없습니다. 그런 사람은 그냥 반듯한 종교인으로 "미지근하게" 신앙생활을 하다가 지옥에 갈 것입니다. 나름대로 평생 동안 신앙생활을 한 종교인들은 **"내가 여러 해 아버지를 섬겨 명을 어김이 없거늘 내게는 염소 새끼라도 주어 나와 내 벗으로 즐기게 하신 일이 없더니 아버지의 살림을 창기와 함께 먹어버린 이 아들이 돌아오매 이를 위하여 살진 송아지를 잡으셨나이다"**(눅 15:29-30)하고 볼멘소리를 합니다. 그들은 하나님 아버지께서 값없이 베풀어 주시는 은혜의 잔치를 한 번도 맛보지 못한 자들입니다. 그러므로 하나님의 구속의 은혜를 입으려면 누구든지 한 번은 온전한 회개가 있어야 합니다. 참으로 자기가 지옥에 가야 마땅한 자라고 인정하고 마음을 돌이켜서 하나님의 긍휼을 간구하는 자는 복이 있습니다. 하나님께서는 가난한 심령들에게만 천국 복음의 옷을 입혀서 영생의 복락을 누리게 하십니다.

진정으로 지혜로운 자는 누구인가?

"**지혜는 그 행한 일로 인하여 옳다 함을 얻느니라**"(마 11:19).
모든 사람들은 나름대로 자기가 지혜롭다고 생각하며 살아갑니다. 그래서 자기의 판단은 항상 옳다고 확신합니다. 그런데 과연 우리가 그렇게 지혜로운 자입니까?

세례 요한은 먹지도 않고 마시지도 않으면서 사람들을 향해서 "회개하라"라고 촉구했습니다. 세례 요한은 그들에게 "너희가 회개하지 않으면 모두 지옥에 간다"라고 경고했습니다. 세례 요한은 광야에 거하면서 메뚜기와 석청을 먹으며 철저하게 금욕적인 삶을 살았습니다. 그는 "**켜서 비취는 등불**"(요 5:35)이었습니다. 요한은 하나님의 율법으로 사람들을 책망해서 그들이 자기의 죄를 깨닫고 하나님께로 돌아오게 했습니다. 요한의 책망을 듣고 어떤 자들은 진정으로 돌이켰습니다. 그리고 진정한 회개의 표로 세례를 받았습니다. 그런데 바리새인과 사두개인을 포함한 많은 사람들은 회개하지 않았습니다. 그들은 오히려 "세례 요한이 먹지도 않고 마시지도 않으니 그는 귀신이 들린 것이 틀림없다"라고 요한을 비난했습니다.

그런데 예수님이 오셔서 창녀나 세리들과 친구가 되어서 그들과 함께 먹고 마시며 그들에게 복음을 전했더니, 비방하는 자들은 예수님을 가리켜 "**먹기를 탐하고 포도주를 즐기는 사람이요 세리와 죄인의 친구로다**"라고 비난했습니다. 진정으로 지혜로운 자는 누구일까요? 죽어서는 지옥에 갈지라도 이 땅에서 잘 먹고 잘 사는 것만으로 만족하는 자가 지혜로운 자입니까? 아니면 현세에서는 고난을 받을지라도 죽어서 영원한 천국의 복락을 누리려는 자가 지혜로운 자일까요? 주님께서는 **"부자와 나사로의 예화"**로 이 질문에 대한 분명한 답을 주셨습니다. 부잣집 문밖에 앉아 구걸하던 나사로라는 거지는 온몸에 헌데가 나서 고름이 줄줄 흐르는 괴로운 삶을 살면서도 하나님 나라를 사모했고, 구원을 받은 그는 죽어서 천국에 들어갔습니다. 그런데 부자는 이 땅에서 떵떵거리며 육신의 쾌락만 좇다가 **"죄 사함으로 말미암는 구원"**(눅 1:77)을 받지 못하고 죽어서 영원토록 고통을 받는 지옥 불에 떨어졌습니다.

"지혜는 그 행한 일로 인하여 옳다 함을 얻느니라"(마 11:19)고 주님께서 말씀하셨습니다. 누가 지혜로운 자입니까? 이 땅에 사는 동안에 영생을 준비하는 자가 지혜로운 자입니다. 한 번 지옥 불에 떨어지면 다시는 그곳을 벗어날 길이 없습니다. 하나님을 경외하고 그의 말씀 앞에 자기를 정직하게 비춰 본 사람은 자기가 지옥에 가야 할 죄인이라는 사실을 인정합니다. 그래서 하나님의 긍휼을 간절히 바라며 회개하면 하나님께서는 그런 자를 반드시 만나 주십니다. 하나님께서는 **"심령이 가난한 자"**(마 5:3)를 결코 외면하지 않고 예수 그리스도를 만나게 하셔서 죄 사함을 받고 하나님의 자녀로 거듭나게 하십니다. 그런 자는 비록 이 땅에서는 믿음을 지키고 좇느라고 고난과 비난을 받을지라도 한 뼘 길이의 인생살이가 끝난 후에는 영원토록 천국의 복락을 누립니다. 그러니 어떤 사람이 지혜로운 자입니까? 이 세상의 재물이 아니라 예수 그리스도의 복음을 좇는 자가 지혜로운 자입니다.

"천국은 마치 밭에 감추인 보화와 같으니 사람이 이를 발견한 후 숨겨 두고 기뻐하여 돌아가서 자기의 소유를 다 팔아 그 밭을 샀느니라"(마 13:44)고 주님께서 말씀하셨습니다. 거듭난 자의 마음속에 천국 영생의 비밀이 감추어져 있는데, 영생의 축복이 가장 귀한 보물이라고 여기며 찾는 자가 지혜로운 자입니다. 천국의 영생을 귀하게 여기고 찾는 자는 반드시 하나님의 종들을 만나서 죄 사함을 받고 자기도 천국을 소유하게 됩니다. 그런데 천국 복음을 들은 사람이라도 자기의 모든 소유를 팔지 않으면 죄 사함을 받지 못합니다. 옛것을 모두 부인해야만 진리의 원형복음을 온전한 마음으로 믿을 수 있습니다. 지금까지 붙들고 있었던 거짓된 교리나 교훈, 세상의 가치관과 편견들을 그대로 가지고는 천국 영생의 복음을 믿을 수 없습니다. 자기의 소유를 다 팔아서 보물이 묻힌 밭을 산 자가 지혜로운 사람입니다. 여러분 중에도 "에이, 뭐 이 땅에서 좋은 차 굴리면서 잘 먹고 잘 살면 최고지!" 하는 분이 있습니까? 그런 삶은 최고가 아니라 최악(最惡)입니다. 이 세상과 이 세상에 있는 모든 것은 다 지나가는 것이로되 하나님의 말씀은 영원합니다.

무사태평인 자들에 대한 책망

"예수께서 권능을 가장 많이 베푸신 고을들이 회개치 아니하므로 그 때에 책망하시되 화가 있을찐저 고라신아 화가 있을찐저 벳새다야 너희에게서 행한 모든 권능을 두로와 시돈에서 행하였더면 저희가 벌써 베옷을 입고 재에 앉아 회개하였으리라 내가 너희에게 이르노니 심판날에 두로와 시돈이 너희보다 견디기 쉬우리라" (마 11:20-22).

예수님께서 친히 큰 권능을 행하신 것을 보았다면 예수님은 육신으로 임하신 하나님이라는 사실을 깨닫고 회개해서 주님 앞에 겸손히 무릎을 꿇고 주님의 긍휼을 구했어야 하는데, 고라신과 벳새다 사람들은 예수님께로부터 육신적인 욕망만 채우려고 했습니다. 그래서 예수님은 회개치 아니하는 그 지역 사람들을 책망하셨습니다. 참된 회개는 자기가 지옥 갈 수밖에 없는 자라는 사실을 인정하고 하나님께로 돌아와서 "주님, 저를 구원해 주십시오" 하고 항복하는 것입니다. 예를 들자면, 회개란 마치 남파(南派) 간첩이 남한의 당국에 자수하는 것과 같습니다. 북한의 간첩이 남한에 내려와서 보니까 북한에서 들었던 얘기가 다 거짓말이라는 사실을 확인했습니다. "내가 지금껏 속았구나! 남조선이 진짜 낙원이구나! 이제는 내가 평양으로 돌아갈 것이 아니라 여기서 살아야겠다!"라고 작정하고 경찰서에 가서 자수를 했다고 칩시다. 그러면 우리나라의 보안 당국(當局)은 그의 모든 죄와 과거의 행적을 문제 삼지 않고 그 사람을 우리의 국민으로 맞아들여서 행복한 삶을 살게 해 줍니다. 자수는 딱 한 번만 하면 됩니다. 그러면 그 간첩은 나라의 은혜를 입어서 자유 대한민국의 국민으로 살게 됩니다. 이와 같이 하나님은 진정으로 회개한 자에게 당신의 의를 옷 입혀서 당신의 자녀로 영생의 복락을 누리게 하십니다.

이렇듯 참된 회개는 영생의 축복을 얻는 필수 조건입니다. 그런데 왜 사람들이 참된 회개에 이르지 못합니까? 그것은 그들이 하나님의 말씀을 건성으로 대하기 때문입니다. **"우리가 너희를 향하여 피리를 불어도 너희가 춤추지 않고 우리가 애곡하여도 너희가 가슴을 치지 아니하였다"**(마 11:17)라고 주님은 지적하셨습니다. 주님께서 그들에게 천국의 복음을 들려주어도 그들은 기뻐하지 않고 율법의 준엄한 경고를 들려주어도 그들은 "나는 지옥 갈 자입니다"하며 가슴을 치고 애통해하지도 않았습니다. 하나님의 말씀을 들어도 미적지근하고 시큰둥한 사람들이 많습니다. 말씀 앞에서 미지근한 자는 심판을 받습니다. 주님께서 라오디게아 교회에 대해서 경고하실 때에, **"네가 이같이 미지근하여 더웁지도 아니하고 차지도 아니하니 내 입에서 너를 토하여 내치리라"**(계 3:16)고 경고하셨습니다.

먼저 우리는 우리 자신에게 율법의 말씀을 냉철하게 적용해야 합니다. **"간음하지 말라"**라는 율법의 말씀에 대해서 주님은 **"여자를 보고 음욕을 품는 자마다 마음에 이미 간음하였느니라"**(마 5:28)고 말씀하셨습니다. 이 말씀 앞에서 냉정하고 정직하게 자기를 비춰본 사람은 "하나님, 저는 지옥에 가야 마땅한 자입니다"하고 고백합니다. 주님께서 그런 자에게 구원의 복음을 들려주시면 그는 복음을 결사적으로 믿고 붙듭니다. 구원의 은총을 입으려면 자신에 죄에 대해서 아주 냉정해야 하고 복음을 믿는 믿음은 뜨거워야 합니다.

참된 회개에 이르지 못하는 자들

그런데 하나님의 말씀 앞에서 뜨듯미지근한 사람들이 많습니다. 그런 사람들은 하나님께서 아무리 간곡히 말씀하셔도 "성경에 그런 말도 있구나!" 하고는 들은 말씀을 금새 잊어버립니다. 그런 자는 참된 회개에 이르지 못하고 천국 영생의 구원도 받지 못합니다. 냉철하고 진솔한 회개를 한 자만이 예수님을 뜨겁게 믿게 됩니다. 그러면 어떤 자들이 미지근하여 참된 회개에 이르지 못합니까?

첫째, 자기 옳음(의)이 많은 자들입니다. 예수님을 만나고도 구원을 받지 못했던 두 부류의 사람들이 있습니다. 그 하나는 바리새인들(the Pharisees)이고 또 다른 하나는 사두개인들(the Sadducees)입니다. 바리새인들은 자기들을 굉장히 의롭다고 여겼습니다. 그들은 율법을 철저히 지키려고 노력하면서 자기들이 율법을 가장 잘 지킨다고 자부했습니다. 그런데 사실 그들은 **"외식(外飾)하는 자들"**입니다. 그들은 마음으로는 모든 죄를 다 지으면서도 겉으로는 거룩한 척을 하는 종교인들이었습니다. 우리가 행위로만 간음을 하지 않았다고 간음의 죄를 짓지 않은 줄 압니까? 저는 진리의 복음을 만나기 전에, **"여자를 보고 음욕을 품는 자마다 마음에 이미 간음하였느니라"**라는 말씀 앞에서 항상 괴로웠습니다. 주님께서는 **"네 이웃을 네 몸같이 사랑하라"**라고 말씀하셨는데, 저는 양자(養子) 하나도 내 친자식들과 똑같이 사랑하지 못해서 늘 가슴을 치며 애통해했습니다. 그런데 오늘날에도 현대판 바리새인들은 "하나님이여, 나는 절대로 간음 같은 더러운 죄는 지은 적이 없습니다. 나는 일주일에 두 번씩 금식을 하며 십일조를 한 푼도 떼어먹은 적이 없습니다"라고 자기의 의로움을 자랑합니다. 참된 회개는 자기가 지옥 갈 자라고 인정하고 하나님의 긍휼을 바라는 것인데 바리새인들과 같이 자기의 의가 충만한 자들은 회개를 할 필요조차 느끼지 않습니다. 한마디로 말하자면 자기의 근본 모습을 모르는 자들은 참된 회개에 이르지 못하고 죄 사함도 받지를 못합니다.

하나님의 말씀을 뜨듯미지근하게 받는 둘째 부류는 사두개인들(the Sadducees)입니다. 그들은 부활 즉 내세(來世)가 없다고 믿는 자들입니다. 그런 사람들은 세상을 너무나 사랑하고 현세의 가치, 즉 돈과 명예와 권력과 쾌락을 최고로 여깁니다. 여러분은 이 세상에서 성공하고 출세한 사람들이 부럽습니까? 그렇다면 여러분은 현대판 사두개인들입니다. 우리 인생은 기껏해야 백 년입니다. 천국의 영생보다 더 귀한 것은 우리에게 없습니다. 잠시 지나가는 이 땅의 것들에 집착하고 목숨을 거는 것은 미련한 짓입니다

이처럼 자기의 의를 자랑하거나 이 세상을 너무 사랑해서 영생을 사모하지도 않는 사람들은 결코 참된 회개에 이를 수 없습니다. 여러분도 하나님의 말씀 앞에서 "나도 그런 부류에 속하는 자가 아닌가?" 하고 자기 자신을 정직하게 비춰봐야 합니다. 그리고 만일 그런 부분이 있다면 하나님 앞에 인정하고 돌이켜야 합니다. 지혜로운 자는 현대판 바리새인도 아니고 현대판 사두개인도 아닙니다. 지혜로운 자는 천국 영생을 사모하는 자입니다. 그런 자는 준엄한 율법의 말씀으로 자기를 냉철하게 들여다보고 "주님, 저는 지옥에 가야 마땅한 자입니다. 저를 불쌍히 여겨 주십시오" 하고 자백하고 마음을 돌이켜서 진리의 원형복음을 굳게 믿습니다.

회개하지 않는 자들에게 임할 주님의 심판

"가버나움아 네가 하늘에까지 높아지겠느냐 음부에까지 낮아지리라 네게서 행한 모든 권능을 소돔에서 행하였더면 그 성이 오늘날까지 있었으리라 내가 너희에게 이르노니 심판 날에 소돔 땅이 너보다 견디기 쉬우리라 하시니라"(마 11:23-24).

자기의 의가 충만해서 종교인들로부터 칭송을 받는 자들이나 이 세상의 부와 권력과 명예를 거머쥐고 거들먹거리는 자들은 장차 하나님의 심판을 받고 영원히 꺼지지 않는 불 못에 던져질 것입니다. 아브라함과 나사로에게 애원했던 그 부자처럼, 지옥에 떨어지고 나서야 정신을 차린들 아무 소용이 없습니다. 여러분도 "**불**

과 유황으로 타는 못"(계 21:8)에 들어가 봐야 정신을 차리겠습니까? **"심판 날에 소돔과 고모라 땅이 너희보다 견디기 쉬우리라"**라고 주님께서 말씀하셨습니다. 소돔과 고모라는 하늘에서 유황불이 내려서 심판을 받았던 도시들인데, 기독죄인들(Christian-sinners)도 회개하고 진리의 원형복음을 믿지 않으면 소돔과 고모라처럼 지옥의 심판을 받게 됩니다.

"죄의 삯은 사망"(롬 6:23)입니다. 마음에 죄가 있으면 결코 지옥의 형벌을 피할 수 없습니다. 누구든지 자기 자신의 거짓되고 부패한 근본 모습을 냉철하게 인정하고 회개하지 않으면 지옥불의 심판을 받을 수밖에 없습니다. 아직 죄 사함을 받지 못한 분들은 율법의 말씀으로 자기를 냉철하게 바라보고 돌이켜서 복음을 뜨겁게 붙들어야 할 것입니다.

말씀을 마쳤습니다.

거듭난 자들이 누리는 안식

"그 때에 예수께서 대답하여 가라사대 천지의 주재이신 아버지여 이것을 지혜롭고 슬기 있는 자들에게는 숨기시고 어린 아이들에게는 나타내심을 감사하나이다

옳소이다 이렇게 된 것이 아버지의 뜻이니이다

내 아버지께서 모든 것을 내게 주셨으니 아버지 외에는 아들을 아는 자가 없고 아들과 또 아들의 소원대로 계시를 받는 자 외에는 아버지를 아는 자가 없느니라

수고하고 무거운 짐진 자들아 다 내게로 오라 내가 너희를 쉬게 하리라

나는 마음이 온유하고 겸손하니 나의 멍에를 메고 내게 배우라 그러면 너희 마음이 쉼을 얻으리니

이는 내 멍에는 쉽고 내 짐은 가벼움이라 하시니라"(마 11:25-30).

오늘의 본문 말씀은 구원을 얻은 하나님의 자녀들이 누리는 안식에 대한 말씀입니다. 구원을 얻은 사람은 안식(安息)을 누립니다. 안식이란 "편안할 안"(安) 자와 "쉴 식"(息) 자로 구성된 말이니, "편안하게 쉬다"라는 뜻입니다. 이스라엘 백성들은 안식일(安息日, the Sabbath)을 지켰습니다. 그들은 하나님의 율법을 따라 엿새 동안 열심히 일하고 일곱째 날, 즉 제7일에는 쉬었습니다.

그러면 우리도 안식일의 규례를 문자적으로 철저하게 지키기 위해서 제7일에 반드시 쉬어야 합니까? 우리나라에서도 4-50년 전의 경건한 기독교인들은 주일날에 나무도 하지 않고 불도 때지

않았습니다. 그러면 우리도 그렇게 해야 합니까? 하나님의 말씀은 "**영이요 생명**"(요 6:63)입니다. 오늘의 본문 말씀도 육신의 안식이 아니라 영적인 안식에 대한 말씀입니다.

우리는 이 땅에 살아가는 동안에 힘써서 일을 해야 합니다. 그리고 많은 일로 지친 우리의 육신은 한번씩 쉬어서 재충전을 해 주어야 합니다. 우리는 육신이 살기 위해서도 돈을 버는 일을 해야 하고 하나님의 뜻을 따라서 영적인 일도 해야 합니다. 거듭난 의인들은 비록 영육간에 많은 일들을 하지만 주님의 복음 안에서 자원함과 기쁨으로 일을 하기 때문에 안식을 누립니다. 그런데 거듭나지 못한 사람들은 몸이 쉬어도 마음은 안식을 누릴 수 없습니다. 무거운 죄의 짐들이 마음을 짓누르고 있기 때문입니다.

마음의 안식을 누리는 자들

"그 때에 예수께서 대답하여 가라사대 천지의 주재이신 아버지여 이것을 지혜롭고 슬기 있는 자들에게는 숨기시고 어린 아이들에게는 나타내심을 감사하나이다 옳소이다 이렇게 된 것이 아버지의 뜻이니이다 내 아버지께서 모든 것을 내게 주셨으니 아버지 외에는 아들을 아는 자가 없고 아들과 또 아들의 소원대로 계시를 받는 자 외에는 아버지를 아는 자가 없느니라"(마 11:25-27).

진리의 원형복음 안에서 천국의 영생을 얻은 이들은 참된 안식을 누립니다. 하나님께서 천국 영생을 얻은 자가 누리는 안식의 비밀을 아무에게나 가르쳐 주시지 않습니다. 자기의 부족을 알고 자기가 연약한 줄 아는 사람들에게 하나님은 안식의 비밀을 가르쳐 주십니다. 하나님께서는 스스로 자기가 지혜롭고 잘났다고 생각하는 자들에게는 그 비밀을 숨기시고, 어린아이들처럼 자기의 부족함과 연약함을 인정하는 자들에게만 그 비밀을 열어 보여 주십니다.

리브가가 이삭으로 말미암아 쌍둥이를 잉태했을 때에, 하나님께서는 **"큰 자는 어린 자를 섬기리라"**(창 25:23)고 예언하셨습니다. 이 말씀은 소자들 즉 어린아이처럼 자기의 연약과 부족을 인정하는 자가 구원을 받고, 반대로 큰 자들, 즉 자기가 의롭고 잘난 줄 아는 사람은 구원을 받지 못한다는 뜻입니다. 하나님 앞에서 자기의 근본 모습을 제대로 깨닫고 하나님의 긍휼을 바라는 자가 영적으로는 지혜로운 자입니다. 그러나 세상에서는 아주 약삭빠르고 재리에 밝아서 남에게 무시를 당하지 않고 오히려 남을 지배하는 사람을 지혜롭다고 칭찬합니다. 그런 큰 자들은 가인(Cain)처럼 자기의 지혜와 능력을 자랑하기 때문에 하나님의 도우심을 바라지 않습니다. 그러나 아벨(Abel)과 같은 영적인 소자(少者)는 자기가 죄덩어리여서 지옥에 갈 수밖에 없는 허망한 존재임을 인정하고 하나님의 은혜를 구합니다. 하나님께서는 그런 자들에게 안식을 누리게 하는 천국 복음의 비밀을 가르쳐 주십니다. 그리고 소자(少者)들은 아멘 하고 감사함으로 복음의 진리를 견고하게 붙들어서 **"죄 사함으로 말미암는 구원"**(눅 1:77)을 받게 됩니다. 죄 사함을 받은 자들은 자기들의 모든 무거운 짐들을 예수님께 이미 넘겼고 예수님께서 다 없애 주셨습니다.

죄의 짐을 지고 허덕이는 자들을 만나 주시는 예수님

"수고하고 무거운 짐진 자들아 다 내게로 오라 내가 너희를 쉬게 하리라"(마 11:28).

마음이 정직한 사람은 죄 때문에 심히 괴로워합니다. 저도 **"물과 피의 복음"**을 믿어서 거듭나기 전에는 죄 때문에 참으로 무겁고 괴로웠습니다. 그래서 금식도 많이 하고 회개 기도도 참으로 많이 했습니다. 그런데 주님께서 저를 불쌍히 여기셔서 진리의 복음으로 만나 주셨습니다. 예수님께서 요단강에서 인류의 대표자인 세례 요한에게 세례를 받으실 때 내 모든 죄를 포함한 인류의 죄가 단번에 예수님께로 넘어가서 이 세상에 **"모든 의"**(마 3:15)가 이루어졌다는 말씀을 듣고 믿은 순간, 저의 모든 죄의 짐이 예수님께로 다 넘어갔습니다. 그날 이후로는 제 마음이 다시는 죄 때문에 괴롭고 슬프고 무거운 적이 한 번도 없었습니다. 그 후로부터 저는 참된 안식을 누리게 되었습니다.

우리들에게는 죄 짐만 있는 것이 아니라 삶에 대한 걱정과 고생의 짐도 많습니다. 죄의 짐만큼이나 삶의 짐도 힘겹고 무겁습니다. 그것을 생활고(生活苦)라고 합니다. 우리의 생활고의 짐도 주님은 당신에게 맡기라고 말씀하십니다. 우리 주님은 **"아무것도 염려하지 말고 오직 모든 일에 기도와 간구로, 너희 구할 것을 감사함으로 하나님께 아뢰라 그리하면 모든 지각에 뛰어난 하나님의 평강이 그리스도 예수 안에서 너희 마음과 생각을 지키시리라"**(빌 4:6-7)고 약속하셨습니다. 저도 삶에 대한 걱정의 짐들이 많습니다만 그런 염려들이 제 마음을 덮어올 때마다 하나님께 믿음으로 기도를 드려서 그 걱정의 짐들을 주님께 맡기고 다시 안식을 누립니다.

우리가 염려하고 용을 쓴다고 우리의 머리카락 한 올이라도 희거나 검게 할 수 있습니까? 하나님께서는 우리에게 필요한 것이 무엇인지 다 아십니다. 그러니 의인들은 아무것도 염려하지 말고 먼저 그의 나라와 그의 의를 구하는 삶을 살아야 할 것입니다. 그리하면 전능하신 하나님께서는 우리의 모든 필요를 풍족하게 채워 주십니다. 저는 주님께서 공급하신 놀라운 역사들에 대해 수많은 간증이 있습니다. 제 인생의 고비마다 주님께서 저를 보호하시고 인도하시고 공급하신 은혜의 간증은 일일이 다 열거할 수 없을 정도로 많습니다.

저라고 왜 걱정이 없겠습니까? 저에게는 영육간에 딸린 식구도 많습니다. 진리의 복음을 힘차게 전파해야겠는데, 저는 이제 나이도 많고 지혜나 힘도 없습니다. 이제는 기억력도 영 시원치 않습니다. 그래서 잠자리에 누우면 이런 생각 저런 염려들이 많이 일어납니다. 수많은 염려와 문제들이 제 어깨를 짓누를 때에 저는 다시 일어나 하나님 앞에 무릎을 꿇습니다. 시편의 기자는 **"내가 산을 향하여 눈을 들리라 나의 도움이 어디서 올꼬 나의 도움이 천지를 지으신 여호와에게서로다"**(시 121:1-2)라고 노래했습니다. 태산(泰山) 같은 어려움이 우리의 마음을 짓누를지라도 눈을 들어서 하나님께 그 짐을 맡기고 도움을 청하면 우리는 안식을 누리게 됩니다. **"수고하고 무거운 짐 진 자들아 다 내게로 오라 내가 너희를 쉬게 하리라"**라고 주님께서 약속하셨습니다. 주님은 빌 "공"(空) 자의 공약(空約)을 남발하시는 분이 아닙니다. 주님은 한 번 약속하시면 반드시 이루시는 신실한 하나님입니다. 우리의 모든 죄 짐이 예수님께로 넘어갔습니까, 안 넘어갔습니까? 예수님께서 세례를 받으실 때에 우리의 모든 죄의 짐은 예수님께로 완벽하게 넘어갔습니다. 그러면 믿는 우리에게 죄의 짐이 남아 있습니까, 없습니까? 없습니다. 그래서 거듭난 의인들은 지옥에 갈 두려움이 전혀 없습니다.

그래도 우리가 이 땅에 살아가면서 영육간에 우리들이 감당해야 할 생활고들이 남아 있습니다. 우리는 그런 짐들도 주님께 맡기고 주님의 도우심을 간구해야 합니다. 그러면 우리는 살아 계신 주님의 역사를 경험하는 삶을 살 수 있습니다.

주님과 함께 의의 멍에를 메는 자는 행복합니다

"나는 마음이 온유하고 겸손하니 나의 멍에를 메고 내게 배우라 그러면 너희 마음이 쉼을 얻으리니 이는 내 멍에는 쉽고 내 짐은 가벼움이라 하시니라"(마 11:29-30).

이제 우리는 더 이상 죄의 짐은 지지 않습니다. 우리의 죄의 짐은 예수님께서 모두 담당하셔서 당신의 육체 위에 다 짊어지시고 십자가로 가셨습니다. 예수님께서는 십자가에 못 박혀 흘리신 피로 우리의 모든 죗값을 다 지불하시고, **"다 이루었다"(요 19:30)**라고 크게 외치신 후 돌아가셨습니다. 이제 우리의 죄의 문제는 완전히 끝났습니다. 다시는 문제될 것이 없도록 주님께서 완벽하게 끝내 주신 죄들을 다시 기억해 내서 끌어안고 "주님, 용서해 주세요" 하며 미련을 떠는 자들은 주님께서 **"물과 피로 임"(요일 5:6)**하셔서 이루신 구원의 역사를 발로 밟는 자들입니다.

그래도 우리에게는 삶의 염려들이 있고 의로운 일을 하기 위한 멍에가 있습니다. 멍에란 소나 말이 수레를 끌거나 쟁기질을 할 때 어깨에 메는 기구입니다. 주님께서는 거듭난 자들에게 하나님의 복음을 전파하도록 멍에를 메어 주십니다. 우리는 믿음으로 죄 사함을 받았지만 복음을 전파하라고 하신 의의 멍에를 죽을 때까지 메는 것이 합당합니다. 그런데 그 멍에는 가볍다고 말씀하셨습니다.

의의 멍에가 어떻게 가벼울 수 있습니까? 힘세고 전능하신 주님께서 함께 담당하시기 때문입니다. 힘센 이와 같이 물건을 나르면 쉽지 않습니까? 힘센 이가 거의 다 감당하고 우리는 조금만 거들면 됩니다. 의의 복음을 전파하기 위해서 우리가 메는 멍에는 가벼울 수밖에 없습니다. 전능하신 주님께서 그 멍에를 함께 메주시니 우리는 곁다리로 따라가기만 하면 됩니다.

그렇다고 해서 의인들이 살아가기 위한 육신의 일은 전혀 하지 않습니까? 그렇지 않습니다. 사도 바울도 밤엔 열심히 천막을 짜고 낮에는 복음을 전했습니다. 그래서 바울의 선교 방식을 "자비량(自費糧) 선교"(Tent-making Mission)라고 부릅니다. 사도 바울은 복음의 멍에를 메고 헌신하는 삶을 살았는데, 육신적으로는 매우 고단한 일이었지만 바울의 마음은 항상 기쁨으로 충만했습니다. 그는 복음을 전파하다가 감옥에 갇힌 적도 많습니다. 그러나 그의 옥중서신서 중의 하나인 빌립보서를 보면, 그는 오히려 감옥 밖에 있는 성도들에게 **"주 안에서 항상 기뻐하라 내가 다시 말하노니 기뻐하라"(빌 4:4)**고 격려할 정도로 기쁨이 충만했습니다.

저도 복음의 멍에를 메고 주님을 따르는데, 그 멍에는 가볍습니다. 어떻게 가벼울 수 있냐고요? 이 일은 제가 좋아서 하는 일이니까요! 자기가 좋아하는 일을 할 때는 힘이 들지 않습니다. 자기가 좋아하는 일을 하면 시간도 금새 지나갑니다. 자기가 싫어하는 일을 마지못해 하면, 그 일은 힘들고 지겹습니다. "뛰는 놈 위에 나는 놈, 나는 놈 위에 좋아하는 놈"이라는 말이 있습니다. 아무리 재능이 있는 사람도 어떤 일이 좋아서 하는 사람은 이길 수 없습니다. 복음 전파의 사역을 자원함과 기쁨으로 감당하는 사람은 복이 있습니다. 복음을 전파하는 일이 최고로 값진 일입니다. 그러니 제일 값진 일에 저를 드리는데 제가 왜 기쁘지 않겠습니까? 돈을 사랑하는 사람은 자기 통장에 돈이 쌓여가는 재미로 자기 몸이 부서지도록 일을 합니다. 제가 미국에서 사역을 할 때에 통장에 돈이 쌓여가는 것이 너무 기뻐서 제대로 먹지도 자지도 않고 일을 하는 사람을 본 적이 있습니다. 그 사람은 자기 통장을 매일 들여다보면서 너무너무 행복해했습니다.

복음 전파의 멍에는 가벼운 것이 정상입니다. 우리는 하늘에 보화를 쌓고 있습니다. 그 일이 너무나 값진 일이기에 우리의 멍에는 가볍습니다. 자기가 제일 귀하게 여기고 좋아하는 일을 하면 행복합니다. 그래서 저는 행복합니다. 윤항기라는 가수가 부른 대중가요 중에 "♬나는 행복합니다"라는 노래가 있었습니다. 저는 참으로 행복합니다. 저는 이 세상의 어떤 사람도 부럽지 않습니다. 얼마 전에 제 대학동창 하나가 제주에 놀러 왔었습니다. 제가 "자네는 요즘 뭘 하고 지내냐?"라고 그 친구에게 물었더니 자기에게는 남는 것이 돈하고 시간밖에 없다고 대답을 했습니다. 제가 "그래서 행복하냐?"라고 물었더니 그렇지는 않다고 머쓱해했습니다. 저는 그 친구에게 "나는 참으로 행복하다"라고 얘기하고 복음이 담긴 책을 한 권 주었습니다.

우리는 주님께서 우리에게 주신 안식을 누릴 수 있는 자들입니다. 주님께서 완성하신 의의 복음을 믿음으로 죄 사함을 받고 또 주님의 뜻을 좇는 자에게 하나님께서는 안식을 주십니다. 또 그의 삶을 복되게 하십니다. 믿음의 사람에게도 여러 가지 염려가 있습니다만 하나님께 믿음으로 기도를 드리면 하나님께서 다 해결해 주십니다. 세상 사람들이 제일 귀하게 여기는 것은 돈과 건강입니다. 그러나 진정 귀한 것은 천국 영생이며 의의 복음을 전파하는 의로운 삶입니다. 하나님의 뜻을 따라서 천국 복음을 전파하는 일이 가장 귀하기 때문에, 그 일을 위해서 돈이나 시간을 드리는 우리가 가장 지혜로운 자들입니다. 지혜로운 자는 복음 전파를 위해서 자기의 모든 것을 자원함과 기쁨으로 아낌없이 드립니다. 하나님께서는 **"즐겨 내는 자를 사랑"**(고후 9:7)하십니다. 눈치를 봐가면서 마지못해서 자기를 드리는 것이 아니라 의의 복음을 위해서 자원(自願)함과 기쁨으로 자기를 드리는 사람은 행복합니다. 주님께서도 그런 의인들을 기뻐하시고 넘치게 축복을 하십니다.

말씀을 마쳤습니다.

안식일 규례를 세우신 하나님의 뜻

"그 때에 예수께서 안식일에 밀밭 사이로 가실째 제자들이 시장하여 이삭을 잘라 먹으니

바리새인들이 보고 예수께 고하되 보시오 당신의 제자들이 안식일에 하지 못할 일을 하나이다

예수께서 가라사대 다윗이 자기와 그 함께한 자들이 시장할 때에 한 일을 읽지 못하였느냐

그가 하나님의 전에 들어가서 제사장 외에는 자기나 그 함께한 자들이 먹지 못하는 진설병을 먹지 아니하였느냐

또 안식일에 제사장들이 성전 안에서 안식을 범하여도 죄가 없음을 너희가 율법에서 읽지 못하였느냐

내가 너희에게 이르노니 성전보다 더 큰이가 여기 있느니라

나는 자비를 원하고 제사를 원치 아니하노라 하신 뜻을 너희가 알았더면 무죄한 자를 죄로 정치 아니하였으리라

인자는 안식일의 주인이니라 하시니라"(마 12:1-8).

율법 613개 조항의 골간(骨幹)은 십계명입니다. 그리고 십계명의 제3 계명은 안식일(安息日)에 관한 규례입니다. "안식일을 기억하여 거룩히 지키라 엿새 동안은 힘써 네 모든 일을 행할 것이나 제 칠일은 너의 하나님 여호와의 안식일인즉 너나 네 아들이나 네 딸이나 네 남종이나 네 여종이나 네 육축이나 네 문안에 유하는 객이라도 아무 일도 하지 말라 이는 엿새 동안에 나 여호와가 하늘과 땅과 바다와 그 가운데 모든 것을 만들고 제 칠일에 쉬었음이라 그러므로 나 여호와가 안식일을 복되게 하여 그 날을 거룩하

게 하였느니라"(출 20:8-11).

하나님께서 이스라엘 백성에게 6일간은 열심히 일을 하고 일곱째 날에는 아무 일도 하지 말고 쉬라고 명령하셨습니다. 또 그렇게 안식일을 세워 주신 이유에 대해서 **"이는 엿새 동안에 나 여호와가 하늘과 땅과 바다와 그 가운데 모든 것을 만들고 제 칠일에 쉬었음이라"**라고 말씀하셨습니다. 즉 안식일 규례는 하나님께서 천지를 창조하신 말씀의 영적 계시를 통해서, 우리의 구원을 완성하신 하나님의 은혜를 기억하게 하려고 세우신 규례입니다.

유대인들의 안식일과 기독교인들의 주일(主日)

유대인의 안식일(安息日)은 지금의 달력으로 치면 금요일 해질 녘부터 토요일 해 질 녘까지입니다. **"저녁이 되며 아침이 되니 이는 첫째 날이니라"**(창 1:5)고 기록된 대로, 유대인들에게는 해질 때가 하루의 시작입니다. 그런데 주님께서는 안식 후 첫날 새벽에 부활하셨습니다. 그리고 초대교회의 기독교인들은 주님의 부활을 기념하며 **"안식 후 첫날"**(행 20:7)에 함께 모여서 예배를 드렸습니다. 그래서 그날이 **"주의 날"**(the Lord's Day) 즉 주일(主日)이 된 것입니다.

그리고 보수적인 기독교인들은 유대교인들이 안식일을 지키듯이 주일을 "거룩하게" 지켰습니다. 제가 어렸을 때만 해도 경건한 기독교인들은 주일날에 밥도 하지 않고 가게에 물건을 사러 가지도 않았습니다. 마치 바리새인들이 안식일의 규례를 철저하게 지켰듯이 예전의 보수적인 기독교인들은 주일을 거룩하게 지킨다고 그 날에는 예배를 드린 후에도 일을 전혀 하지 않고 쉬었습니다.

하나님께서 세우신 안식일의 규례는 준엄했습니다. "너희는 안식일을 지킬찌니 이는 너희에게 성일이 됨이라 무릇 그 날을 더럽히는 자는 죽일찌며 무릇 그 날에 일하는 자는 그 백성 중에서 그 생명이 끊쳐지리라 엿새 동안은 일할 것이나 제 칠일은 큰 안식일이니 여호와께 거룩한 것이라 무릇 안식일에 일하는 자를 반드시 죽일찌니라"(출 31:14-15)고 기록되어 있습니다. 하나님께서 모세를 통해서 이토록 준엄한 안식일의 규례를 선포하셨건만 어떤 사람이 안식일에 나무를 하다가 발각되어 모세에게로 끌려왔습니다. 하나님께서는 모세에게 "그 사람을 반드시 죽일찌니 온 회중이 진 밖에서 돌로 그를 칠찌니라"(민 15:35) 하고 명령하셨습니다. 그래서 결국 그 사람은 돌에 맞아 죽었습니다. 안식일에는 2,000규빗(약 1 Km) 이상 걸어서도 안되었습니다. 그래서 성경에는 "이 산은 예루살렘에서 가까와 안식일에 가기 알맞은 길(a Sabbath day's journey)이라"(행 1:12)는 말씀도 기록되어 있습니다. 이와 같이 안식일 규례는 하나님의 준엄한 법도였습니다.

그런데 예수님 제자들이 안식일에 밀밭 사이로 지나가다가 밀 이삭을 잘라 먹었으니, 그들은 그토록 준엄한 안식일의 규례를 어긴 셈입니다. 저도 어렸을 때에 배가 고프면 잘 익은 밀이나 보리 이삭을 꺾어서 손으로 비빈 후에 후후 하고 불어 터럭과 껍질을 날려 보내고 그 알곡을 씹어먹곤 했습니다. 바리새인들은 예수님의 제자들이 안식일의 규례를 어기고 일을 했다고 참소했습니다. 그러지 않아도 그들은 예수님을 못마땅하게 생각하고 있었는데, 예수님의 제자들이 그들에게 "딱 걸린" 셈이었습니다. 그들은 분명한 증거를 잡아서 예수님까지 죄인으로 취급하고 몰아치려고 했습니다.

하나님께서 안식일의 규례를 세워 주신 뜻

그러자 예수님께서는 안식일의 규례를 세우신 참된 뜻에 대하여 가르쳐 주셨습니다. "**인자는 안식일의 주인이니라**"(마 12:8)고 말씀하셨듯이 안식일 규정은 주님께서 친히 세우신 규례입니다. 하나님께서 왜 안식일의 규례를 세우시고 영원토록 기념하게 하셨습니까?

안식일의 규례는 가장 먼저 세워진 규례입니다. "**천지와 만물이 다 이루니라 하나님의 지으시던 일이 일곱째 날이 이를 때에 마치니 그 지으시던 일이 다하므로 일곱째 날에 안식하시니라 하나님이 일곱째 날을 복 주사 거룩하게 하셨으니 이는 하나님이 그 창조하시며 만드시던 모든 일을 마치시고 이 날에 안식하셨음이더라**"(창 2:1-3). 하나님께서는 엿새 동안 천지창조의 일을 다 마치셨습니다. 이제는 더 이상 하실 일이 없어서 일곱째 날에 쉬셨고, 영적으로는 일곱째 날이 지금도 계속되고 있습니다. 하나님의 일곱째 날은 영원히 계속됩니다. 지금은 모두가 안식하는 때입니다. "**천지와 만물이 다 이루니라.**" 창조의 엿새 동안 하나님께서는 모든 일을 다 이루셨습니다. 이 선포는 보이는 세계의 일만을 말씀하시는 것이 아닙니다. 영적으로 말하자면, 하나님께서 우리의 구원을 다 이루셨다는 말씀입니다.

"**빛이 있으라**"(창 1:3)고 말씀하신 하나님께서 "**참빛 곧 세상에 와서 각 사람에게 비취는 빛**"(요 1:9)인 예수 그리스도를 이 땅에 육신으로 보내셔서 우리의 구원을 완전하게 이루어 주셨습니다. 하나님께서 다 이루어 놓으셨기 때문에 이제는 천국의 영원한 안식에 들어가기 위해서 우리가 할 일이 아무것도 없습니다. 우리는

"혼돈하고 공허하며 흑암이 깊음 위에"(창 1:2) 있었던 비참한 존재들이었습니다. 그런데 "빛이 있으라"(창 1:3)고 말씀하신 하나님께서 우리의 모든 죄(흑암)를 단번에 없애 주셨습니다. 그러니 우리가 스스로 우리의 구원을 위해서 더 이상 일할 것이 없습니다. 하나님 편에서 일방적으로 우리를 죄에서 온전히 구원하셨고 하나님의 구원의 복음을 믿는 자에게는 영원한 안식을 주셨습니다.

그래서 하나님께서는 "이미 믿는 우리는 저 안식에 들어가는도다"(히 4:3)라고 말씀하셨고, "이미 그의 안식에 들어간 자는 하나님이 자기 일을 쉬심과 같이 자기 일을 쉬느니라 그러므로 우리가 저 안식에 들어가기를 힘쓸지니 이는 누구든지 저 순종치 아니하는 본에 빠지지 않게 하려 함이라"(히 4:10-11)고도 말씀하신 것입니다.

예수 그리스도는 육신을 입고 오신 성자(聖子) 하나님입니다. 우리의 눈에 보이지 않는 영의 하나님께서 왜 우리와 같은 사람이 되셔서 우리 가운데 오셨습니까? 그것은 대속죄일(大贖罪日, the Day of Atonement)에 흠 없는 아사셀 염소가 대제사장 아론의 안수를 받음으로써 이스라엘 백성들의 일 년 치 죄를 단번에 넘겨받았듯이, 어린양으로 오신 예수님께서 아론의 후손이자 인류의 대표자인 세례 요한에게 안수의 형식으로 세례를 받으심으로 인류의 모든 죄를 단번에 담당하기 위함이었습니다. "이제 허락하라 우리가 이와 같이 하여 모든 의를 이루는 것이 합당하니라"(마 3:15) 하고 예수님께서 세례 요한에게 명하자 세례 요한은 주님의 말씀에 순종해서 예수님께 안수(按手)의 형식으로 세례를 베풀었습니다. 안수는 죄를 희생제물에게 넘기는 하나님의 법입니다(레 16:21). 세례 요한은 예수님의 머리에 안수한 채로 예수님을 물에 푹 잠갔다가 일으켰습니다.

그때에 저와 여러분의 모든 죄가 예수님께 단번에 넘어간 것이 확실합니다. 그래서 예수님께 세례를 베푼 이튿날에 세례 요한은 **"보라 세상 죄를 지고 가는 하나님의 어린양이로다"**(요 1:29) 하고 자기의 제자들에게 선포했습니다. 예수님은 세상 죄를 짊어지시고 십자가로 가셔서 그 위에 못 박혀 매달리시고 여섯 시간 동안 피를 흘리심으로써 우리 인류의 모든 죗값을 다 지불하시고 마지막에 **"다 이루었다"**(요 19:30)라고 크게 외치시며 돌아가셨습니다. **"천지와 만물이 다 이루니라"**(창 2:1)는 말씀대로 하나님은 우리의 구원을 하나님 편에서 이미 다 이루어 놓으셨습니다. 그래서 우리가 하나님께서 준비하신 안식에 들어가기 위해서 더 이상 **"아무 일"**도 할 것이 없게 되었습니다.

"일하는 자에게는 그 삯을 은혜로 여기지 아니하고 빚으로 여기거니와 일을 아니할찌라도 경건치 아니한 자를 의롭다 하시는 이를 믿는 자에게는 그의 믿음을 의로 여기시나니 일한 것이 없이 하나님께 의로 여기심을 받는 사람의 행복에 대하여 다윗의 말한 바

그 불법을 사하심을 받고 그 죄를 가리우심을 받는 자는 복이 있고

주께서 그 죄를 인정치 아니하실 사람은 복이 있도다 함과 같으니라"(롬 4:4-8).

우리가 율법을 잘 지키고 회개 기도를 열심히 하고 성화(聖化)에 힘쓰면 하나님의 안식의 나라에 들어갈 수 있습니까? 우리가 아무리 열심히 "율법을 지키는" 일을 해도 결코 마음의 죄를 벗어버릴 수 없습니다. 영원한 천국의 안식에는 하나님께로부터 죄의

가리우심을 받은 의인들만 들어갈 수 있습니다. **"수고하고 무거운 짐 진 자들아 다 내게로 오라 내가 너희를 쉬게 하리라"**(마 11:28)고 주님께서 모든 죄인들을 부르십니다. 무거운 죄의 짐을 지고서 안식을 누릴 수 있겠습니까? 죄의 짐에 짓눌리는 죄인들은 결코 안식을 누리지 못합니다. 그러나 예수님이 행하신 일, 즉 **"물과 피로 임"**(요일 5:6)하셔서 우리를 모든 죄에서 온전히 구원하신 진리의 원형복음(原形福音)을 믿으면, 우리는 죄 사함을 받고 단번에 **"의롭다 하심"**을 얻게 됩니다.

안식일의 규례를 세우신 뜻은 하나님께서 우리에게 이미 완성해 주신 영원한 안식의 은총을 항상 기억하라는 것입니다. 우리는 장차 영생과 복락의 천국에 넉넉하게 들어갑니다. 영원한 천국의 안식은 이미 우리의 마음에 임했습니다. 우리는 더 이상 죄를 용서해달라고 하나님께 빌 것도 아니고 열심으로 율법을 지켜야만 영원한 안식에 들어가는 것도 아닙니다. 우리는 이미 하나님의 안식에 들어간 자들입니다. 그래서 우리는 주일(主日)을 지내면서 물과 피로 임하신 주님께서 우리의 구원을 이미 다 이루어 놓으시고 이제는 하나님 아버지의 우편에 앉아 쉬시니, 우리도 주님과 함께 편안히 쉬는 것입니다.

그런데 현대판 바리새인들은 안식일을 세우신 뜻은 알지도 못하고 문자적으로만 지키려고 합니다. 그들은 지금도 죄의 짐을 지고 허덕이고 있으니 참으로 안타깝습니다. 예수님은 시비를 걸어온 바리새인들에게, **"나는 자비를 원하고 제사를 원치 아니하노라 하신 뜻을 너희가 알았더면 무죄한 자를 죄로 정치 아니하였으리라"**(마 12:7)고 말씀하셨습니다. 바리새인들은 예수님의 제자들을 정죄했습니다. 그러나 예수님은 당신의 제자들을 **"무죄한 자"**라고 인정하셨습니다. 예수님의 복음을 듣고 믿는 자는 죄가 없습니다. 종교인들은 하나님께 나아갈 때에 "하나님 내가 이렇게 희생을 했고 이렇게 잘했습니다" 하며 자기의 의를 제물로 삼아 **"가인(Cain)의 제사"**를 드립니다. 바리새인들은 부지런히 자기들의 의로 제사를 드리면서 스스로를 자랑스럽게 여겼습니다. 그러나 그런 자들은 구원을 받지 못했습니다.

그런데 예수님은 그들에게 **"나는 자비를 원하고 제사를 원치 아니하노라 하신 뜻을 너희가 알았더면 무죄한 자를 죄로 정치 아니하였으리라"**(마 12:7)고 말씀하셨습니다. 주님은 모든 죄인들이 자기의 의를 자랑하는 제사를 드릴 것이 아니라 "주님, 저는 지옥에 갈 자입니다. 저에게 자비를 베풀어 주십시오" 하고 주님의 자비를 구하며 주님께로 나오기를 바라십니다. 그렇게 심령이 가난한 자라야 주님의 자비를 입어서 죄 사함을 받고 영원한 안식에 들어갑니다.

예수님 앞에 나와서 죄 사함을 받고 영원한 안식에 들어가는 자가 누구입니까? 자기는 지옥에 가야 마땅한 자라고 인정하고 하나님께 자비를 구하며 나오는 자입니다. 그렇게 하나님의 자비를 간절히 구하며 나오는 자는 진리의 복음을 만나서 죄 사함을 받고 영원한 안식에 들어갑니다. 하나님 앞에서 자기의 죄와 연약함과 비참함을 인정하는 자라야 하나님께로부터 죄 사함의 은혜를 입어서 영원한 안식을 누리게 됩니다.

"이미 믿는 우리는 저 안식에 들어가는도다"(히 4:3)라고 말씀하셨습니다. 여러분은 이미 믿어서 영원한 안식에 들어갔습니까? 이미 거듭난 성도들에게는 모든 날이 안식일입니다. 그리고 의인들은 장차 천국에서 주님과 함께 영원한 안식을 누릴 것입니다.

할렐루야!
말씀을 마쳤습니다.

우리를 온전하게 하시는 주님

"거기를 떠나 저희 회당에 들어가시니

한편 손 마른 사람이 있는지라 사람들이 예수를 송사하려 하여 물어 가로되 안식일에 병 고치는 것이 옳으니이까

예수께서 가라사대 너희 중에 어느 사람이 양 한 마리가 있어 안식일에 구덩이에 빠졌으면 붙잡아 내지 않겠느냐

사람이 양보다 얼마나 더 귀하냐 그러므로 안식일에 선을 행하는 것이 옳으니라 하시고

이에 그 사람에게 이르시되 손을 내밀라 하시니 저가 내밀매 다른 손과 같이 회복되어 성하더라

바리새인들이 나가서 어떻게 하여 예수를 죽일꼬 의논하거늘

예수께서 아시고 거기를 떠나가시니 사람이 많이 좇는지라 예수께서 저희 병을 다 고치시고

자기를 나타내지 말라 경계하셨으니

이는 선지자 이사야로 말씀하신바

보라 나의 택한 종 곧 내 마음에 기뻐하는바 나의 사랑하는 자로다 내가 내 성령을 줄터이니 그가 심판을 이방에 알게 하리라

그가 다투지도 아니하며 들레지도 아니하리니 아무도 길에서 그 소리를 듣지 못하리라

상한 갈대를 꺾지 아니하며 꺼져가는 심지를 끄지 아니하기를 심판하여 이길 때까지 하리니

또한 이방들이 그 이름을 바라리라 함을 이루려 하심이니라"(마 12:9-21).

예수님께서 안식일에 회당에 들어가셨는데, 거기서 한편 손 마른 자를 보시고 측은히 여기셨습니다. 한 손이 오그라 붙었으니 얼마나 불편하고 보기에도 흉했겠습니까? 그 사람은 또 양팔이 다 온전한 사람들을 보면서 얼마나 부러워했겠습니까? 당시의 유대인들은 장애인을 죄인으로 여기고 손가락질을 했습니다. **"한편 손 마른 자"**는 자기도 손가락질을 받지 않고 온전한 몸으로 살아가고 싶었지만 그럴 가능성은 전혀 없어서 비참한 삶을 살고 있었습니다. 그날은 안식일이었고 예수님께서는 그를 고쳐 주려고 하셨는데 바리새인들은 벌써 "건수를 잡았다"라는 눈초리로 예수님을 응시하고 있었습니다. 안식일에는 일을 하면 안 되었으니, 만일 예수님이 안식일에 누구를 고쳐 주면 예수님을 율법을 어긴 자로 정죄하려고 그들은 벼르고 있었습니다.

예수님께서는 그들의 속마음을 아셨습니다. 예수님을 참소하려던 사람들이 **"안식일에 병 고치는 것이 옳으니이까"** 하고 예수님께 묻자 예수께서는 **"너희 중에 어느 사람이 양 한 마리가 있어 안식일에 구덩이에 빠졌으면 붙잡아 내지 않겠느냐 사람이 양보다 얼마나 더 귀하냐"**라고 반문하셨습니다.

"뭣이 중헌디?"

"무엇이 귀중하냐?"라는 말을 전라도 사투리로 하면 "뭣이 중헌디?"입니다. 『곡성』이라는 영화에 등장하는 아역 배우가 자기 아버지인 경찰관에게 "뭣이 중헌디, 뭣이 중허냐고?" 하며 외친 대사가 한때 유행어가 되었었습니다. 안식일을 문자적으로 지키는 것이 중합니까? 손이 오그라져서 안식을 누리지 못하는 자를 성하게 해서 참된 안식을 누리게 하는 것이 중합니까? 자기의 양이 안식일에 물이 가득한 구덩이에 빠져서 죽게 되었는데, 그 양을 구해 줘야 합니까? 아니면 안식일이기 때문에 죽게 내버려 두어야 합니까? 정답은 분명합니다. 안식일을 문자적으로 지키는 것보다 안식일에 생명을 구하는 것이 옳고 고통에 허덕이는 이들에게 참된 안식을 주는 것이 훨씬 중한 것입니다.

그런데 진리의 참빛을 받지 못한 사람들은 혼돈되고 왜곡된 지식과 가치관에 묶여 있기 때문에 영적 장애인으로 살아가고 있습니다. 오늘의 말씀에 등장하는 **"한편 손 마른 자"**는 사실 영적인 장애를 가진 모든 사람을 지칭합니다. 모든 사람은 다 이렇게 결함이 있습니다. 모든 사람은 인격적으로도 결함이 있고 온전한 사람은 하나도 없습니다. 모든 사람들은 죄에 눌려 살면서 성격이 편향되고 지식이나 생각도 왜곡됩니다. 정도의 차이는 있지만, 모든 사람은 손이 오그라들었듯이 왜곡되고 편향된 지식과 가치관을 가지고 살아갑니다.

한 가지 예를 들어봅시다. "사람 나고 돈 났지 돈 나고 사람이 났느냐?"라는 속담처럼 사람이 돈보다 더 소중합니다. 그런데 사람들은 돈이 제일 귀하다고 생각합니다. 그래서 돈을 위해서라면 무슨 짓이라도 합니다. 이렇듯 대부분의 사람들에게는 무엇이 중한지가 뒤바뀌어 있습니다. 사람에게 있어서 자기 영혼이 **"죄 사함으로 말미암는 구원"**(눅 1:77)을 받고 영생을 얻는 것이 가장 귀중한 것인데 거기엔 별로 관심이 없습니다. 반대로 돈과 명예와 권력과 쾌락—이런 것들이 사람들의 마음에서 제일 높은 자리를 차지하고 있습니다. 이것은 왜곡된 가치관입니다. 영의 눈으로 보면, 모든 사람은 **"한편 손 마른 사람"**과 똑같습니다. 죄 사함을 받지 못한 사람들은 왜곡된 생각이나 가치관에 사로잡혀서 살아가고 있기 때문에 그들에게는 자유함이 없습니다. 그들은 영과 정신이 모두 온전하지 못합니다.

우리를 영육간에 온전케 하시는 하나님

"이에 그 사람에게 이르시되 손을 내밀라 하시니 저가 내밀매 다른 손과 같이 회복되어 성하더라"(마 12:13). "성하다"라는 말은 온전하다는 뜻입니다. **"한편 손 마른 사람"**은 주님의 말씀으로 온전해졌습니다. 우리의 영혼은 주님의 말씀을 믿을 때에 모든 묶인 것이나 왜곡된 것에서 해방되어서 온전해집니다. 사람은 마음에 많은 병과 장애를 가지고 있습니다. 무엇보다도 큰 마음의 병은 **"죄의 병"**입니다. 사람은 죄를 줄줄 흘리면서 살아갑니다. 문둥병자가 나균을 보균하고 있어서 나병균을 흘리면서 나병을 앓다가 죽듯이, 사람들은 "죄"를 보균하고 태어나서 평생 동안 죄를 흘리며 살다가 죽습니다. 그리고 자기의 죄와 허물로 인해 하나님의 심판을 받고 영원한 지옥 불에 떨어집니다. 그러므로 사람에게 무엇보다도 중한 것은 **"죄의 병"**을 치료받고 **"성하게"** 되는 일입니다.

사람들은 또한 가치관의 장애를 가지고 있습니다. 그래서 늘 잘못된 가치관의 지배를 받으며 살아갑니다. 예컨대 "돈이 최고"라는 가치관을 가진 사람은 돈을 위해서라면 무엇이든지 합니다. 사람을 납치해서 인신매매를 하거나 산 채로 장기(臟器)를 적출해 파는 사람들마저 있지 않습니까? 얼마나 끔찍한 일입니까? 하나님의 형상으로 창조된 우리에게는 절대로 돈이 최고일 수 없습니다. 사람에게 가장 귀한 것은 **"천국의 영생"**입니다. 그런데도 사람들은 재물을 가장 소중하게 여깁니다. 그래서 대부분의 사람들이 **"돈의 신"**(Mammon)을 섬깁니다. 예수님께서는 우리에게 **"너희가 하나님과 재물을 겸하여 섬길 수 없다"**라고 말씀하셨습니다. 그런데 오늘날 대부분의 기독교인들조차 하나님과 재물을 겸하여 섬기고 있습니다. 아니 더 솔직하게 말하자면, 목회자들조차 하나님을 빙자해서 **"돈의 신"**(Mammon)을 섬기고 있습니다. 목회자들은 무엇을 가장 성공한 목회라고 여깁니까? 자기가 개척한 교회가 소위 대형교회가 되는 것이 아닙니까? 큰 성과 같은 예배당에서 왕으로 군림하며 엄청난 헌금을 자기 주머니에 넣고 주무르는 것이 그들의 로망이 아닙니까?

오늘의 본문에 등장하는 바리새인들도 하나님을 믿는 사람들입니다. 다만 그들은 거듭나지 못한 종교인들입니다. 주님은 **"한 영혼이 천하보다 귀하다"**라고 말씀하셨습니다. 한 영혼이 **"죄 사함으로 말미암는 구원"**(눅 1:77)을 받는 것이 가장 귀중한 일입니다. 예수님께서는 **"한편 손 마른 사람"**이 너무나 귀해서 그를 말씀으로 **"성하게"** 하셨습니다. 그런데 바리새인과 같은 종교인들은 영혼들이 죄 사함을 받고 온전해지는 것에는 별로 관심조차 없습니다. 그들은 교인들의 수를 불려서 예배당을 크게 짓는 일에 모든 관심을 집중합니다. 바리새인들은 문자적으로 안식일을 지키는 것을 더 귀하게 여겼습니다. 현대판 바리새인들도 목회자들의 권위나 교훈을 높이고 지키려고 안간힘을 씁니다. 그것은 잘못된 지식이고 잘못된 가치관입니다.

안식일의 규례는 하나님이 우리에게 주신 참된 안식의 축복을 담는 그릇, 즉 하나의 제도(制度)에 불과합니다. 우리는 제도와 내용의 관계를 잘 알아야 합니다. 여기 지금 제가 들고 있는 컵에 물이 담겨 있습니다. 컵은 그냥 그릇일 뿐이고 중요한 것은 이 컵에 담긴 물입니다. 그런데 컵이 있어야 물을 담아서 보존하고 마실 수 있듯이, 율법의 제도들에는 그 안에 담긴 하나님의 뜻이 있고 우리는 그의 뜻을 존귀하게 여겨야 합니다.

안식일 규례를 세워 주신 하나님의 뜻이 무엇입니까? 하나님 아버지께서는 당신의 외아들을 이 땅에 보내셔서 우리의 모든 죄를 단번에 없애 주셨습니다. 그리고 누구든지 성자(聖子) 예수님께서 완성하신 **"하나님의 의"**(롬 1:17)를 믿는 자는 죄 사함을 받고 영원한 안식을 누리게 해 주셨습니다. 하나님께서 우리 모든 인생들에게 베풀어 주신 영원한 안식의 축복을 기억하고 감사하라고 세워 주신 제도가 안식일의 규례입니다. 그런데 바리새인들과 같은 율법주의자들은 안식일 제도를 세워 주신 하나님의 뜻은 무시하고 안식일을 문자적으로만 지키려고 노력했습니다. 그들은 예수님이 안식일의 규례를 어겼다고 예수님을 정죄했습니다. 그런 자들이 영적으로는 **"한편 손 마른 사람"**들입니다.

주님은 우리를 영육간에 성하게 하시는 하나님입니다. 사실 복음을 믿는 사람들도 잘못된 생각이나 가치관을 여전히 품고 있는 경우가 많습니다. 그런데 주님께서는 말씀으로 우리를 양육하셔서 우리의 영적 장애들도 성하게 하십니다. 우리가 하나님의 교회 안에서 말씀으로 양육을 받으면 무엇이 소중한지를 알게 되고 우리가 무엇을 위해서 살아야 하는지를 알게 됩니다. 거듭난 자들은 새 사람을 입은 자들입니다. 그래서 **"새 사람을 입었으니 이는 자기를 창조하신 자의 형상을 좇아 지식에까지 새롭게 하심을 받는 자니라"**(골 3:10)는 말씀대로, 거듭난 의인들은 교회 안에 거하면서 잘못된 지식과 생각과 가치관이 바로잡혀서 온전해집니다.

바리새인들은 주님께서 하신 일을 보고도 예수님을 높이기는커녕, 오히려 예수님을 잡아 죽이려고 모의했습니다. **"한편 손 마른 사람"**도 자기들의 회당에 나오는 교인이 아닙니까? 그가 온전케 되었으면 그것으로 인해서 같이 기뻐하고 하나님께 영광을 돌려야 하는데, 그들은 오히려 예수님을 정죄했습니다. 그래서 예수님께서는 회당에서 나오셔서 많은 병자들을 성하게 해 주셨습니다. 교조화된 종교의 세계 안에서는 예수님께서 일하실 수 없습니다. 오늘날에도 주님께서는 세속화되고 종교화된 교회 밖에서 구원의 역사를 베푸십니다. 소위 정통 교단이라고 자랑하는 무리들 가운데서 인류의 모든 죄를 단번에 씻어 주신 주님의 원형복음을 발견할 수 있습니까? 이 세상에 속한 교회에 가서 우리를 성하게 하시는 예수 그리스도를 만날 수 있습니까? 없습니다.

주님은 하나님의 말씀을 경외하는 **"적은 무리"**(눅 12:32)들을 통해서 **"죄 사함으로 말미암는 구원"**(눅 1:77)의 역사를 베푸십니다. 물과 피의 복음으로 죄 사함을 받고 성하게 된 의인들은 또한 자기들 안에 계신 성령으로 말미암아 자원함과 기쁨으로 다른 이들을 성하게 하는 의의 일꾼들이 됩니다. 거듭난 자들은 다른 이들을 긍휼히 여기는 마음이 있습니다. 자기도 죄 짐을 지고 허덕이며 괴로워했던 시절을 기억하기에, 영적으로 **"한편 손 마른 사람"**들을 인도해서 그들도 성하게 되기를 간절히 원합니다.

하나님은 우리를 진리의 말씀으로 성하게 하시는 사랑의 하나님입니다.

"내가 붙드는 나의 종, 내 마음에 기뻐하는 나의 택한 사람을 보라 내가 나의 신을 그에게 주었은즉 그가 이방에 공의를 베풀리라 그는 외치지 아니하며 목소리를 높이지 아니하며 그 소리로 거리에 들리게 아니하며 상한 갈대를 꺾지 아니하며 꺼져가는 등불을 끄지 아니하고 진리로 공의를 베풀 것이며 그는 쇠하지 아니하며 낙담하지 아니하고 세상에 공의를 세우기에 이르리니 섬들이 그 교훈을 앙망하리라"(사 42:1-4).

예수 그리스도께서는 연약하고 부족한 자들을 외면하지 아니하시고 그들을 성하게 하시는 하나님입니다. 주님께서는 하나님의 아들이셨지만 자신을 내세우거나 들레지 아니하시고 공의(公義)의 복음으로 잠잠히 영혼들을 성하게 하십니다. 주님은 잠잠히 죄에 묶여 허덕이고 있는 자들을 죄에서 해방시켜서 성하게 해 주셨을 뿐만 아니라 육신적으로 또 정신적으로 장애를 갖고 있는 자들도 성하게 해 주셨습니다. **"상한 갈대를 꺾지 아니하며 꺼져 가는 심지를 끄지 아니하기를 심판하여 이길 때까지 하리니"**—주님은 부족하고 연약한 우리를 체휼(體恤, 딱한 처지를 이해하여 가엾게 여김)하셨습니다.

우리는 **"상한 갈대"**와 같이 연약하고 아무짝에도 쓸데없는 자들입니다. 우리는 얼마나 흠이 많은 자들입니까? 그런데 주님께서는 이토록 쓸모없는 자들을 소중하게 여겨 주셨습니다. 우리의 영혼은 잠시 타다가 **"꺼져 가는 심지"**와 같습니다. 풍전등화(風前燈火)라는 말처럼, 우리는 바람만 조금 세게 불어도 생명의 등불이 곧 꺼져 버리는 연약하고 허망한 존재들입니다. 그런데 주님은 우리 영혼의 등불이 영원히 꺼지지 않도록 보호하시고 때를 따라 은총을 베풀어 주셨습니다. 주님께서는 우리의 부족이나 연약이나 결함이나 왜곡된 가치관을 다 성하게 하시는 하나님입니다. 나와 여러분은 쓸모없는 우리에게 긍휼을 베푸시는 주님께 감사드리고 주님의 사랑을 듬뿍 받는 자가 되기를 바랍니다.

주님께서 안식일에 회당에 들어가셔서 **"한편 손 마른 사람"**을 말씀으로 성하게 하셨습니다. 주님은 우리의 부족이나 연약을 문제 삼지 않으시고 오히려 부족하고 연약한 자를 찾아오셔서 성하게 하시는 하나님입니다. 이 세상의 사람들은 상대방이 부족하고 연약하면 그 사람을 무시하고 아예 밟아버리려고 합니다. 요즈음에 연로한 아파트 경비원들이 젊은 입주자들에게 욕을 먹으며 폭행을 당하는 일이 얼마나 많습니까? 그러나 주님은 우리의 부족이나 연약을 당신의 사랑으로 덮어서 온전하고 성하게 하십니다. 주님께서는 우리의 모든 죄를 단번에 사해 주신 구원의 하나님입니다. 주님의 은총을 입은 사람은 영육간에 성하게 됩니다. 주님은 우리를 **"지식에까지 새롭게"**(골 3:10) 하시는 하나님입니다.

여러분 모두가 주님의 성하게 하시는 은총을 입어서 다른 이들을 성하게 하는 일꾼으로, 복음의 수종자(隨從者)로 쓰임 받기를 바랍니다.

말씀을 마쳤습니다.

성령을 훼방하는 죄

"그 때에 귀신들려 눈 멀고 벙어리 된 자를 데리고 왔거늘 예수께서 고쳐 주시매 그 벙어리가 말하며 보게 된지라

무리가 다 놀라 가로되 이는 다윗의 자손이 아니냐 하니

바리새인들은 듣고 가로되 이가 귀신의 왕 바알세불을 힘입지 않고는 귀신을 쫓아내지 못하느니라 하거늘

예수께서 저희생각을 아시고 가라사대 스스로 분쟁하는 나라마다 황폐하여질 것이요 스스로 분쟁하는 동네나 집마다 서지 못하리라

사단이 만일 사단을 쫓아내면 스스로 분쟁하는 것이니 그리하고야 저의 나라가 어떻게 서겠느냐

또 내가 바알세불을 힘입어 귀신을 쫓아내면 너희 아들들은 누구를 힘입어 쫓아내느냐 그러므로 저희가 너희 재판관이 되리라

그러나 내가 하나님의 성령을 힘입어 귀신을 쫓아내는 것이면 하나님의 나라가 이미 너희에게 임하였느니라

사람이 먼저 강한 자를 결박하지 않고야 어떻게 그 강한 자의 집에 들어가 그 세간을 늑탈하겠느냐 결박한 후에야 그 집을 늑탈하리라

나와 함께 아니하는 자는 나를 반대하는 자요 나와 함께 모으지 아니하는 자는 헤치는 자니라

그러므로 내가 너희에게 이르노니 사람의 모든 죄와 훼방은 사하심을 얻되 성령을 훼방하는 것은 사하심을 얻지 못하겠고

또 누구든지 말로 인자를 거역하면 사하심을 얻되 누구든지 말로 성령을 거역하면 이 세상과 오는 세상에도 사하심을 얻지 못하

리라"(마 12:22-32).

귀신이 들려서 눈이 멀고 벙어리 된 자를 예수님께서 고쳐 주셨습니다. "너희의 허물과 죄로 죽었던 너희를 살리셨도다 그 때에 너희가 그 가운데서 행하여 이 세상 풍속을 좇고 공중의 권세 잡은 자를 따랐으니 곧 지금 불순종의 아들들 가운데서 역사하는 영이라"(엡 2:1-2)는 말씀대로, 죄 사함을 받기 전의 모든 사람은 다 귀신이 들려서 살고 있습니다. "공중의 권세 잡은 자"란 사탄 마귀(Satan the Devil, 계 12:9)이며 그의 졸개들이 귀신들(devils)입니다. 귀신들은 거듭나지 못한 죄인에게 들어가서 거하다가 그 사람이 죄 사함을 받아서 성령님께서 그 사람의 마음에 내주(內住)하시게 되면 다 알아서 도망을 칩니다. "사람이 마음으로 믿어 의에 이르고 입으로 시인하여 구원에 이르느니라"(롬 10:10)고 말씀하셨습니다. 어떤 사람이 자기는 죄로 인하여 지옥에 갈 수밖에 없는 죄인인데, 하나님의 아들인 예수님께서 육신을 입고 이 땅에 "물과 피로 임"(요일 5:6)하셔서 자기의 모든 죄를 흰 눈처럼 깨끗하게 없애 주셨다는 진리의 원형복음을 온전히 믿고 입술로 고백할 때 그 사람은 죄 사함을 받습니다. 그리고 죄 사함을 받으면 성령을 선물로 받습니다. 강한 분(성령님)이 거듭난 의인의 마음에 들어오시면 귀신들은 견디지 못하고 줄행랑을 칩니다.

죄 사함도 받지 못하고
성령을 받았다고 하는 사기꾼들

우리의 죄를 사해 주시는 분은 하나님입니다. 하나님께서 진리의 복음으로 우리 죄를 깨끗이 씻어 주시면, 거룩하신 성령께서 우리의 마음에 임하십니다. 사도 베드로는 오순절 설교에서 "**너희가 회개하여 각각 예수 그리스도의 이름으로 세례를 받고 죄 사함을 얻으라 그리하면 성령을 선물로 받으리니**"(행 2:38)라고 선포하였습니다. 죄인에게는 절대로 성령님께서 임하실 수 없습니다. 그런데 오늘날의 기독교인들 중에는 마음에 죄가 있으면서도 성령을 받았다고 주장하는 사기꾼들이 많습니다. 성령님은 거룩한 하나님이시기 때문에 죄인의 마음에 임하실 수 없습니다. 물론 성령께서 내주하시는 의인들이 성령의 능력을 의지해서 어떤 귀신들린 자를 위해서 기도할 때 일시적으로 귀신이 나갈 수도 있습니다. 그런데 그 사람이 끝내 복음을 믿지 않으면 더 큰 문제가 생깁니다. "**더러운 귀신이 사람에게서 나갔을 때에 물 없는 곳으로 다니며 쉬기를 구하되 얻지 못하고 이에 가로되 내가 나온 내 집으로 돌아가리라 하고 와 보니 그 집이 소제되고 수리되었거늘 이에 가서 저보다 더 악한 귀신 일곱을 데리고 들어가서 거하니 그 사람의 나중 형편이 전보다 더 심하게 되느니라**"(눅 11:24-26)고 예수님께서 말씀하셨습니다.

근본 하나님이신 예수님께서 당신의 능력으로 귀신을 쫓아내시자 귀신들렸던 자가 성하게 되었습니다. 예수님은 우리를 성하게 해 주시는 하나님입니다. 귀신이 들려서 눈이 멀고 벙어리가 되었던 자가 온전해졌으니 얼마나 기쁜 일입니까? 그 장면을 목격한 사람들은 "**이는 다윗의 자손이 아니냐**" 하고 놀라며 예수님을 칭송했는데, 바리새인들은 오히려 "저 예수라는 자는 귀신의 왕인 바알세불에게 사로잡혀서 바알세불의 능력으로 귀신을 쫓아낸다"라고 예수님을 헐뜯기 시작했습니다. 바알세불(Beelzebub)이란 이름은 "나는 것들의 신" 또는 "파리들의 신"(the lord of the flyers or the lord of the flies)이라는 뜻입니다. 파리는 음식이든 시체든 가리지 않고 어디에서든지 생겨나니까, 고대인들은 아마 파리를 참으로 신비로운 생명체로 여겼던 것 같습니다.

사람이 하나님의 진리의 말씀을 모르면 정말 미련합니다. 저는 인도에 단기선교를 하러 들어갔던 적이 있습니다. 그때에 선교여행을 준비하면서 인도에는 3억이 넘는 신들이 있다는 자료를 보았습니다. 인도인들에게는 거의 모든 생명체들이 다 신(神)입니다. 코끼리도 신이고, 코브라도 신이고, 소도 신이고, 쥐도 신이고, 원숭이와 닭도 신입니다. 하나님께서 사람을 만물의 영장으로 만들어 주셨는데 만물의 영장이 다스려야 할 피조물들을 신이라고 섬기니, 얼마나 미련한 일입니까?

예수님께서 **"너희들의 말대로 내가 만일 바알세불의 힘을 빌려서 귀신을 쫓아낸다면, 너희 아들들은 도대체 누구를 힘 입어서 귀신을 쫓아내는 것이냐?"** 하고 바리새인들을 책망하셨습니다. 바리새인들은 항상 거룩한 척했지만 사실은 굉장히 악한 자들이었습니다. 하나님과 하나님의 말씀을 믿지 않는 자들이 악인(惡人)들입니다. 그래서 성경은 **"형제들아 너희가 삼가 혹 너희 중에 누가 믿지 아니하는 악심을 품고 살아 계신 하나님에게서 떨어질까 염려할 것이요"**(히 3:12)라고 경고하고 있습니다. 윤리적으로 악을 행하는 자도 악인이지만 누구보다도 악한 자는 하나님을 믿지 아니하는 자입니다. 그래서 주님도 **"나와 함께 아니하는 자는 나를 반대하는 자요 나와 함께 모으지 아니하는 자는 헤치는 자니라"**(마 12:30)고 선포하신 것입니다. 하나님의 선한 일을 보고도 그 편에 서지 않는 자는 하나님 편이 아닌 악인들입니다.

성령을 훼방하는 죄

"그러므로 내가 너희에게 이르노니 사람의 모든 죄와 훼방은 사하심을 얻되 성령을 훼방하는 것은 사하심을 얻지 못하겠고 또 누구든지 말로 인자를 거역하면 사하심을 얻되 누구든지 말로 성령을 거역하면 이 세상과 오는 세상에도 사하심을 얻지 못하리라"(마 12:31-32).

대부분의 기독교인들은 "우리가 성령을 받은 후에 방언으로 기도해서 다른 이의 병을 고쳐 주고 귀신도 쫓아냈는데, 그런 것을 성령의 역사로 인정하지 않는 것이 **성령을 훼방한 죄**"라고 주장합니다. 그런데 문제는 그렇게 주장하는 자들이 마음에 죄가 있는 죄인들이기에 성령을 받은 자들이 아니라는 사실입니다. 성령 하나님은 죄 사함을 받지 못한 자의 마음에 절대로 거하지 않습니다. 그러므로 그들이 성령의 능력으로 방언을 하며 귀신을 쫓아내며 병을 고치며 예언을 한다는 주장은 다 거짓말입니다.

"이것이 이상한 일이 아니라 사단도 자기를 광명의 천사로 가장하나니"(고후 11:14)라고 경고하셨습니다. 거듭나지 못한 자들은 귀신이 들려서 천사처럼 온화한 표정을 짓고 얼마든지 희생적으로 사역도 할 수 있습니다. 요즈음에 사회적으로 큰 물의를 일으킨 최○○이라는 아프리카 선교사는 그가 한 30년 전에 예수전도단 소속으로 사역을 할 때에 저와 교제가 있었던 사람입니다. 그 사람이 케냐의 마사이족(族)에게 들어가서 얼마나 희생적으로 선교사역을 감당했는지, 그 당시에는 큰 존경을 받았습니다. 그는 겸손하고 차분한 언행으로 성령이 충만한 사람이라고 자타가 공인했었습니다. 그런데 저는 요즘의 뉴스를 통해서 그가 선교지의 원주민 처녀를 지속적으로 성폭행해왔다는 끔찍한 소식을 들었습니다. 그는 그 일이 드러나고도 "너는 라헬이고 내 아내는 레아"라고 말하며 자기를 거부하는 그 처녀를 회유했다니, 정말 경악을 금치 못할 일입니다. 그러고도 그런 자가 회개하지 않는 것이 더 큰 문제입니다. 죄 사함을 받지 못한 자는 그럴 수밖에 없습니다. 죄 사함을 받지 못한 죄인이 방언을 하고 귀신을 쫓아낸들, 그것은 성령의 역사가 아닙니다.

그러면 성령을 훼방하는 죄가 무엇입니까? 히브리서에 이 부분에 관한 말씀이 기록되어 있습니다.

그러므로 우리가 그리스도 도의 초보를 버리고 죽은 행실을 회개함과 하나님께 대한 신앙과 세례들과 안수와 죽은 자의 부활과 영원한 심판에 관한 교훈의 터를 다시 닦지 말고 완전한데 나아갈찌니라 하나님께서 허락하시면 우리가 이것을 하리라 한번 비췸을 얻고 하늘의 은사를 맛보고 성령에 참예한바 되고 하나님의 선한 말씀과 내세의 능력을 맛보고 타락한 자들은 다시 새롭게 하여 회개케 할 수 없나니 이는 자기가 하나님의 아들을 다시 십자가에 못 박아 현저히 욕을 보임이라 땅이 그 위에 자주 내리는 비를 흡수하여 밭 가는 자들의 쓰기에 합당한 채소를 내면 하나님께 복을 받고 만일 가시와 엉겅퀴를 내면 버림을 당하고 저주함에 가까와 그 마지막은 불사름이 되리라"(히 6:1-8).

이 말씀은 많은 기독교인들에게 난해 구절(難解句節)입니다. 대부분의 목사님들도 이런 부분은 설교를 하지 않습니다. **"내가 믿는 고로 말하였다"**(고후 4:13)라고 성경에 기록되었듯이, 목회자가 자기도 이해하지 못하는 부분을 어떻게 믿으며 믿지 못하는 말씀을 어떻게 설교하겠습니까? 그러나 이 말씀 안에는 복음의 원형이 계시되어 있습니다. 히브리서를 기록한 하나님 종이나 그 당시의 사도들과 성도들이 믿었던 진리의 복음의 내용이 이 말씀 안에 함축되어 있습니다.

먼저 확인해야 할 것은 **"그러므로 우리가 그리스도 도의 초보를 버리고"**라는 말씀이 흠정역(欽定譯) 성경(KJV)에는 **"그러므로 우리가 그리스도 도의 초보를 떠나서"**(Therefore leaving the principles of the doctrine of Christ)라고 번역되어 있다는 사실입니다. 당시에 지중해 연안의 이방 땅에 흩어져 살았던 히브리인들 중에는 **"물과 피의 복음"**을 듣고 예수 그리스도를 믿는 자들이 많았습니다. 그런데 그들의 믿음이 연약해서 하나님의 종들은 자주자주 복음을 전해 주어서 복음의 터를 다시 놓아주어야만 했습니다. **"그리스도 도의 초보"**(the principles of the doctrine of Christ)는 복음의 기초(基礎)를 의미합니다. 복음의 기초가 견고해야 그 위에 믿음의 집을 짓는데, 복음의 기초 자체가 흔들려서 반복적으로 복음의 기초를 놓아야 했으니 하나님의 종들이 보기에 참으로 답답한 노릇이었습니다. 그래서 히브리서의 기록자(記錄者)인 하나님의 종은 히브리서 5장 말미에, "너희는 이제 복음을 들은 지 제법 되었는데도 아직도 복음이 옳으니 그르니 하고 있구나! 이제는 그런 소리는 그만하고 믿음의 장성한 자로 좀 자라나길 바란다"라고 간곡히 당부하고 있습니다.

그러면서 하나님의 종은 **"그리스도 도의 초보"**(the principles of the doctrine of Christ), 즉 진리의 복음에 포함되는 내용들을 열거하고 있습니다. **"그리스도 도의 초보,"** 즉 원형의 복음에 포함되는 내용은 무엇입니까?

진리의 원형복음을 구성하고 있는 첫째 내용은 **"죽은 행실을 회개함"입니다. 죽은 행실은 죄(罪)입니다. 어떤 이에게 죄가 무엇인지를 가르쳐 주어서 자기가 죄 덩어리인 줄을 인정하게 하는 것이 구원을 받게 하는 첫 단추입니다. 자기가 지옥에 가야 할 죄인이라고 인정하지 않는 **"건강한 자들"**에게 의원이신 주님이 필요할 리가 없습니다. 전능하신 주님이라도 자칭(自稱) 의인들은 구원하실 수 없습니다. 주님께서는 죄인을 불러 회개시키러 오셨습니다. **"죽을 행실을 회개함"**이란 하나님 앞에 무릎을 꿇고, "하나님 저를 불쌍히 여기시고 구원해 주십시오" 하고 하나님께 긍휼을 바라는 것입니다. 따라서 죄에 대해서 가르치는 것이 복음의 첫 번째 내용입니다.

원형복음의 두 번째 내용은 **"하나님께 대한 신앙"**입니다. 초대교회의 하나님의 종들은 영혼들에게 눈에 보이지 않는 하나님께서 반드시 살아 계시며 하나님께서는 선하시며 전능하신 분이심을 가르쳐 주었습니다. **"믿음이 없이는 기쁘시게 못하나니 하나님께 나아가는 자는 반드시 그가 계신 것과 또한 그가 자기를 찾는 자들에게 상 주시는 이심을 믿어야 할찌니라"**(히 11:6)고 말씀하셨습니다. 참된 믿음은 **"반드시 그가(하나님이) 계신 것과 또한 그가 자기를 찾는 자들에게 상 주시는 이심"**을 믿는 것입니다.

원형복음의 세 번째 내용은 **"세례들과 안수에 관한 교훈"**입니다. 진리의 복음을 구성하고 있는 제일 중요한 요소가 바로 **"세례들과 안수"**입니다. 우리 모두는 근본 죄를 가지고 태어나서 지옥에 갈 수밖에 없는 자들인데, 하나님께서 안수(按手)의 법을 통해서 죄 사함을 받는 대속(代贖)의 제사법을 세워 주셨습니다. 구약의 속죄제사는 항상 1) **흠 없는 제물**, 2) **안수를 통한 죄의 전가**(轉嫁, 옮겨 심음), 3) **제물의 죽음(피 흘림)**이라는 세 가지 요건이 만족되어야 했습니다. 또 대속죄일(大贖罪日)에는 대제사장 아론이 홀로 이스라엘 백성 전체를 대표해서 흠 없는 "아사셀" 염소의 머리에 안수해서 백성들의 죄를 그 염소의 머리에 넘겼습니다. 그리고 이스라엘 백성들의 1년 치 죄를 담당한 아사셀 염소는 멀리 광야에 버려져 죽음으로써 백성들의 죄를 대속(代贖)했습니다.

이러한 구약의 속죄제사들은 **"장차 오는 좋은 일의 그림자"**(히 10:1)였습니다. "하나님의 어린양"(요 1:29)인 예수 그리스도는 흠 없는 제물이 되셔서 인류의 대표자인 세례 요한에게 안수의 형식으로 세례를 받으셨습니다. 그때에 예수님께서는 머뭇거리던 세례 요한에게 **"이제 허락하라 우리가 이와 같이 하여 모든 의를 이루는 것이 합당하니라"**(마 3:15)고 명령하셨습니다. 이 말씀에서 **"우리가 이와 같이 하여"**란 "너는 내 머리에 안수하여 이 세상의 모든 죄를 단번에 넘김으로써"라는 뜻입니다. 여자의 몸에서 난 자 중에 가장 큰 자(마 11:11), 즉 인류의 대표자인 세례 요한이 안수의 방법으로 세상 죄를 어린양이신 예수님에게 넘겼기 때문에 이 세상에는 **"모든 의"**가 이루어졌습니다. 또한 세례에는 예수님께서 받으신 세례뿐만 아니라 회개를 촉구하고 진정으로 회개한 자들에게 베풀었던 요한의 세례도 있고, 예수님의 세례를 믿음으로 거듭난 성도들이 믿음의 고백으로 받는 세례들도 있습니다. 그래서 세례에 대해서는 **"세례들"**이라고 복수형을 쓴 것입니다. **"세례들과 안수"**에 대한 가르침이 원형복음의 핵심입니다.

원형복음의 마지막 내용으로 초대교회의 하나님의 종들은 **"죽은 자의 부활과 영원한 심판에 관한 교훈"**을 가르쳤습니다. "주님께서 받으신 세례를 통해서 너희들의 모든 죄를 담당하시고 십자가에서 그 모든 죄를 온전히 대속(代贖)하셨다는 진리를 너희가 믿음으로 구원을 받았다. 이제 죄 사함을 받은 너희 영혼은 부활하였고 결코 심판에 이르지 않는다. 또한 장차 주님께서 재림하실 때에 너희의 육신도 신령한 몸으로 부활할 것이다"라고 하나님의 종들은 가르쳤습니다. "죽은 자의 부활과 영원한 심판에 관한 교훈"까지가 원형복음의 내용이며, 이것이 "그리스도 도의 초보"(the principles of the doctrine of Christ)입니다.

하나님의 종들은 이렇게 진리의 원형복음을 가르쳐 주었는데도 어떤 이들은 그 복음을 배반했습니다. **"한번 비췸을 얻고 하늘의 은사를 맛보고 성령에 참예한바 되고 하나님의 선한 말씀과 내세의 능력을 맛보고 타락한 자들은 다시 새롭게 하여 회개케 할 수 없나니 이는 자기가 하나님의 아들을 다시 십자가에 못 박아 현저히 욕을 보임이라"**(히 6:4-6). 초대교회 때 많은 자들이 그렇게 복음을 배반했습니다. 그렇게 배반한 제일 큰 이유는 그들이 세상의 가치(價値), 즉 돈과 명예와 권력을 좇아갔기 때문입니다. 당시의 히브리인들은 지중해 연안 지방으로 흩어져 디아스포라(diaspora)를 형성하고 살았었는데, 예수님을 믿으면 그들의 공동체인 디아스포라에서 배척당하고 자기들의 가족으로부터도 버림을 받았습니다. 그래서 믿음이 연약한 자들은 복음을 포기하거나 배반할 수밖에 없었습니다. 그들은 육신의 삶을 위해서 영원한 생명을 포기한 것입니다. 그러나 진정으로 하나님의 말씀을 믿는 자들은 모진 핍박과 고난 가운데서도 믿음을 지켰습니다. 하나님께서는 믿음의 사람들이 믿음을 지킬 수 있도록 보호하시고 공급하십니다.

이와 같이 진리의 복음을 믿었다가 그 복음을 부인하고 배반한 죄가 바로 **"성령을 훼방한 죄"**입니다. **"우리가 진리를 아는 지식을 받은 후 짐짓 죄를 범한즉 다시 속죄하는 제사가 없고 오직 무서**

운 마음으로 심판을 기다리는 것과 대적하는 자를 소멸할 맹렬한 불만 있으리라 모세의 법을 폐한 자도 두 세 증인을 인하여 불쌍히 여김을 받지 못하고 죽었거든 하물며 하나님 아들을 밟고 자기를 거룩하게 한 언약의 피를 부정한 것으로 여기고 은혜의 성령을 욕되게 하는 자의 당연히 받을 형벌이 얼마나 더 중하겠느냐 너희는 생각하라"(히 10:26-29).

위의 말씀에서 "진리를 아는 지식"이란 진리의 원형복음을 지칭합니다. 어떤 사람이 진리의 복음을 듣고 믿었습니다. 그런데 그가 "물과 피의 복음"이 진리라는 사실을 알면서도 고의로 그 복음을 배척했다면 그것이 바로 "짐짓 죄"이며 "성령을 훼방한 죄"입니다. "모세의 법을 폐한 자도 두 세 증인을 인하여 불쌍히 여김을 받지 못하고 죽었거든"—안식일에 나무를 해서는 안 된다는 모세의 법을 알면서도 **의도적으로**(willfully, KJV) 나무를 한 자가 있었습니다. 모세는 하나님의 뜻을 따라 그를 돌로 쳐 죽이도록 내어 주었습니다. 우리가 연약하고 부족해서 짓는 모든 죄는 주님께서 받으신 세례와 십자가의 피로 다 해결된 죄입니다. 그러나 "**물과 피로 임하신 예수님**"(요일 5:6-8)께서 자기의 모든 죄를 다 없애 주셨다는 "**진리를 아는 지식을 받은 후**," 의도적으로 이 진리를 부정했다면 그런 자가 바로 "**은혜의 성령을 욕되게 하는 자**"(히 10:29)이며 "**하나님 아들을 밟고 자기를 거룩하게 한 언약의 피를 부정한 것으로 여기**"는 자입니다. 그런 자는 다시는 사하심을 받을 수 없습니다.

진리의 원형복음 안에 굳게 서십시오

 "그러므로 내가 너희에게 이르노니 사람의 모든 죄와 훼방은 사하심을 얻되 성령을 훼방하는 것은 사하심을 얻지 못하겠고 또 누구든지 말로 인자를 거역하면 사하심을 얻되 누구든지 말로 성령을 거역하면 이 세상과 오는 세상에도 사하심을 얻지 못하리라" (마 12:31-32).

 아직 성경을 잘 몰라서, 진리의 복음도 듣지 못한 상태에서 예수님을 거역하고 배척한 죄는 사함을 받을 수 있습니다. 그런 사람이 언제든지 돌이켜서 "물과 피의 복음"을 믿으면 하나님께서 기뻐하시고 그의 모든 죄를 흰 눈같이 깨끗이 씻어 주셔서 성령을 선물로 주십니다. 사도 바울을 보십시오. 그가 진리의 원형복음을 깨닫기 전에는 예수님을 이단의 괴수로 여기고 기독교인들을 잡아 죽이는 일에 앞장을 섰습니다. 그러나 그는 기독교인들을 잡아들이려고 다마스커스(Damacus)로 말을 타고 달려가던 중에 부활하신 주님을 만났습니다. 그리고 주님의 명을 좇아서 하나님의 종인 아나니아를 만나서 죄 사함을 받았습니다. 그의 모든 죄와 허물은 흰 눈같이 사함을 받았고 그는 의의 복음을 전파하는 하나님의 종이 되었습니다.

 하나님은 긍휼을 베푸시는 하나님입니다. 주의 인자는 끝이 없습니다. 주님은 심지어 유다 같은 자에게도 끝까지 자비를 베푸시며 그가 돌이켜서 온전히 믿기를 원하셨습니다. 그러나 유다는 끝끝내 자기의 죄에서 돌이키지 않고 스스로 자기의 죗값을 치르려 했습니다. 하나님께서는 "돌아온 탕자"를 맞이하셨듯이, 누구든지 참으로 돌이켜서 "물과 피의 복음이 진리입니다" 하고 믿기만 하면 사랑으로 맞아 주십니다. 다만 우리가 분명히 알 것은, **"물과 피의 복음"**이 진리인 줄 알면서도 의도적으로 이 진리의 복음을 부인한다면 그것이 바로 **"은혜의 성령을 욕되게 하는"**(히 10:29) 죄라는 사실입니다. 그리고 그 죄만은 절대로 짓지 말아야 합니다. **"성령을 훼방하는 죄"**를 지은 자는 **"이 세상과 오는 세상에도 사하심을 얻지 못하리라"**(마 12:32)고 말씀하셨기 때문입니다.

말씀을 마쳤습니다.

거듭난 자라야
좋은 열매를 맺을 수 있습니다

"나무도 좋고 실과도 좋다 하든지 나무도 좋지 않고 실과도 좋지 않다 하든지 하라 그 실과로 나무를 아느니라

독사의 자식들아 너희는 악하니 어떻게 선한 말을 할 수 있느냐 이는 마음에 가득한 것을 입으로 말함이라

선한 사람은 그 쌓은 선에서 선한 것을 내고 악한 사람은 그 쌓은 악에서 악한 것을 내느니라

내가 너희에게 이르노니 사람이 무슨 무익한 말을 하든지 심판 날에 이에 대하여 심문을 받으리니

네 말로 의롭다 함을 받고 네 말로 정죄함을 받으리라"(마 12:33-37).

주님께서는 "그 실과로 나무를 아느니라"(마 12:33)고 말씀하셨습니다. 사람의 말로 그 사람이 어떤 자인지를 압니다. 거듭난 자는 그 입에서 선한 말, 즉 하나님의 말씀을 내서 좋은 열매를 맺습니다. 어제는 형제들과 "노꼬메 오름"에 올라갔었습니다. 산행(山行)을 하면서 비자나무, 삼나무, 산딸나무, 때죽나무 등의 나무이름들을 들먹이며 나무에 관한 얘기를 많이 나누었습니다. 수목(樹木) 전문가들은 이파리만 보고도 그 나무의 이름을 알지만 대부분의 사람들은 열매를 보고서야 조금이나마 구분을 합니다. 사과나 배 또는 감이 달리면 그 나무가 무슨 나무인지를 확실히 알지 않습니까?

"그 실과로 나무를 아느니라"(마 12:33)고 말씀하셨는데, 나무는 성경에서 사람을 지칭합니다. 어떤 사람이 거듭났는지 혹은 아직 거듭나지 못했는지를 알려면 그 사람의 열매를 보면 됩니다. 어떤 사람의 열매는 두 가지로 나타나는데, 첫째는 입술의 열매이며 둘째는 그 사람의 제자입니다. 어떤 사람의 제자를 보면 그의 스승이 거듭난 사람인지 혹은 아닌지를 알게 됩니다. 가시나무에 포도가 달릴 수 없듯이, 거듭나지 못한 사람이 거듭난 제자를 배출할 수 없습니다.

입술의 열매

"이러므로 우리가 예수로 말미암아 항상 찬미의 제사를 하나님께 드리자 이는 그 이름을 증거하는 입술의 열매니라"(히 13:15)고 말씀하신 것처럼, **"열매"**(실과)란 어떤 사람의 입술에서 나오는 **말**을 의미합니다. "거듭난 사람이나 아직 거듭나지 못한 사람이나 그들의 입에서 나오는 말이 무슨 차이가 있겠는가?"라고 생각할 수도 있지만, 전혀 그렇지 않습니다. 거듭난 사람은 그의 마음 안에 쌓인 선한 말씀으로 인하여 선한 말을 냅니다. 하나님의 말씀만이 선한 것인데, 거듭난 사람은 하나님의 말씀을 믿음으로 받아들여서 마음에 차곡차곡 쌓아 놓습니다. 그 선한 말씀이 때를 따라서 입술의 선한 열매로 맺어져서 다른 사람들에게 구원의 선한 은혜를 끼치고 또 거듭난 영혼들에게는 영적으로 새 힘을 불어넣어 줍니다.

그런데 거듭나지 못한 사람의 마음에는 육신의 욕망을 추구하는 자기의 생각과 사단 마귀의 거짓말만 쌓여 있습니다. **"여호와께**

서 사람의 죄악이 세상에 관영함과 그 마음의 생각의 모든 계획이 항상 악할 뿐임을 보시고 땅위에 사람 지으셨음을 한탄하사 마음에 근심하시고 가라사대 나의 창조한 사람을 내가 지면에서 쓸어버리되 사람으로부터 육축과 기는 것과 공중의 새까지 그리하리니 이는 내가 그것을 지었음을 한탄함이니라 하시니라"(창 6:5-7)고 기록되어 있습니다. 거듭나지 못한 죄인의 마음은 항상 악한 계획과 생각으로 가득 차 있습니다. 그리고 그 쌓인 악에서 악한 말만 나옵니다.

"샘이 한 구멍으로 어찌 단 물과 쓴 물을 내겠느뇨"(약 3:11). 쓴 물과 단 물이 한 샘구멍에서 같이 나올 수 없듯이, 한 입에서 선한 하나님의 말씀과 악한 사단의 말이 같이 나올 수는 없습니다. 거듭난 의인들의 입에서는 단 물, 즉 하나님의 선한 말씀이 나옵니다. 사도 바울이 고린도의 성도들을 향해서 **"기록한바 내가 믿는 고로 말하였다 한 것 같이 우리가 같은 믿음의 마음을 가졌으니 우리도 믿는 고로 또한 말하노라"**(고후 4:13)고 선언한 것처럼, 우리가 하나님의 말씀을 믿어서 입술의 선한 열매를 내면 듣는 이들에게 선한 영향을 끼칩니다. 또한 **"사람은 입에서 나오는 열매로하여 배가 부르게 되나니 곧 그 입술에서 나는 것으로 하여 만족하게 되느니라"**(잠 18:20)고 기록된 바, 선한 말을 내는 의인의 영혼도 영적으로 풍족해집니다.

우리는 쓸데없는 말을 많이 합니다. 하나님의 말씀으로 우리의 입에 파수꾼을 세우지 않으면 우리들은 육신의 생각을 좇아서 아무 말이나 되는대로 내뱉습니다. 그런 말들은 다른 이들에게 상처를 주고 자기 자신에게도 해(害)가 됩니다. 그래서 성경은 우리의 입술과 혀를 제어하지 않으면 큰 재앙을 불러온다고 경고합니다.

"혀는 곧 불이요 불의의 세계라 혀는 우리 지체 중에서 온 몸을 더럽히고 생의 바퀴를 불사르나니 그 사르는 것이 지옥불에서 나느니라"(약 3:6)고 말씀하셨습니다. 거듭나지 못한 죄인은 그 입술로 남을 비방하고 상처를 주는 쓴 물을 냅니다. 그들은 마음에 쌓인 사단 마귀의 거짓말 때문에 자기도 모르게 쓴 물을 뱉어냅니다.

그러나 죄 사함을 받은 의인들은 하나님의 교회를 통해서 들은 진리의 선한 말씀들이 자기들의 마음에 쌓여 있어서 모든 이들에게 유익을 주는 단 물을 냅니다. 의인들은 빛에 속한 선한 말씀으로 서로 교제하고 위로하며 하나님의 역사를 찬양합니다. 의인들은 마음에 쌓인 하나님의 말씀으로 인하여 선하고 유익한 입술의 열매를 냅니다. 그러나 거듭난 의인이라도 믿음으로 자리 잡은 말씀이 마음에 없으면 자기 생각만 쏟아져 나옵니다. 우리의 육신의 생각은 항상 악하고 우리의 계획이나 생각하는 것은 항상 거짓되고 부패합니다. 그런데 진리와 사랑이 충만한 하나님의 말씀이 우리의 마음에 자리 잡으면 우리는 그 말씀의 다스림을 받고 때를 따라 선한 열매를 많이 맺게 됩니다.

거듭난 의인들은 **"물과 피로 임"**(요일 5:6)하신 예수 그리스도를 믿습니다. 하나님의 외아들이신 예수님께서는 하나님의 영광과 권세를 버리고 우리와 똑같이 연약한 육신을 입고 이 땅에 오셨습니다. 당신의 육체에 우리의 모든 죄를 짊어지는 세례를 받기 위해서 영(靈)이신 하나님께서 육신을 입고 이 땅에 오셨습니다. **"이제 허락하라 우리가 이와 같이 하여 모든 의를 이루는 것이 합당하니라"**(마 3:15)는 예수님의 명령을 따라 **여자가 낳은 자 중에 가장 큰 자**(마 11:11), 즉 인류의 대표자인 세례 요한이 예수님의 머리에 안수의 형식으로 세례를 베풀었습니다. **"그 세례"**(행 10:37)로

이 세상의 모든 죄는 예수님에게 다 넘어갔습니다. 예수님은 이제 **"세상 죄를 지고 가는 하나님의 어린양"**(요 1:29)이 되셔서 십자가에 못 박히시고 **"다 이루었다"**(요 19:30)라고 외치시며 돌아가시기까지 피를 흘리셔서 우리의 죄를 대속해 주셨습니다. **"물과 피로 임"**(요일 5:6)하신 주님은 우리를 모든 죄에서 온전히 구원하시고 사흘 만에 부활하셨습니다.

예수님께서 당신을 희생하셔서 우리를 구원하신 사랑은 가장 아름답고 선한 일입니다. 그래서 **"이러므로 우리가 예수로 말미암아 항상 찬미의 제사를 하나님께 드리자 이는 그 이름을 증거하는 입술의 열매니라"**(히 13:15)고 말씀하신 대로, 우리는 주님의 구원의 사랑을 항상 감사하고 찬양합니다. "예수님께서 지옥에 가야 마땅한 나를 이렇게 구원해 주셨습니다"라는 간증이 우리의 마음에 선명하게 자리 잡고 있습니다. 그래서 우리는 언제나 주님의 구원의 사랑에 감사를 드립니다. 하나님의 **"진리의 사랑"**(살후 2:10)을 입은 거듭난 의인들은 서로 교제할 때마다 주님의 구원의 사랑을 찬양하고 감사합니다. 의인들은 이와 같이 **"항상 찬미의 제사"**를 드리며 그 입술의 열매를 서로 나눠서 영적인 배를 불립니다.

거듭나지 못한 자들의 입술의 열매

"독사의 자식들아 너희는 악하니 어떻게 선한 말을 할 수 있느냐 이는 마음에 가득한 것을 입으로 말함이라"(마 12:34). "독사의 자식들"이란 거듭나지 못한 자들을 가리키는 말입니다. 우리도 거듭나기 전에는 사단 마귀의 자식들이었습니다. 거듭나지 못한 자들은 근본 죄악이 그들의 마음 안에 가득하고 무엇이 진정으로 선한 것인지조차 모릅니다. 사단 마귀의 거짓말에 속아서 **"선악을 알게 하는 나무의 실과"**를 따먹은 아담과 하와는 사단 마귀의 말대로 눈이 밝아지기는 했는데, 사단의 거짓된 가치관을 좇아 눈이 밝아졌습니다. 그래서 **"악을 선하다 하며 선을 악하다 하며 흑암으로 광명을 삼으며 광명으로 흑암을 삼으며 쓴 것으로 단 것을 삼으며 단 것으로 쓴 것을 삼는"**(사 5:20) 자들이 되었습니다. 이렇게 아담의 후손은 **"독사의 자식들"**이 되었습니다. 거짓말과 왜곡된 가치관으로 가득 찬 마음에서 어떻게 선한 말을 낼 수 있겠습니까? 거듭나지 못한 자들은 절대로 선한 말은 내지 못합니다.

천국의 제자 된 서기관

선한 말은 거듭난 자에게서만 나옵니다. 물론 거듭난 지 얼마 안 되어서 영적으로 어린 사람의 마음에는 아직까지 하나님의 선한 말씀이 그리 많이 쌓여 있지 않아서 엉뚱한 소리를 할 때가 많습니다. 그러나 어린 자들도 교회 안에서 예배를 드리면서 하나님의 말씀을 계속해서 들으면 그 말씀이 차곡차곡 쌓여서 그 쌓은 선에서 선한 말을 내게 됩니다. **"선한 사람은 그 쌓은 선에서 선한 것을 내고 악한 사람은 그 쌓은 악에서 악한 것을 내느니라"**(마 12:35)는 말씀이 그런 뜻입니다. 거듭난 자는 차곡차곡 쌓은 하나님의 말씀을 믿음으로 때를 따라 입술의 열매로 내게 됩니다. 예수님께서는 **"그러므로 천국의 제자된 서기관마다 마치 새것과 옛것을 그 곳간에서 내어오는 집주인과 같으니라"**(마 13:52)고 말씀하셨습니다. 충성스러운 주님의 종들은 구약과 신약의 말씀들을 믿음으로 마음에 간직했다가 어떤 이들에게 꼭 필요한 말씀을 꺼내와서 영혼들을 섬깁니다.

"내가 너희에게 이르노니 사람이 무슨 무익한 말을 하든지 심판날에 이에 대하여 심문을 받으리니 네 말로 의롭다 함을 받고 네 말로 정죄함을 받으리라"(마 12:36-37). 거듭난 자는 그 입술로 하나님의 의만을 찬양합니다. 그래서 의인들은 그 입술의 열매로 인하여 하나님께로부터 의롭다 하심을 얻었기 때문에 심판을 받지 아니하고 천국으로 직행합니다. 그러나 거듭나지 못한 자들은 자기 옳음만 주장합니다. 인간의 의와 생각은 모두 악한데, 그것들은 사단 마귀로부터 왔기 때문입니다. 하나님으로 말미암지 않은 것들은 다 악한 것입니다. 우리는 오직 하나님의 말씀만이 선한 줄로 믿고 또 말씀을 차곡차곡 믿음으로 쌓아야 합니다. 그러면 우리 안에 쌓인 선한 하나님의 말씀으로 인하여 우리는 선한 열매를 내고, 우리 입술의 선한 열매로 말미암아 하나님께로부터 의롭다고 인정을 받는 것입니다.

우리가 서로 교제할 때에도, "내 생각에는…"하며 자기의 옳음을 주장할 것이 있습니까? **"그러므로 천국의 제자된 서기관마다 마치 새것과 옛것을 그 곳간에서 내어오는 집주인과 같으니라"**(마 13:52)고 말씀하셨습니다. 하나님의 말씀을 믿음으로 차곡차곡 마음에 쌓았다가 그것으로 교제하고, 그것으로 하나님을 찬양하는 하나님의 자녀들이 되시기를 바랍니다.

말씀을 마쳤습니다.

표적을 구하지 말고
말씀을 믿으십시오

"그 때에 서기관과 바리새인 중 몇 사람이 말하되 선생님이여 우리에게 표적 보여주시기를 원하나이다

예수께서 대답하여 가라사대 악하고 음란한 세대가 표적을 구하나 선지자 요나의 표적 밖에는 보일 표적이 없느니라

요나가 밤낮 사흘을 큰 물고기 뱃속에 있었던 것 같이 인자도 밤낮 사흘을 땅속에 있으리라

심판 때에 니느웨 사람들이 일어나 이 세대 사람을 정죄하리니 이는 그들이 요나의 전도를 듣고 회개하였음이어니와 요나보다 더 큰이가 여기 있으며

심판 때에 남방 여왕이 일어나 이 세대 사람을 정죄하리니 이는 그가 솔로몬의 지혜로운 말을 들으려고 땅 끝에서 왔음이어니와 솔로몬보다 더 큰이가 여기 있느니라

더러운 귀신이 사람에게서 나갔을 때에 물 없는 곳으로 다니며 쉬기를 구하되 얻지 못하고

이에 가로되 내가 나온 내 집으로 돌아가리라 하고 와 보니 그 집이 비고 소제되고 수리되었거늘

이에 가서 저보다 더 악한 귀신 일곱을 데리고 들어가서 거하니 그 사람의 나중 형편이 전보다 더욱 심하게 되느니라 이 악한 세대가 또한 이렇게 되리라

예수께서 무리에게 말씀하실 때에 그 모친과 동생들이 예수께 말하려고 밖에 섰더니

한 사람이 예수께 여짜오되 보소서 당신의 모친과 동생들이 당신께 말하려고 밖에 섰나이다 하니

말하던 사람에게 대답하여 가라사대 누가 내 모친이며 내 동생들이냐 하시고

손을 내밀어 제자들을 가리켜 가라사대 나의 모친과 나의 동생들을 보라

누구든지 하늘에 계신 내 아버지의 뜻대로 하는 자가 내 형제요 자매요 모친이니라 하시더라"(마 12:38-50).

사도 베드로는 "너희가 어떠한 사람이 되어야 마땅하뇨"(벧후 3:11)라고 말씀하셨습니다. 우리가 어떠한 자가 되는 것이 하나님 앞에서 가장 합당하고 복된 것일까요? 우리의 육신이 잘 되는 것일까요, 아니면 우리의 영혼이 잘 되는 것일까요? 돈을 많이 벌어서 큰 저택에서 살면서 좋은 차를 굴리면 그만인가요? 요즈음 "조물주 위에 건물주"라는 말이 유행입니다. 큰 빌딩을 몇 채 가지고 임대료만으로도 아무 걱정 없이 떵떵거리며 살면 더 이상 바랄 것이 없이 행복하겠습니까? 그렇게 되면 하나님을 찾지도 않고 그 끝은 지옥입니다. 우리는 영혼이 잘 되는 것이 가장 큰 복입니다. "사랑하는 자여 네 영혼이 잘 됨같이 네가 범사에 잘되고 강건하기를 내가 간구하노라"(요삼 1:2)고 말씀하신 대로, 우리의 영혼이 잘 되면 육신적인 축복은 우리에게 필요한 만큼 따라오게 되어 있습니다.

하나님께서는 "너희가 어떠한 사람이 되어야 마땅하뇨"라고 우리에게 물으셨습니다. 우리가 어떠한 사람이 되어야 하겠습니까?

첫째로 사람은 누구든지 **죄 사함을 받아서 하나님의 자녀가 되**

어야 합니다. 천국의 영생을 얻는 죄 사함을 받지 못한다면, 이 땅에서 유명한 자가 되든, 부자가 되든, 권력 있는 자가 되든, 그런 것들은 다 헛것입니다. 이 세상에서 아무리 크게 출세를 했을지라도 **"한번 죽는 것은 사람에게 정하신 것이요 그 후에는 심판이 있"**(히 9:27)습니다. 어떤 부자가 지옥의 고통에서 아브라함의 품에 안긴 나사로에게 "제발 손끝에 물방울이라도 묻혀서 나의 입술을 적셔달라"라고 애원하지 않았습니까?

둘째로 하나님께서는 죄 사함 받은 우리가 **믿음의 사람이 되기**를 원하십니다. 그래서 하나님께서는 성경에 믿음의 선배들을 기록해 주시고 우리에게 그들을 본받으라고 말씀하십니다. 히브리서 11장에는 아벨, 에녹, 노아, 아브라함, 이삭, 야곱, 요셉, 모세, 라합을 비롯해서 많은 사사들과 다윗과 사무엘과 같은 믿음의 사람들이 열거되어 있습니다. 하나님은 우리가 죄 사함을 받고 나서 영적인 어린아이의 상태에 머물러 있기를 바라지 않습니다. 하나님께서는 우리가 다 믿음의 큰 나무로 자라서 의의 열매가 풍성하게 맺히는 믿음의 사람이 되기를 원하십니다.

믿음의 사람은 하나님의 말씀을 믿는 자입니다. 하나님 말씀을 순수하게 믿는 사람은 그 믿는 바대로 순종하게 되어 있습니다. 믿음과 순종은 동전의 앞뒷면처럼 하나입니다. 믿음으로부터 순종은 나오는 것입니다. 하나님의 말씀을 온전히 믿는 자는 전자동으로 그 말씀에 순종하게 되어 있습니다. 하나님 말씀이 가장 복되고 선한 것이라고 믿는 자는 그 말씀을 따라갑니다. 아브라함은 갈대아 땅의 우르(Ur)에서 부유한 집안의 아들이었습니다. 그곳에서는 그의 육신적인 삶이 보장되어 있었습니다. 그러나 그는 하나님의 말씀을 믿었기에, **"너는 너의 본토 친척 아비 집을 떠나 내가 네게**

지시할 땅으로 가라"(창 12:1)는 말씀에 순종해서 여호와의 말씀을 좇아갔습니다. 그리고 하나님께서는 아브라함을 영육간에 창대(昌大)하게 하셨습니다.

참된 믿음은 말씀을 믿는 것

"그 때에 서기관과 바리새인 중 몇 사람이 말하되 선생님이여 우리에게 표적 보여주시기를 원하나이다"(마 12:38).

서기관들과 바리새인들은 "당신이 하나님의 아들이라는 사실을 믿을 수 있도록 표적(sign)을 보여달라"라고 예수님께 요청했습니다. 자기들이 놀라운 기적을 보면 예수님의 말씀을 믿을 수 있을 것 같다는 고백입니다. 그러나 참된 믿음은 이런 표적이나 이적(signs and miracles)을 보고서 믿는 것이 아닙니다. 참된 믿음은 자기의 생각을 부인하고 하나님의 말씀을 믿는 것입니다. 물론 우리 영혼이 영적으로 어릴 때에는 우리의 삶 가운데에도 하나님께서 많은 증거들을 보여 주시기도 합니다. 갓난아기들에게는 젖을 먹이고 조금 자라면 이유식을 입에 떠먹여서 키우듯이, 영적으로 어린 사람들에게는 하나님께서는 살아 계시며 의인을 돌보신다는 증거들을 생활 가운데 보여 주시기도 합니다. 그러나 그런 간증 거리들만을 통해서 얻은 믿음은 참된 믿음이라고 할 수 없습니다. 참된 믿음은 비록 눈에는 아무 증거가 보이지 않더라도 하나님 말씀을 믿는 것입니다. 어떤 이는 "나는 하나님이 나에게 복을 많이 주셔야만 하나님을 믿겠다"라고 말합니다. 그런 이는 예수님에게 표적을 구했던 서기관들과 똑같은 사람이며 그런 믿음은 올바른 믿음이 아닙니다.

하나님의 말씀을 믿는 믿음이 올바른 믿음입니다. 성경의 말씀을 통해서 우리는 하나님이 천지를 창조한 창조주 하나님임을 알고 믿게 되었습니다. 하나님의 말씀을 통해서 우리는 구원자로 오신 예수님이 누구신지, 그 예수님께서 우리를 어떻게 구원하셨는지, 또한 구원을 받은 우리들이 어떠한 자가 되어야 마땅한지를 배우고 깨닫고 믿게 되었습니다. 하나님의 말씀을 믿는 것이 올바른 믿음입니다. 하박국 선지자는 **"비록 무화과나무가 무성치 못하며 포도나무에 열매가 없으며 감람나무에 소출이 없으며 밭에 식물이 없으며 우리에 양이 없으며 외양간에 소가 없을찌라도 나는 여호와를 인하여 즐거워하며 나의 구원의 하나님을 인하여 기뻐하리로다"**(합 3:17-18)라고 노래했습니다. 비록 하나님께서 당장 나에게 육신적인 축복을 주시지 아니하셔도, 비록 현실은 곤고하고 가난할지라도, 하나님의 의로운 말씀을 굳게 믿는 것이 믿음입니다. 하나님께서는 살아 계시고 선하며 인자하십니다. **"여인이 어찌 그 젖먹는 자식을 잊겠으며 자기 태에서 난 아들을 긍휼히 여기지 않겠느냐 그들은 혹시 잊을찌라도 나는 너를 잊지 아니할 것이라"**(사 49:15)고 하나님께서 말씀하셨습니다. 그렇게 지극한 사랑과 관심을 당신의 자녀들에게 베푸시는 분이 하나님입니다. 하나님이 어떤 분이시며 우리를 어떻게 사랑하시는지를 하나님의 말씀을 통해서 온전히 믿는 것이 믿음입니다.

그러나 하나님의 말씀을 믿지 못하는 자들은 표적을 구합니다. "나는 내 눈으로 표적을 보아야 믿겠다"라는 사람들이 많습니다. 그런 자들에게 주님은 **"악하고 음란한 세대가 표적을 구하나 선지자 요나의 표적 밖에는 보일 표적이 없느니라 요나가 밤낮 사흘을 큰 물고기 뱃속에 있었던 것같이 인자도 밤낮 사흘을 땅속에 있으리라"(마 12:39-40)고 잘라 말씀하셨습니다. 어떤 표적을 보여도 믿지 않는 자들에게는 이제 주님께서 부활하시는 표적 외에는 보이실 것이 없습니다. 그리고 비록 주님께서 부활하셨다는 많은 증거를 보였지만, 그들은 끝내 믿지 않았습니다. 당시의 사람들은 솔로몬을 가장 지혜로운 왕으로 여겼습니다. 그러나 예수님은 솔로몬과는 비교할 수 없이 지혜롭고 큰 분이며 근본 하나님입니다.

죄 사함을 받지 못한 종교인들의 상태

"**더러운 귀신이 사람에게서 나갔을 때에 물 없는 곳으로 다니며 쉬기를 구하되 얻지 못하고 이에 가로되 내가 나온 내 집으로 돌아가리라 하고 와 보니 그 집이 비고 소제되고 수리되었거늘 이에 가서 저보다 더 악한 귀신 일곱을 데리고 들어가서 거하니 그 사람의 나중 형편이 전보다 더욱 심하게 되느니라 이 악한 세대가 또한 이렇게 되리라**"(마 12:43-45).

진리의 말씀을 믿어서 거듭난 의인들의 마음에는 말씀이 자리 잡고 있고 능력의 성령님이 거하시기 때문에 사단 마귀가 의인들을 만지지도 못합니다(요일 5:18). 성경에서 "**물**"은 예수님께서 받으신 세례를 지칭하지만, 넓은 의미로는 "하나님의 말씀" 전체를 의미합니다. 창조의 둘째 날에 하나님께서 "**궁창 위의 물**"과 "**궁창 아래의 물**"로 "**물들**"을 나누셨습니다. 하나님께서는 순수한 하나님의 말씀이 오염된 인간의 교훈과 섞이지 않게 하셨습니다. "**너희 목마른 자들아 물로 나아오라 돈 없는 자도 오라 너희는 와서 사 먹되 돈 없이, 값 없이 와서 포도주와 젖을 사라**"(사 55:1)는 말씀에서도 "**물**"이 하나님의 말씀을 지칭합니다.

어떤 사람이 진리의 말씀을 듣기는 들었는데 그 말씀을 온전히 믿지 않으면 더 심한 귀신이 들어올 수 있습니다. 사단 마귀는 진리의 복음과 함께 역사하시는 예수님을 몹시 두려워합니다. 그래서 마귀들이 어떤 사람이 복음을 듣고 마음으로 화답하는 조짐을 보이자 지레 겁을 먹고 줄행랑을 쳤습니다. 그리고 마귀들은 자기들이 거할 숙주(宿主)를 찾아서 **"물(하나님의 말씀) 없는 곳으로 다니며 쉬기를 구하되 얻지 못하고"** 다시 옛집으로 돌아와서 살짝 들여다보았더니, 새 주인인 성령님은 아직 들어오지 않았고 깨끗하게 치워져 아주 잘 정돈되어 있었습니다. 그래서 귀신들은 다른 친구들까지 불러다가 다시 그 집을 차지하고 말았습니다. 그러니 나중 사정이 더 악해졌습니다.

그런 귀신들은 이제 단수를 높여서 자기들이 예수님인 양 가장을 합니다. **"이에 돌아다니며 마술하는 어떤 유대인들이 시험적으로 악귀 들린 자들에게 대하여 주 예수의 이름을 불러 말하되 내가 바울의 전파하는 예수를 빙자하여 너희를 명하노라 하더라"**(행 19:13)고 기록된 대로 종교화된 기독교 안에는 예수님을 사칭하는 귀신들이 많이 활동합니다. 그러므로 하나님의 진리의 복음을 듣게 되거든 온전히 믿어서 그 말씀 위에 굳게 서야 합니다. 그렇지 않고 어설프게 믿는 척하다가 말면 더 심한 귀신들이 들어와서 나중의 형편이 더 비참하게 됩니다. 예수님께서 이 말씀을 하신 것은 말씀을 온전히 믿으라는 뜻입니다. 어설프게 믿다가는 오히려 더 중한 영적인 병에 걸릴 수 있다고 주님께서는 말씀하십니다.

누가 주님의 형제자매인가?

어떤 사람이 "보소서 당신의 모친과 동생들이 당신께 말하려고 밖에 섰나이다" 하고 예수님께 나가 보시기를 청했습니다. 이 말씀에 보면, "**동생들**"이라고 복수로 기록되어 있습니다. 마태복음 13장에는 "**그 형제들은 야고보, 요셉, 시몬, 유다라**"(마 13:55)고 예수님의 동생들의 실명(實名)을 열거하고 "**그 누이들은 다 우리와 함께 있지 아니하냐**"(마 13:56)라고도 기록되어 있습니다. 마리아는 성령으로 잉태된 예수 그리스도를 낳은 후에 요셉과 정상적인 부부생활을 해서 여러 명의 자녀를 두었습니다. 그런데 가톨릭(천주교)이나 동방교회 등 정교회에서는 "마리아의 평생동정설"(平生童貞說, the doctrine of perpetual virginity of Mary)을 믿습니다. 종교개혁가인 마틴 루터, 헐드리히 즈빙글리, 요한 웨슬리, 그리고 존 칼빈조차도 "마리아의 평생동정설"을 믿었습니다. 그렇게 믿는 자들은 성경에 기록된 예수님의 동생들이 예수님의 사촌이거나 혹은 요셉의 전처(前妻)의 자식들이라고 주장합니다.

그러나 그러한 주장은 근본적으로 마리아를 신격화(神格化)하려는 사단 마귀의 궤계(詭計)에서 나온 거짓 교리입니다. 가톨릭은 "성모무염시태설(聖母無染始胎說)"이나 "성모몽소승천설(聖母蒙召昇天說)"도 믿습니다. 전자는 마리아가 원죄와 범죄가 전혀 없는 사람, 즉 "전혀 죄로 오염이 되지 않은 상태였기에 하나님의 아들인 예수님을 잉태할 수 있었다"라는 교리입니다. "성모몽소승천설"의 교리는 마리아가 죽음을 맛보지 않고 하늘로 올라갔다는 주장입니다. 가톨릭교회는 마리아의 묘지가 어느 곳에도 없다는 논거로 그런 주장을 합니다만, 그런 거짓 교리들은 "천주(天主, 하나님)의 모후(母后)"로 마리아를 신격화하려는 사단 마귀의 계략에서 나온 거짓말들입니다. 마리아는 하나님의 말씀을 믿음으로 순종해서 예수님을 잉태한 믿음의 여인입니다. 그러나 그녀 또한 아담의 후손입니다. 마리아도 예수님께서 **"물과 피로 임"**(요일 5:6)하셔서 완성하신 **"하나님의 의"**(롬 1:17)를 믿음으로 죄 사함을 받아야만 했던 **"근본 죄인"**이었습니다.

마리아가 예수님을 낳은 후에 남편인 요셉과 잠자리를 같이 하지 않았다면 성경이 왜 동생들의 이름들을 구체적으로 열거하고 있습니까? 예수님을 낳은 후에 마리아가 요셉에게 아내의 의무를 다해서 다른 자식들을 낳았다고 해서 예수님을 이 땅에 보내셔서 **"물과 피"**(요일 5:6)로 우리의 모든 죄를 없애 주신 하나님의 구원이 무효(無效)가 됩니까? 예수님에게는 육신의 동생들이 있었습니다. 그 동생들은 마리아와 요셉 사이에서 정상적인 부부관계로 태어났습니다. 처음에는 동생들도 예수님을 온전히 믿지 못했습니다. 그래서 마리아와 형제들은 예수님이 귀신의 왕인 바알세붑(Baalzebub)의 힘으로 귀신을 쫓아낸다는 세간(世間)의 소문을 듣고서 예수님을 집으로 데리고 가려고 예수님을 찾아오기도 했습니다. 마리아와 그 형제들은 예수님이 집안 망신을 시킨다고 생각했나 봅니다. 한번은 동생들이 예수님에게 **"당신의 행하는 일을 제자들도 보게 여기를 떠나 유대로 가소서 스스로 나타나기를 구하면서 묻혀서 일하는 사람이 없나니 이 일을 행하려 하거든 자신을 세상에 나타내소서"**(요 7:3-4) 하고 부추긴 적이 있습니다. "형님, 예루살렘에 올라가서 모두가 인정하도록 드러나게 능력을 베풀어서 우리 집안도 한번 확 피어 봅시다"라는 부탁입니다. 예수님은 하도 기가 막혀서 "너희들끼리 올라가거라. 나는 이번 명절에는 예루살렘에 올라가지 않겠다"라고 그들을 떼어놓으셨습니다. 그리고 성경은 **"이는 그 형제들이라도 예수를 믿지 아니함이러라"**(요 7:5)고 기록하고 있습니다.

마리아와 예수님의 동생들이 예수님을 찾아왔습니다. 그들은 예수님을 믿는 마음으로 예수님의 가르침을 듣고자 찾아온 것이 아닙니다. 그래서 예수님은 밖에 나가시지도 않고, **"누가 내 모친이며 내 동생들이냐"** 하시고 손을 내밀어 제자들을 가리키시며 **"나의 모친과 나의 동생들을 보라 누구든지 하늘에 계신 내 아버지의 뜻대로 하는 자가 내 형제요 자매요 모친이니라"**(마 12:49-50)고 말씀하셨습니다.

하나님의 뜻을 믿음으로 순종하는 자가 바로 **"하나님 뜻대로 행하는 자"**입니다. 하나님의 말씀을 온전히 믿으면 순종의 행위는 저절로 따라나옵니다. 예수님의 육신의 동생 야고보는 후에 믿음의 사람으로 굳게 서서 교회의 인도자가 되었습니다. 그리고 **"영혼 없는 몸이 죽은 것같이 행함이 없는 믿음은 죽은 것이니라"**(약 2:26)고 선포했습니다. 이 말씀은 "믿음만 강조하고 선한 행위가 없으면 무슨 소용이 있겠느냐?"라는 뜻이 아닙니다. 거듭나지 못한 기독교인들은 선한 행위를 매우 강조하는데, 하나님의 말씀을 진정으로 믿으면 하나님의 선한 뜻을 순종함으로 행할 수 있습니다. 저는 하나님의 말씀을 믿습니다. 우리는 약속의 말씀을 믿기 때문에 그 믿음을 좇아 삽니다. 제자들은 주님을 온전히 믿었습니다. 그리고 주님의 말씀을 좇았습니다. 그래서 주님께서는 그 제자들을 가리켜서 **"내 형제요 자매요 모친"**이라고 귀하게 여기셨습니다.

오늘 우리는 **"참된 믿음이란 무엇인가"**라는 주제로 말씀을 나누었습니다. 믿음은 어떤 표적을 보고서야 믿는 것이 아니라, 기록된 하나님의 말씀을 믿는 것입니다. 하나님 말씀은 한 점 한 획도 땅에 떨어지지 않고 다 이루어지는 진리의 말씀입니다. 하나님의 말씀을 믿는 사람은 육신의 눈에는 보이지 않는 하나님을 눈으로 보는 것같이 믿습니다. 말씀을 믿는 사람은 하나님을 온전히 믿기 때문에 믿음을 좇아 살게 됩니다. 참된 믿음에는 저절로 순종의 행위가 수반됩니다. 그래서 누가 뭐라고 강요하지 않아도 자원(自願)해서 주님의 말씀에 순종합니다. 주님께서 **"너희는 먼저 그의 나라와 그의 의를 구하라 그리하면 이 모든 것을 너희에게 더하시리라"**(마 6:33)고 말씀하셨습니다. "먼저 그의 나라와 그의 의"를 추구하는 것이 거듭난 자의 마땅한 삶입니다. 그러면 전능하신 하나님께서 다 갚아 주십니다. 이 약속의 말씀을 믿는 사람은 기쁨으로 하나님의 뜻을 먼저 따릅니다.

그러나 이 약속의 말씀을 믿지 않는 사람은 먼저 자기의 유익을 구하게 됩니다. 그리고 하나님의 뜻과는 상관없이 땅에 보화를 쌓게 됩니다. 저는 우리 모두가 믿음의 사람들이 되기를 진정으로 바랍니다. 하나님 앞에서 우리가 믿음의 사람이 되는 것이 가장 큰 출세이며 성공입니다. 우리 각자가 믿음의 사람이 되는 것을 하나님께서는 가장 기뻐하시고, 하나님은 믿음의 자녀들에게 영육간에 넘치도록 복을 주십니다. 하나님께서 표적을 보여 주시고 복을 주셔야 믿는 것이 아닙니다. 하나님의 말씀을 진정으로 믿으면 하늘의 축복을 넘치게 받습니다. "나는 표적과 증거를 보아야 믿겠다"라는 마음의 자세를 우리는 버려야 합니다. 눈에는 아무 증거가 보이지 않아도 하나님의 말씀을 믿는 것이 참된 믿음입니다.

말씀을 마쳤습니다.

당신의 마음밭은 어떻습니까?

"그 날에 예수께서 집에서 나가사 바닷가에 앉으시매

큰 무리가 그에게로 모여 들거늘 예수께서 배에 올라가 앉으시고 온 무리는 해변에 섰더니

예수께서 비유로 여러가지를 저희에게 말씀하여 가라사대 씨를 뿌리는 자가 뿌리러 나가서

뿌릴쌔 더러는 길 가에 떨어지매 새들이 와서 먹어버렸고

더러는 흙이 얇은 돌밭에 떨어지매 흙이 깊지 아니하므로 곧 싹이 나오나

해가 돋은 후에 타져서 뿌리가 없으므로 말랐고

더러는 가시떨기 위에 떨어지매 가시가 자라서 기운을 막았고

더러는 좋은 땅에 떨어지매 혹 백배, 혹 육십배, 혹 삼십배의 결실을 하였느니라

귀 있는 자는 들으라 하시니라

제자들이 예수께 나아와 가로되 어찌하여 저희에게 비유로 말씀하시나이까

대답하여 가라사대 천국의 비밀을 아는 것이 너희에게는 허락되었으나 저희에게는 아니되었나니

무릇 있는 자는 받아 넉넉하게 되되 무릇 없는 자는 그 있는 것도 빼앗기리라

그러므로 내가 저희에게 비유로 말하기는 저희가 보아도 보지 못하며 들어도 듣지 못하며 깨닫지 못함이니라

이사야의 예언이 저희에게 이루었으니 일렀으되 너희가 듣기는 들어도 깨닫지 못할 것이요 보기는 보아도 알지 못하리라

이 백성들의 마음이 완악하여져서 그 귀는 듣기에 둔하고 눈은 감았으니 이는 눈으로 보고 귀로 듣고 마음으로 깨달아 돌이켜 내게 고침을 받을까 두려워함이라 하였느니라

그러나 너희 눈은 봄으로, 너희 귀는 들음으로 복이 있도다

내가 진실로 너희에게 이르노니 많은 선지자와 의인이 너희 보는 것들을 보고자 하여도 보지 못하였고 너희 듣는 것들을 듣고자 하여도 듣지 못하였느니라

그런즉 씨 뿌리는 비유를 들으라

아무나 천국 말씀을 듣고 깨닫지 못할 때는 악한 자가 와서 그 마음에 뿌리운 것을 빼앗나니 이는 곧 길 가에 뿌리운 자요

돌밭에 뿌리웠다는 것은 말씀을 듣고 즉시 기쁨으로 받되

그 속에 뿌리가 없어 잠시 견디다가 말씀을 인하여 환난이나 핍박이 일어나는 때에는 곧 넘어지는 자요

가시떨기에 뿌리웠다는 것은 말씀을 들으나 세상의 염려와 재리의 유혹에 말씀이 막혀 결실치 못하는 자요

좋은 땅에 뿌리웠다는 것은 말씀을 듣고 깨닫는 자니 결실하여 혹 백배, 혹 육십배, 혹 삼십배가 되느니라 하시더라"(마 13:1-23).

자신의 마음밭을 들여다보십시오

주님께서 어떤 마음밭이 구원의 열매를 맺을 수 있는 밭인지를 가르쳐 주셨습니다. 사람의 마음밭은 길가 밭, 돌밭, 가시덤불 밭, 그리고 좋은 밭으로 나눌 수 있는데, 하나님께로부터 구원의 축복을 받는 마음밭은 네 번째 밭, 즉 **"좋은 땅"**입니다. 밭에 씨를 뿌리는 이는 예수님이고 씨는 진리의 복음입니다. 진리의 복음 안에

는 영원한 생명이 있습니다.

"씨를 뿌리는 자가 뿌리러 나가서 뿌릴쌔 더러는 길 가에 떨어지매 새들이 와서 먹어버렸고"(마 13:3-4). 주님께서는 복음의 씨를 사람들의 마음밭에 뿌리십니다. 그런데 문제는 사람들의 마음밭이 대부분 길가의 밭과 같다는 사실입니다. 길가의 밭은 많은 사람들이 밟고 다녀서 딱딱하고 빤들빤들합니다. 그런 곳에 복음의 씨가 떨어지면 그 씨는 땅속에, 즉 마음속에 심어지지 않습니다. 진리의 복음 말씀을 믿어야 마음속에 자리를 잡는데, 길가 밭의 마음을 가진 자들은 아예 들을 생각조차 하지 않으니 아무 소용이 없습니다. 복음의 씨가 딱딱하고 빤질빤질한 길 위에 뿌려져 있으니 새들 즉 사단 마귀가 와서 얼른 주워 먹어서 그들에게는 씨가 떨어졌던 기억조차 없습니다.

둘째 밭은 돌이 많고 흙은 별로 없는 자갈밭입니다. 이런 마음밭에 씨가 떨어지면 뿌리가 내리고 싹이 나기는 하는데, 뿌리가 깊이 박히지 못해서 햇볕이 강하게 쬐면 금방 말라 죽습니다. 세 번째 밭은 가시덤불이 우거진 밭입니다. 가시덤불 속에 씨가 떨어지면 일단 싹도 나고 제법 자라납니다. 그런데 어느 정도 자라나다가는 가시덤불에 막혀서 더 이상은 자라지 못하고 열매도 맺지 못한 채로 수그러들어서 죽습니다. 이 세 가지 종류의 마음밭은 모두 구원의 열매를 맺지 못합니다.

그러나 마지막으로 소개된 **"좋은 땅"**은 어떻습니까? 저도 두어 평 되는 텃밭을 가꿔서 여러 가지 푸성귀들을 키우고 있습니다만, 씨를 뿌리기 전에 반드시 밭을 삽으로 뒤집어엎어서 돌들은 다 골라내고 굳어진 흙을 곱게 부숩니다. 그리고 이랑과 고랑을 만들어서 씨를 뿌리기에 좋은 밭이 되어야 씨를 뿌립니다. 이렇게 좋은 땅에 씨를 부리거나 심으면 싹이 나고 뿌리가 잘 내려서 결실을 맺습니다.

구원의 열매와 네 종류의 마음밭

오늘의 본문에 **"결실치 못하는 자요"** 또는 **"결실하여"**라는 말씀이 있습니다. 결실(結實)이란 "열매를 맺는다"라는 뜻인데, 여기에서 열매란 우리 영혼의 구원을 의미합니다. 대학시절 붓글씨 동우회에 들어가서 썼던 글귀 중에 "가색위실"(稼穡爲實), 즉 "심고 거두는 것은 그 열매를 얻기 위함이다"라는 문구가 생각납니다. 우리가 평생 동안 신앙생활을 하는 것도 구원의 열매를 거두기 위함입니다. 주님의 재림의 때에 부활해서 천국의 영생에 들어가는 결과(結果)를 얻지 못한다면 우리의 모든 신앙생활은 헛것입니다. 그렇다면 우리가 어떠한 밭이 되어야 마땅하겠습니까? 우리의 마음밭은 마땅히 **"좋은 땅"**이 되어야 하고, 그래야 구원의 열매를 맺습니다.

"좋은 땅"을 제외한 세 종류의 마음밭은 구원의 열매를 맺지 못해서 장차 주님께로부터 심판과 저주를 받을 밭입니다. 그러면 좋은 땅은 어떤 마음밭을 지칭합니까? "좋은 땅"에 대해서 알려면 먼저 열매를 맺을 수 없는 나쁜 밭의 특성을 좀 더 자세하게 살펴보아야 합니다.

첫째로 **"길가의 땅"**은 많은 사람들이 밟고 지나다녀서 딱딱해진 밭입니다. **"이 백성들의 마음이 완악하여져서"**(마 13:15)라고 말씀하셨는데, "완악(頑惡)하다"란 "성질이 억세게 고집스럽고 사납

다"라는 뜻입니다. 사람들의 교훈, 주의, 주장을 비롯해서 이 세상의 지식과 풍조가 무수히 밟고 지나간 마음은 완악하기 그지없습니다. 완악한 사람의 마음은 자기의 옳음으로 꽉 차서 하나님의 말씀이 들어갈 여지가 없습니다. 제가 이 세상에서 제법 성공한 축에 속한 저의 친구들에게 하나님의 말씀을 전해 보면 그들은 전혀 듣고자 하지를 않습니다. 그런 사람들은 하나님의 존재 자체를 부인합니다. 그러니 하나님의 말씀이 진리라고는 더더욱 믿지 않습니다. 그들은 자기들이 하나님보다 더 똑똑한 줄 압니다. 이런 사람은 아예 하나님께로부터 "구원"을 받고자 하지 않습니다. 길가 밭과 같은 마음의 소유자는 자기 스스로 자기를 구원하려고 합니다.

한신대학교 출신의 김OO라는 유명인사가 있습니다. 신학과 철학을 공부하고 나중에는 한의학까지 공부해서 세상 사람들은 그 사람을 굉장한 지식인으로 여깁니다. 저도 그분이 우리 사회를 비판한 글들을 읽어보고서 그분의 의식과 언변을 높이 평가하고 있었습니다. 그런데 그분이 영문판 요한복음을 강해한 비디오를 보았더니, 그분은 이런저런 잡스러운 지식들을 꿰어 맞춰서 요한복음의 말씀을 엉뚱하게 해석하는 것이었습니다. 그런 분의 마음밭이 바로 세상 지식이 많이 밟고 지나간 길가 밭에 해당됩니다. 이런 마음밭의 소유자는 하나님 앞에서 **"죄 사함으로 말미암는 구원"**(눅 1:77)을 받지 못합니다.

예수님께서 두 번째로 지적하신 밭은 **"흙이 얇은 돌밭"**입니다. 여기서 말씀하시는 "돌"은 죄와 자기의 옳음을 지칭합니다. 어떤 사람들의 마음은 은밀한 죄와 돌처럼 굳어진 자기의 옳음으로 꽉 차 있고 그 위를 흙이 살짝 덮고 있습니다. 이런 마음밭은 종교인들에게서 흔히 발견됩니다. 종교인들의 마음밭은 대부분 **"흙이 얇**

은 돌밭"입니다. 종교인들은 자기의 근본 모습을 위선적인 언행으로 살짝 덮고 선하고 의로운 척하면서 살아갑니다. 마음속에는 은밀한 죄가 꽉 들어차 있는데도 거룩한 척하면서 스마일 운동을 하는 자들이 종교인들입니다.

"흙이 얇은 돌밭"이라는 말씀에서 **"얇은 흙"**은 종교인들이 자기의 근본 모습을 얼마나 피상적으로 깨닫고 있는지를 지적하는 말씀이기도 합니다. 사도 바울은 자기를 **"죄인 중에 내가 괴수"**(딤전 1:15)라고 고백했습니다. 그러나 종교인들은 자신이 그다지 큰 죄인이라고 인정하지 않습니다. 자기는 별로 죄가 없다는 사람은 주님께서 자기를 위해 베푸신 구원의 사랑에 대해서도 별로 고마울 것이 없습니다. 그래서 생명의 복음을 듣고서 잠시 동안은 기뻐하고 믿지만 그 복음으로 인해서 환난이나 핍박이 오면 복음을 쉽게 배반합니다.

진리의 복음을 생명처럼 믿고 간직하는 사람은 누구입니까? 자기는 지옥에 가야 마땅한 자라고 진정으로 인정하는 사람입니다. **"흙"**이나 **"땅"**은 사람의 육체를 의미하는데, **"흙이 깊은 밭"**은 자기의 근본 모습을 깊이 깨닫고 있는 사람의 마음을 의미합니다. 예수님께서 시몬이라는 바리새인의 집에서 식사를 하실 때에, 죄인인 한 여자가 값비싼 향유를 담은 옥합을 가지고 와서 엎드려 울며 눈물로 예수님의 발을 적시고 자기 머리털로 씻고 그 발에 입 맞추고 향유를 부었습니다. 그러자 예수님을 초청한 바리새인 시몬은 그 장면을 보고 속으로 **"이 사람이 만일 선지자더면 자기를 만지는 이 여자가 누구며 어떠한 자 곧 죄인인 줄을 알았으리라"**라고 생각했습니다. 예수님께서는 시몬의 생각을 아시고 그에게, **"빚 주는 사람에게 빚진 자가 둘이 있어 하나는 오백 데나리온을 졌고**

하나는 오십 데나리온을 졌는데 갚을 것이 없으므로 둘 다 탕감하여 주었으니 둘 중에 누가 저를 더 사랑하겠느냐"(눅 7:41-42)라고 물으셨습니다. 여러분, 두 사람 중에 누가 더 채주(債主)에게 감사하고 그분을 더 사랑하겠습니까? 당연히 탕감을 많이 받은 자입니다. 이와 같이 자기가 별반 죄인이 아닌 상태로 복음을 들은 사람은 구원의 복음이 그리 감사하지 않습니다. 진리의 복음이 고맙긴 고마운데 이 복음을 따라가자니까 "다른 복음"을 믿는 자들로부터 배척을 당하는 것이 괴롭습니다. 그래서 진리의 복음으로 인해서 이단에 빠졌다는 소리를 듣거나 어려움이 오면 금방 복음을 배반하고 맙니다.

"가시떨기에 뿌리웠다는 것은 말씀을 들으나 세상의 염려와 재리의 유혹에 말씀이 막혀 결실치 못하는 자요"(마 13:22).

사람은 누구든지 육신의 염려를 안고 살아갑니다. "내가 앞으로 어떻게 살아갈까?" 즉 무엇을 입을까 무엇을 먹을까 무엇을 마실까 하는 염려가 없는 사람은 없습니다. 그런데 어떤 사람은 **"세상의 염려와 재리의 유혹"**이 너무 커서 영생의 소망조차 뒤덮고 있다면 그런 사람도 구원의 열매를 맺지 못합니다. 저는 진리의 복음을 듣고 믿었다가 다시 **"세상의 염려와 재리의 유혹"**에 눌려서 세상으로 가버린 사람들을 많이 보았습니다. 주님은 **"무엇을 먹을까 무엇을 마실까 무엇을 입을까 하지 말라 이는 다 이방인들이 구하는 것이라 너희 천부께서 이 모든 것이 너희에게 있어야 할 줄을 아시느니라 너희는 먼저 그의 나라와 그의 의를 구하라 그리하면 이 모든 것을 너희에게 더하시리라"(마 6:31-33)**고 약속하셨습니다. 그러나 **"세상의 염려와 재리의 유혹"**에서 벗어나지 못한 사람의 마음밭은 "가시덤불 밭"이며 그런 마음의 소유자는 구원의 결실을 맺지 못합니다.

무엇이 중합니까?
당신의 신은 하나님입니까, 재물입니까?

주님은 "한 사람이 두 주인을 섬기지 못할 것이니 혹 이를 미워하며 저를 사랑하거나 혹 이를 중히 여기며 저를 경히 여김이라 너희가 하나님과 재물을 겸하여 섬기지 못하느니라"(마 6:24)고 말씀하셨습니다. 우리가 정신을 차리고 생각해 보면 정답은 분명합니다. 여러분에게 천국의 영생과 재물 중에서 무엇이 더 중(重)합니까? 당연히 우리에게는 영생이 가장 소중합니다. **"보이는 것은 잠간이요 보이지 않는 것은 영원함이니라"**(고후 4:18)고 말씀하셨습니다. 이 땅의 것들은 잠시 있다가 없어지는 것들이고 천국의 영생은 우리에게 영원한 복락(福樂)입니다. 우리는 하나님과 재물 둘 다를 주인으로 섬길 수는 없습니다. 그러나 많은 사람들이 입술로는 하나님의 이름을 부르면서 마음으로는 재물 신(mammon)을 섬깁니다. 우리가 육신을 입고 살아가기 때문에 **"세상의 염려와 재리의 유혹"**이 있지만 무엇이 중한지를 분별하고 더 귀중한 것을 붙잡아야 합니다. 아브라함은 부유했던 본토 친척 아비 집을 떠나 약속의 땅을 찾아갈 때에 갈 바를 알지 못하고 나아갔으나 오직 하나님의 말씀을 따라갔습니다. 천국의 영생이 더 소중하다고 믿는 사람은 비록 **"세상의 염려와 재리의 유혹"**이 끊임없이 마음속에서 올라오지만, 자기의 생각을 부인하고 아브라함처럼 하나님의 말씀을 좇아갑니다.

좋은 밭이 되려면 마음밭에서 가시덤불을 제거하고 깊이 갈아

엎어야 합니다. **"나 여호와가 유다와 예루살렘 사람에게 이같이 이르노라 너희 묵은 땅을 갈고 가시덤불 속에 파종하지 말라"**(렘 4:3)고 하나님께서 말씀하셨습니다. 우리의 마음밭은 하나님의 말씀으로 갈아엎을 수 있습니다. 하나님의 말씀은 진리이기 때문에 우리의 마음속 깊은 곳까지 다 파헤쳐서 드러나게 합니다. 하나님의 말씀을 믿는 사람은 자기의 근본 모습이 얼마나 악하며 이기적인지를 인정하고 하나님의 긍휼을 간구하게 됩니다. 그러면 **"심령이 가난한 자"**(마 5:3)가 되어 천국의 영생을 얻게 됩니다. 사람은 보통 자기의 옳음으로 꽉 차 있습니다. 그런 사람은 교회에 나와서 하나님의 말씀을 한동안 들어야 합니다. 그래서 자기의 생각이 하나님의 말씀 앞에서 얼마나 악하며 헛된 것인 줄을 알아야 합니다. 또한 하나님의 말씀을 통해서 자기가 얼마나 이기적인 존재인지도 깨달아야 합니다. 그래서 자기는 지옥에 가야 마땅한 자라고 진솔하게 인정하는 사람이 바로 **"심령이 가난한 자"**(마 5:3)입니다.

또한 우리의 마음에 깊이 뿌리를 박고 있는 **"세상의 염려와 재리의 유혹"**을 거둬내야 합니다. 그것을 어떻게 거둬냅니까? 우리는 하나님의 말씀을 믿음으로 **"세상의 염려와 재리의 유혹"**을 확 떨쳐낼 수 있습니다. 저는 **너희는 먼저 그의 나라와 그의 의를 구하라 그리하면 이 모든 것을 너희에게 더하시리라"**(마 6:33)는 말씀을 믿습니다. 하나님의 말씀을 믿고 좇는 것이 가장 지혜롭고 복된 길입니다. 하나님의 말씀을 사모하고 경외하는 마음밭이 가장 좋은 밭입니다. 하나님께서는 좋은 밭을 기뻐하시고 그 위에 마음껏 씨를 뿌리셔서 백 배, 육십 배, 삼십 배의 열매를 맺게 하십니다.

"먼저 그의 나라와 그의 의"를 구하면 자기에게 큰 손해가 날 것 같습니까? 절대로 그렇지 않습니다. 오히려 영육간에 큰 축복을 받습니다. 아브라함을 보십시오. 아브라함의 집안은 갈대아 땅 우르(Ur)에서 잘나가는 집안이었습니다. 탈무드에 의하면 그의 집안은 유프라테스(the Euphrates) 강가의 대도시 우르에서 우상(偶像) 장사를 했다고 합니다. 당시에는 아무나 우상을 만들어 파는 일을 할 수 없었습니다. 큰 권세를 가진 자들만 특권적으로 우상 장사를 하면서 많은 재산을 쌓을 수 있었습니다. 그런 부잣집 자식인 아브라함이 하나님의 말씀을 믿음으로 자기의 본토 친척 아비 집을 떠나 하나님의 뜻을 따라갔습니다. 아브라함은 자기의 옳음이나 생각이나 육신의 특권을 다 부인하고 말씀을 좇아갔습니다. 당시에도 하나님을 믿지 않는 사람들은 "아브라함은 미쳤고, 장차 쫄딱 망할 것"이라고 입방아를 찧었을 것입니다. 그런데 그는 쫄딱 망한 것이 아니라 영육간에 창대한 삶을 살았습니다. 저는 우리가 모두 아브라함과 같이 축복된 삶을 살게 되기를 바랍니다. 저와 여러분들도 좀생이처럼 계산기나 두드리면서 **"세상의 염려와 재리의 유혹"**을 좇아간다면 우리는 쫄딱 망하는 것이고, 아브라함처럼 하나님의 말씀을 좇아간다면 하나님의 축복을 넘치게 받을 것입니다.

비유로 말씀하신 이유

제자들이 예수님께 "어찌하여 저희에게 비유로 말씀하시나이까" 하고 물었습니다. 예수님께서는 "천국의 비밀을 아는 것이 너희에게는 허락되었으나 저희에게는 아니되었나니 무릇 있는 자는 받아 넉넉하게 되되 무릇 없는 자는 그 있는 것도 빼앗기리라 그러므로 내가 저희에게 비유로 말하기는 저희가 보아도 보지 못하며 들어도 듣지 못하며 깨닫지 못함이니라 이사야의 예언이 저희에게 이

루었으니 일렀으되 너희가 듣기는 들어도 깨닫지 못할 것이요 보기는 보아도 알지 못하리라

이 백성들의 마음이 완악하여져서 그 귀는 듣기에 둔하고 눈은 감았으니 이는 눈으로 보고 귀로 듣고 마음으로 깨달아 돌이켜 내게 고침을 받을까 두려워함이라"(마 13:11-15)고 말씀하셨습니다.

그러면 예수님은 말씀을 듣는 사람들이 돌이켜서 구원받지 못하도록 심술을 부리시는 분입니까? 우리의 구원을 위해서 당신의 생명을 내어 주신 예수님은 절대로 그럴 분이 아닙니다. 주님은 **"무릇 있는 자는 받아 넉넉하게 되되 무릇 없는 자는 그 있는 것도 빼앗기리라"**(마 13:12)고 말씀하셨습니다. 조금이라도 하나님을 경외하고 하나님의 말씀을 따르고자 하는 자에게는 하나님께서 풍성한 축복을 주시지만, 하나님을 별로 찾지도 않고 육신의 욕망만을 좇는 자들은 눈곱만큼 있었던 믿음마저도 잃어버립니다. 육신의 사욕만 가득 찬 자에게 천국의 비밀을 가르쳐 주면 그런 자들은 그런 비밀을 이용해서 자기의 사욕을 추구합니다. 오늘날 대형교회를 인도하는 목사들을 보십시오. 그들은 하나님의 이름을 빙자해서 자기의 왕국을 건설하고 그 안에서 호의호식(好衣好食)하고 있지 않습니까?

주님은 상한 갈대도 꺾지 아니하시고 꺼져 가는 심지도 끄지 아니하는 사랑의 하나님입니다. 주님을 경외하는 마음이 조금이라도 있는 자를 보시면 주님은 어떻게 하든지 그의 믿음의 불씨를 살려서 더욱더 강건한 믿음의 삶을 살도록 인도해 주십니다. 자기가 얼마나 부족하고 연약하며 또 악한 자인지를 인정하고 하나님께 긍휼을 구하는 자에게는 하나님께서 천국 영생을 얻는 비밀을 가르쳐 주십니다.

그러나 마음이 간교하고 교만해서 근본적으로 하나님을 경외하지 않는 자에게는 천국 영생의 비밀을 깨닫지 못하게 감추십니다. 어설프게 돌이키면 **"무늬만"** 죄 사함을 받습니다. 자기가 얼마나 악한 죄인인지를 인정하지 않고 복음의 비밀을 듣게 되면 **"머리로만"** 죄 사함을 받고 마음에는 복음의 능력이 역사되지를 않습니다. 하나님께서는 범죄한 아담과 하와를 에덴동산에서 내쫓으시고 그들이 생명나무로 쉽사리 다가갈 수 없도록 천사들로 하여금 불 칼을 들고 생명나무의 길을 지키게 하셨습니다. 하나님께서는 왜 생명나무에 아무나 가지 못하게 하셨습니까? 자기의 꼬락서니를 제대로 깨닫고 인정하지 않은 자가 생명나무의 열매를 따먹으면 복음의 비밀을 이용해서 자기의 영광만 취하는 마귀의 종이 됩니다. 그래서 거듭난 하나님 종들도 아무에게나 원형복음의 비밀을 열어 보여 주지를 않습니다. 하나님의 종들은 사람들의 마음밭을 좋은 밭으로 준비시켜서 말씀을 받을 만할 때에 복음을 전해 줍니다.

여러분의 마음밭은 주님께서 기쁨으로 씨를 뿌려 주실 좋은 밭입니까? 여러분은 자기의 근본 모습을 진솔하게 인정하고 하나님의 긍휼을 늘 사모하는 마음의 소유자입니까? 여러분의 마음에서는 **"세상의 염려와 재리의 유혹"** 이라는 가시덤불이 제해졌습니까? 그래야만 **"좋은 땅"** 이 되어서 하나님의 은총을 입습니다.

말씀을 마쳤습니다.

천국의 아들들과 마귀의 자식들

"예수께서 그들 앞에 또 비유를 베풀어 가라사대 천국은 좋은 씨를 제 밭에 뿌린 사람과 같으니

사람들이 잘 때에 그 원수가 와서 곡식 가운데 가라지를 덧뿌리고 갔더니

싹이 나고 결실할 때에 가라지도 보이거늘

집 주인의 종들이 와서 말하되 주여 밭에 좋은 씨를 심지 아니하였나이까 그러면 가라지가 어디서 생겼나이까

주인이 가로되 원수가 이렇게 하였구나 종들이 말하되 그러면 우리가 가서 이것을 뽑기를 원하시나이까

주인이 가로되 가만 두어라 가라지를 뽑다가 곡식까지 뽑을까 염려하노라

둘 다 추수 때까지 함께 자라게 두어라 추수 때에 내가 추숫군들에게 말하기를 가라지는 먼저 거두어 불사르게 단으로 묶고 곡식은 모아 내 곳간에 넣으라 하리라

또 비유를 베풀어 가라사대 천국은 마치 사람이 자기 밭에 갖다 심은 겨자씨 한 알 같으니

이는 모든 씨보다 작은 것이로되 자란 후에는 나물보다 커서 나무가 되매 공중의 새들이 와서 그 가지에 깃들이느니라

또 비유로 말씀하시되 천국은 마치 여자가 가루 서 말 속에 갖다 넣어 전부 부풀게 한 누룩과 같으니라

예수께서 이 모든 것을 무리에게 비유로 말씀하시고 비유가 아니면 아무 것도 말씀하지 아니하셨으니

이는 선지자로 말씀하신바 내가 입을 열어 비유로 말하고 창세

부터 감추인 것들을 드러내리라 함을 이루려 하심이니라

이에 예수께서 무리를 떠나사 집에 들어가시니 제자들이 나아와 가로되 밭의 가라지의 비유를 우리에게 설명하여 주소서

대답하여 가라사대 좋은 씨를 뿌리는 이는 인자요

밭은 세상이요 좋은 씨는 천국의 아들들이요 가라지는 악한 자의 아들들이요

가라지를 심은 원수는 마귀요 추수때는 세상 끝이요 추숫군은 천사들이니

그런즉 가라지를 거두어 불에 사르는것 같이 세상끝에도 그러하리라

인자가 그 천사들을 보내리니 저희가 그 나라에서 모든 넘어지게 하는 것과 또 불법을 행하는 자들을 거두어 내어

풀무 불에 던져 넣으리니 거기서 울며 이를 갊이 있으리라

그 때에 의인들은 자기 아버지 나라에서 해와 같이 빛나리라 귀 있는 자는 들으라"(마 13:24-43).

오늘 우리가 나눌 말씀은 **"밭의 가라지의 비유"**입니다. 주님께서는 세상이라는 밭에 좋은 씨를 뿌리셨는데, 사단 마귀는 그 위에 악한 씨를 뿌렸습니다. 주님께서 뿌리신 좋은 알곡은 천국의 복음을 간직한 의의 일꾼들입니다. 그리고 가라지는 사이비(似而非) 복음, 즉 가짜 복음을 전파하는 마귀의 자식들입니다. 집주인의 종들이 주인님께 "주인님께서는 알곡을 뿌렸는데 왜 이렇게 가라지가 온 밭을 뒤덮었습니까?" 하고 여쭈었습니다. 집주인은 **"원수가 이렇게 하였구나"** 하고 대답해 주셨습니다. 종들은 "우리들이 가라지를 모두 뽑다가 확 불태워 버릴까요?" 하자, 주인님은 "아니다.

추수 때에 다 정리할 것이니 내버려 두어라. 가라지를 뽑다가 알곡도 뽑을까 염려가 된다"라고 말씀하셨습니다. 어떤 이가 진리의 복음을 대적하지만 않는다면 비록 온전히 믿지를 못해서 조금 거시기할지라도 우리는 그런 사람도 오래 기다리며 말씀을 전해 주어야 합니다. 주님께서는 **"우리를 반대하지 않는 자는 우리를 위하는 자니라"**(막 9:40)고 말씀하셨습니다.

긍휼을 베푸시는 하나님의 뜻

하나님은 모든 인생들에게 진리의 복음을 전해서 그들이 알곡이 되기를 원하십니다. 알곡은 거듭난 의인들을 말합니다. 누구든지 자기가 지옥에 가야 할 죄인인 것을 시인하고 **"물과 피의 복음"**을 믿으면 알곡이 됩니다. 생명의 알곡은 또 다른 사람들에게 복음을 전해서 다른 이들도 알곡이 되게 합니다. 그래서 알곡들은 백 배, 육십 배, 삼십 배로 늘어납니다. 알곡, 즉 죄 사함을 받은 의인들은 하나님의 자녀가 되어서 천국의 영생을 누립니다. 이 세상에는 천국의 아들들과 마귀의 자식들이 공존하고 있습니다. 밭을 내버려 두면 알곡은 아주 희귀하듯이, 안타깝게도 이 세상에 천국의 아들들은 아주 희귀합니다. 거듭난 하나님의 자녀들이 많았으면 좋겠는데, 가라지는 온 땅을 뒤덮고 있는 반면에 알곡은 희귀합니다.

어떤 이들은 "물과 피의 복음이 진리라면 왜 이 진리를 믿는 사람이 그렇게나 희귀합니까?" 하고 의심합니다. 그러나 진리를 믿고 따르는 이들은 희귀합니다. 하나님께서는 **"나 여호와가 말하노라 배역한 자식들아 돌아오라 나는 너희 남편임이니라 내가 너희를 성읍에서 하나와 족속 중에서 둘을 택하여 시온으로 데려오겠**

고 내가 또 내 마음에 합하는 목자를 너희에게 주리니 그들이 지식과 명철로 너희를 양육하리라"(렘 3:14-15)고 말씀하셨습니다. **"성읍에서 하나와 족속 중에서 둘"** 정도가 구원을 받는다는 말씀이니 알곡이 얼마나 희귀합니까? 노아의 때에도 전 인류는 가라지들뿐이었고 알곡이라고는 노아의 가족뿐이었습니다. 그것은 근본 죄 덩어리인 인간들이 하나님의 말씀에는 순종하지 않고 사단 마귀의 거짓말을 더 좋아하며 좇기 때문입니다. **"그들은 전에 노아의 날 방주 예비할 동안 하나님이 오래 참고 기다리실 때에 순종치 아니하던 자들이라 방주에서 물로 말미암아 구원을 얻은 자가 몇 명 뿐이니 겨우 여덟 명이라"**(벧전 3:20)고 말씀하셨습니다.

논농사를 지어 보면 논에 벼하고 비슷한데 벼가 아닌 "피"라는 식물이 많이 자라납니다. 이 "피"는 논 주인이 심지 않은 것인데도 많이 자라나서 벼들이 알곡을 많이 맺지 못하게 훼방합니다. "피"와 같은 식물이 바로 가라지입니다. 영적인 세계에도 알곡과 가라지가 있는데, 그들은 각각 다른 복음을 믿고 있습니다. 알곡들은 진리의 원형복음(原形福音)인 **"물과 피의 복음"**을 믿습니다. 가라지들이 믿는 복음은 **"십자가의 피만의 복음"**입니다. 벼와 피처럼, 이 두 복음은 얼핏 보면 비슷한데 열매는 분명히 다릅니다. 두 무리가 다 예수님을 구주로 믿는다고 고백하는 것은 같지만, 진리의 복음을 믿는 자들은 모든 죄의 사함을 받아서 마음에 죄가 전혀 없는 의인(義人)들이고, 십자가의 피만을 믿는 가라지들은 마음에 죄가 있는 죄인(罪人)들입니다. 그래서 그들은 늘 죄를 용서해 달라고 하나님께 간청하며 회개 기도를 드립니다. 그들은 우리의 모든 죄를 세례로 담당해서 이미 십자가에서 도말(塗抹)하신 주님의 희생과 공로를 짓밟는 자들입니다.

십자가의 피만의 복음은 사이비(似而非) 복음입니다. "사"(似) 자는 "비슷할 사"(似) 자입니다. "비"(非)는 "아닐 비"(非) 자입니다. 그러니까 사이비(似而非)란 "비슷하지만 아닌 것"을 말합니다. 사기꾼들이 가끔 사이비 검사 짓을 해서 부잣집 처녀들을 농락하기도 합니다. 세상에는 사이비 의사, 사이비 목사들도 많습니다. 복음에도 사이비 복음이 있습니다. 얼핏 보면 비슷한데, 진리의 복음에서 예수님께서 우리의 죄를 담당하신 "세례"의 진리를 **빼버린** 것이 바로 사이비 복음입니다. 사이비 복음을 믿는 자들, 즉 가라지들은 "예수님께서 우리의 죄를 십자가에서 담당했다"라고 고백합니다. 담당(擔當)은 "짊어졌다"라는 뜻입니다. 십자가는 죽음의 형틀이고 예수님께서 우리의 죗값을 대신 치르신 곳이지 그곳은 예수님께서 우리의 죄를 담당하신 곳이 아닙니다. 예수님께서는 사형언도를 받으시고 십자가를 지고 갈보리 산으로 가셨고 거기서 십자가에 못 박혀 돌아가셨습니다.

그러면 주님께서 언제 인류의 죄를 담당하셨습니까?

그것은 예수님께서 인류의 대표자인 세례 요한에게 안수의 형식으로 세례를 받으셨을 때입니다. **"이제 허락하라 우리가 이와 같이 하여 모든 의를 이루는 것이 합당하니라"**(마3:15)는 명령을 따라 세례 요한은 예수님에게 안수의 형식으로 세례를 베풀었습니다. 이 세상에 **"모든 의"**(all righteousness)가 이루어지려면 **"세상 죄"**가 예수님에게 다 넘어가야 했습니다. 예수님께서 요단강에서 인류의 대표자인 세례 요한에게 안수의 형식으로 세례를 받으셨을 때에, 우리 인류의 모든 죄는 예수님의 육체로 다 넘어갔습니다. 그래서 예수님께서 세례를 받으신 이튿날 세례 요한은 자기 앞을 지나가시는 예수님을 가리키며, **"보라 세상 죄를 지고 가는 하나님의**

어린양이로다"(요 1:29)라고 증거하였습니다. 예수님께서 받으신 세례로 인류의 모든 죄를 다 담당하셨기에, 이제 주님은 십자가에 못 박히고 피 흘리셔서 그 모든 죗값을 대속하신 것입니다.

진리의 복음은 예수님께서 **"물과 피로 임"**(요일 5:6)하셔서 우리의 모든 죄를 없애 주셨다고 증거합니다. 그러나 사이비 복음을 믿는 자들은 "물"을 빼버리고 "피"만을 고백합니다. 앞바퀴를 빼버린 자전거를 상상해 보십시오. 그런 자전거를 온전하다고 하겠습니까? 우리는 진리의 복음과 사이비 복음을 구별해야 합니다. 진리의 복음을 믿는 자들은 알곡이고 사이비 복음을 믿는 자들은 가라지입니다. **"씨 뿌리는 자의 비유"**에서 말씀하셨듯이 좋은 씨는 끊임없이 백 배 육십 배 삼십 배의 열매를 맺고 있지만, 가라지들도 나름대로 열심히 사이비 복음을 전파하고 있습니다. 그리고 주님께서 이 땅에 다시 오시는 때에 추숫꾼들을 보내십니다. 추숫꾼들은 천사들입니다. 천사들은 먼저 가라지들을 거두고 다 묶어서 지옥불에 처넣습니다. 그리고 알곡들은 하늘나라에 오롯이 들어가게 하실 것입니다.

복음의 능력

"또 비유를 베풀어 가라사대 천국은 마치 사람이 자기 밭에 갖다 심은 겨자씨 한 알 같으니"(마 13:31)—겨자씨의 비유 말씀입니다.

출처: Wikipedia

저는 겨자씨를 본 적이 없습니다. 그래서 인터넷을 통해서 겨자씨의 사진을 구해서 보니 겨자씨는 굉장히 작은 씨입니다. 제가 본 가장 작은 씨는 맨드라미 씨입니다. 맨드라미 씨는 까맣고 볼펜으로 콕 찍은 점처럼 굉장히 작습니다. 아무튼 겨자씨는 아주 작은데 싹이 나고 자라면 키가 4~5m나 된다고 하니 공중의 새들이 겨자나무에 능히 둥지를 틀고 깃들 수 있습니다.

"또 비유로 말씀하시되 천국은 마치 여자가 가루 서말 속에 갖다 넣어 전부 부풀게 한 누룩과 같으니라"(마 13:33). 누룩이 무엇인지 아시죠? 저는 어려서 어머니께서 누룩으로 술도 빚으시고 빵도 만들어 주시는 것을 많이 봤습니다. 밀가루에 누룩을 넣고 반죽을 하고 천으로 덮어놓으면, 시간이 지나면서 부풀어 올라와서 큰 함지박에 꽉 차고 넘칩니다. 그러면 어머니께서 손에 물을 묻혀 가면서 부풀어 오른 반죽을 뜯어서 찐빵을 만들어 주시곤 했습니다. 누룩이라는 것은 그렇게 부풀리는 능력이 있습니다.

"겨자씨의 비유"나 **"누룩의 비유"**는 모두 복음의 능력을 깨닫게 하시는 말씀입니다. 복음은 대단한 능력이 있습니다. 첫째로 이 복음이 우리 안에 들어오면 우리의 모든 것이 변합니다. 자존감이 없던 사람들조차 눈에 생기가 넘치고 삶의 의미를 찾으며 저 높은 곳을 향하여 활기차게 날개를 폅니다. 또한 진리의 복음을 믿는 알곡들이 모여서 교회를 이루면, 더 힘있게 복음을 전파해서 많은 이들이 교회의 그늘 아래서 안식을 얻게 됩니다. 창공을 나는 **"새들"**은 믿음의 날개를 가진 의인들을 지칭하는데, 하나님의 교회는 전 세계에서 진리의 복음을 믿어서 거듭난 의인들을 다 품을 수 있습니다. 우리의 모임은 겨자씨만한 생명의 역사로 미약하게 시작했지만, 앞으로 우리는 큰 나무로 자라나서 많은 사람들을 진리의 복음으로 품을 것입니다. 우리는 그들을 생명으로 인도하고 그들은 하나님의 교회의 그늘 아래서 쉴 것입니다. 거듭난 의인들은 세상의 빛이고 세상의 소금입니다. 하나님의 의가 나타난 복음은 많은 사람들을 천국 영생의 안식으로 인도하는 능력이 있습니다.

사람이 죽으면 끝이 아닙니다. 영원한 세계, 즉 천국과 지옥은 분명히 있습니다. 어제 아침에도 바닷가 길로 산책을 하다가 여호와의 증인들을 만났습니다. 젊은 청년이 전도를 하고 있길래, 한 시간 가량 이런저런 얘기를 그와 나누었습니다. 그 모임의 사람들은 거기서 배운 교리를 철석같이 믿기 때문에 하나님의 말씀을 전해 주려고 하면 아예 듣지를 않습니다. 그런 사람들에게는 질문을 던지는 것이 효과적입니다. 저는 그 청년에게, "예수님께서 니고데모에게 '사람이 거듭나지 아니하면 하나님의 나라를 볼 자가 없다'라고 말씀하셨는데, 도대체 '거듭난다'라는 것이 무엇이며 사람이 어떻게 거듭날 수 있습니까?" 하고 물었습니다. 그 청년은 횡설수설하다가 얼굴이 시커매져서 "이제는 일을 하러 가야 한다" 하며 꽁무니를 뺐습니다. 여호와의 증인들은 지옥이 없다고 말합니다.

"하나님은 사랑의 하나님인데, 사람이 하나님을 믿지 않았다고 영원토록 고통을 받도록 지옥불에 처넣으시겠냐? 그런 하나님이라면 나는 하나님을 믿지 않겠다"라고 그들은 주장합니다.

성경 말씀은 한 점 한 획도 떨어지지 않고 다 이루어지는 진리입니다. 오늘의 말씀에도 **"그런즉 가라지를 거두어 불에 사르는 것 같이 세상 끝에도 그러하리라 인자가 그 천사들을 보내리니 저희가 그 나라에서 모든 넘어지게 하는 것과 또 불법을 행하는 자들을 거두어 내어 풀무 불에 던져 넣으리니 거기서 울며 이를 갊이 있으리라"**(마 13:40-42)고 기록되어 있습니다. 하나님의 구원의 사랑을 거부한 죄인들은 극렬한 풀무 불인 지옥에서 영원토록 고통을 받을 것입니다. 그러나 **"그때에 의인들은 자기 아버지 나라에서 해와 같이 빛나리라 귀 있는 자는 들으라"**(마 13:43)고 말씀하신 대로, 죄 사함을 받은 의인들은 알곡으로 거두어져서 영광스러운 천국에서 영원토록 복락을 누릴 것입니다. 할렐루야!

말씀을 마쳤습니다.

천국 영생이 가장 귀합니다

"천국은 마치 밭에 감추인 보화와 같으니 사람이 이를 발견한 후 숨겨 두고 기뻐하여 돌아가서 자기의 소유를 다 팔아 그 밭을 샀느니라

또 천국은 마치 좋은 진주를 구하는 장사와 같으니

극히 값진 진주 하나를 만나매 가서 자기의 소유를 다 팔아 그 진주를 샀느니라

또 천국은 마치 바다에 치고 각종 물고기를 모는 그물과 같으니

그물에 가득하매 물 가로 끌어 내고 앉아서 좋은 것은 그릇에 담고 못된 것은 내어 버리느니라

세상 끝에도 이러하리라 천사들이 와서 의인 중에서 악인을 갈라 내어

풀무 불에 던져 넣으리니 거기서 울며 이를 갊이 있으리라

이 모든 것을 깨달았느냐 하시니 대답하되 그러하오이다

예수께서 가라사대 그러므로 천국의 제자된 서기관마다 마치 새것과 옛것을 그 곳간에서 내어오는 집주인과 같으니라

예수께서 이 모든 비유를 마치신 후에 거기를 떠나서

고향으로 돌아가사 저희 회당에서 가르치시니 저희가 놀라 가로되 이 사람의 이 지혜와 이런 능력이 어디서 났느뇨

이는 그 목수의 아들이 아니냐 그 모친은 마리아, 그 형제들은 야고보, 요셉, 시몬, 유다라 하지 않느냐

그 누이들은 다 우리와 함께 있지 아니하냐 그런즉 이 사람의 이 모든 것이 어디서 났느뇨 하고

예수를 배척한지라 예수께서 저희에게 말씀하시되 선지자가 자기 고향과 자기 집 외에서는 존경을 받지 않음이 없느니라 하시고

저희의 믿지 않음을 인하여 거기서 많은 능력을 행치 아니하시니라"(마 13:44-58).

사람은 가치(價値)를 따져보고 더 나은 가치를 추구하는 존재입니다. 그래서 자기 생각에 "이것이 가치가 있다"라고 판단되면 거기에 자기의 시간과 돈을 투자합니다. 주님은 **"네 보물 있는 그곳에는 네 마음도 있느니라"**(마 6:21)고 말씀하셨습니다. 여러분은 무엇을 가장 가치 있다고 생각합니까? 누구든지 자기가 가장 가치 있게 생각하는 것에 마음을 두고 그것을 얻으려고 노력합니다. 여러분은 어디에 마음을 두고 삽니까?

우리의 찬양집에 "♪내 고향 천국 바라보며 나그네길 가네"로 시작하는 찬양이 있습니다. 그 찬양의 중간쯤에 "♪세상 사는 동안 온 맘이 거기 있어~"라는 가사가 생각납니다. 영적인 사람은 천국에 마음을 둡니다. 아브라함이나 이삭과 야곱과 같은 믿음의 사람들은 이 땅에 사는 동안 이 땅에 마음을 두지 않고 천국을 자기의 본향(本鄕)이라고 믿었습니다. 그분들은 온 마음이 천국에 가 있었고, 여기에서는 잠시 살다가 갈 것이기 때문에 나그네와 행인처럼 장막을 치고 살았습니다. 저는 "나는 과연 온 마음이 천국에 가 있는가?" 하고 자문해 봅니다.

"우리의 년수가 칠십이요 강건하면 팔십이라도 그 년수의 자랑은 수고와 슬픔뿐이요 신속히 가니 우리가 날아가나이다"(시 90:10)라고 성경은 말씀합니다. 우리의 인생은 신속히 날아갑니다. 그러므로 진리의 말씀 앞에서, 우리의 마음을 천국에 둘 것이냐,

이 땅에 둘 것이냐를 잘 생각해 봐야 합니다. 천국의 영생이 가장 귀합니다. 가장 귀한 것을 귀하게 여기는 사람이 지혜로운 사람입니다. 가장 귀한 것을 쓰레기같이 여기고 쓰레기를 귀하게 여기는 사람은 미친 사람입니다.

우리 인생은 반드시 죽습니다. **"한번 죽는 것은 사람에게 정하신 것이요 그 후에는 심판이 있으리니 이와 같이 그리스도도 많은 사람의 죄를 담당하시려고 단번에 드리신바 되셨고 구원에 이르게 하기 위하여 죄와 상관 없이 자기를 바라는 자들에게 두 번째 나타나시리라"**(히 9:27-28). 너무나도 당연한 말씀 같지만 우리는 다 한 번 죽도록 하나님께서 정하셨습니다. 우리는 죽을 운명(mortal)의 존재들입니다. 그리고 자기가 머지않아 죽는다는 것을 늘 염두에 두는 사람은 지혜로운 사람입니다. 대부분의 사람들은 그런 생각조차 하지 않고, 자기는 죽지 않을 사람인 양 살아갑니다. 그러나 죽음은 누구에게나 불원간에 찾아옵니다. 늙어서 죽는 사람만 있는 것이 아닙니다. 사고로 일찍 세상을 뜨는 사람도 많습니다. 어떤 연예인은 TV 예능 프로그램에 나와서 "떡 빨리 먹기 시합"을 하다가 목에 떡이 걸려서 질식사(窒息死)했습니다. 그 사고 이후로 우리나라 TV 예능 프로그램에서 "먹기 시합"이 없어졌습니다. 사람은 대단한 것 같지만 사실은 아무것도 아닙니다. 유명한 정복자 알렉산더 대왕은 젊은 나이에 어떤 병균에 감염되어서 죽었습니다. 눈에도 보이지 않는 바이러스에 의해서 얼마나 많은 사람들이 죽습니까?

사람이 한 번 죽는 것은 하나님께서 정하신 일입니다. 그러면 사람이 죽은 후에는 끝입니까? 그 후에는 반드시 심판이 있습니다. 하나님께서는 영혼들을 반드시 심판하십니다. **"인생의 혼은 위로**

올라가고 짐승의 혼은 아래 곧 땅으로 내려가는 줄을 누가 알랴"(전 3:21)라고 말씀하셨습니다. 사람은 짐승들과는 다른 존재입니다. 하나님께서는 당신의 형상을 좇아 사람을 만드셨기 때문에 우리는 영적인 존재이고 우리의 영혼은 불멸합니다. 우리의 영혼은 영원토록 삽니다. 그런데 우리의 영혼이 죄 사함을 받지 못하고 죽으면 반드시 하나님의 심판을 받고 지옥에 갑니다. 우리에게 심판 자체가 없어야만 되지, 누구든지 심판을 받게 되면 반드시 지옥에 갑니다. 하나님은 죄에 대해서 반드시 심판하시는 분입니다.

"내가 진실로 진실로 너희에게 이르노니 내 말을 듣고 또 나 보내신 이를 믿는 자는 영생을 얻었고 심판에 이르지 아니하나니 사망에서 생명으로 옮겼느니라"(요 5:24).

예수님께서 전해 주신 진리의 복음을 듣고 예수님을 보내 주신 하나님 아버지의 구원의 역사를 믿음으로 죄 사함은 받은 사람은 심판에 이르지 않습니다. 즉 거듭나서 의인된 사람에게는 심판 자체가 없습니다. **"물과 피의 복음"**을 믿음으로 죄 사함을 받은 의인은 **"사망에서 생명으로 옮겼느니라"**라는 말씀대로 지옥에서 천국으로 이미 옮겨진 사람입니다. 이것이 진리의 복음을 믿는 우리에게 주신 하나님의 은혜입니다. 그러므로 우리는 물과 피의 복음이 얼마나 귀한지를 알아야 합니다. 우리는 이 진리의 복음을 믿음으로 심판이 면제되었고 결코 사망에 이르지 아니하며, 천국의 영생에 넉넉하게 들어가게 되었습니다. 여기서의 **"사망"**은 육신의 죽음을 의미하는 것이 아니라 영적 사망 곧 **지옥**을 말합니다. 계시록에는 이 사망을 **"둘째 사망"**(계 2:11, 20:6)이라고 기록되어 있습니다. 육신이 죽는 것은 첫째 사망인데 사람의 영혼이 영원한 지옥불에 떨어져서 세세토록 고통을 겪는 것이 바로 **"둘째 사망"**입니다.

주님께서 세례와 십자가의 피로 이루신 **"물과 피의 복음"**을 믿고 죄 사함 받은 우리에게는 **"둘째 사망"**이 없습니다. 의인들은 천국의 영생에 넉넉히 들어갑니다.

자기 소유를 다 팔아야 살 수 있는 천국 영생의 보화

"천국은 마치 밭에 감추인 보화와 같으니 사람이 이를 발견한 후 숨겨 두고 기뻐하여 돌아가서 자기의 소유를 다 팔아 그 밭을 샀느니라"(마 13:44). 여기에서 **"천국"**은 **"천국의 영생"**입니다. 천국의 영생이 이 땅의 무엇과도 비교할 수 없는 보화인 줄 아는 사람은 그것을 발견한 후에 이것을 얻기 위해서 모든 것을 다 포기해도 전혀 아깝지 않습니다. 천국의 영생의 보화는 밭에 감추어졌다고 말씀합니다. 거듭난 자들의 마음밭에 천국 영생의 비밀이 감추어져 있습니다. 진리를 찾는 자가 거듭난 의인과 교제를 해 보면, 그는 의인들의 마음에 엄청난 보화가 감춰져 있다는 사실을 발견하게 됩니다. 그런데 천국 영생의 보화를 얻으려면 자기의 소유를 다 팔아야 합니다. 이 보화가 진정 귀한 줄 아는 사람은 가서 자기의 소유를 다 팝니다.

"자기의 소유"는 무엇을 의미할까요? 그것은 첫째로 **"자기의 생각"**입니다. 자기 생각에 사로잡혀 있으면 천국 영생을 얻지 못합니다. 사람이 자기의 생각을 부인하고 하나님의 말씀을 받아들여야만 진리의 복음을 온전히 믿고 거듭날 수 있습니다. 아주 오래전에 어떤 목사님에게 **"물과 피의 복음"**을 전해 주었더니, 그 목사님은 "아니, 2,000년 전에 오신 예수님이 2,000년 후에 태어나서 죄를 짓고 있는 나의 죄를 어떻게 가져가셨겠어?"하고 끝까지 주님의 세례의 복음을 믿지 않았습니다. 그런 사람은 "예수님께서 십자가에서 피 흘려 돌아가실 때에 우리의 원죄는 사함 받았지만, 날마다 짓는 죄는 그때마다 회개 기도로 사함을 받는다"라고 가르칩니다. "그러면 당신은 모든 죄를 다 기억하고 하나도 빠짐없이 그 죄들에 대한 회개 기도를 드립니까?" 하고 제가 반문했더니 그 목사님은 횡설수설하고 제대로 대답을 못했습니다.

"바랄 수 없는 중에 바라고 믿는 것"(롬 4:18)이 믿음입니다. 2천 년 전에 인류의 대표자인 세례 요한에게 안수의 형식으로 세례를 받으신 예수님께서 인류 전체의 죄를 단번에 담당하셨다는 사실은 정말로 우리로서는 바랄 수 없는 일입니다. 그러나 그 놀라운 일을 하나님께서 베풀어 주셨다고 성경에 기록되어 있으니 우리는 자기의 생각을 부인하고 하나님의 말씀을 믿습니다. 예수님은 당신에게 세례를 베풀기를 주저하고 있던 세례 요한에게, **"이제 허락하라 우리가 이와 같이 하여 모든 의를 이루는 것이 합당하니라"**(마 3:15)고 명령하셨습니다. "모든 의"가 이루어지려면 모든 죄가 단번에 예수님의 몸에 넘어가야만 합니다. 예수님은 세례를 받으심으로 세상 죄를 담당하고 십자가에서 피 흘려 그 모든 죄를 대속하신 하나님의 어린양입니다. 그런데 육신의 생각에 사로잡힌 이들은 하나님의 말씀이 자기의 생각에 이해가 되지 않는다고 하나님의 복음을 거부합니다. 누구든지 자기 생각을 부인하지 않으면 천국 영생을 얻지 못합니다.

또 다른 **"자기의 소유"**는 자기의 옳음입니다. 자기의 옳음(의)이 충만한 사람도 천국 영생의 보화를 얻지 못합니다. 하나님의 의(義)와 인간의 의(義)—이 둘은 상반됩니다. 자기의 의가 충만한 사람은 하나님의 의를 얻을 수 없고, 자기의 의가 거덜난 사람이라야 **"하나님의 의"**를 옷 입을 수 있습니다. 바리새인들은 자기들이 가장 의롭다고 자부했습니다. 그런데 예수님은 **"화 있을찐저 외식하는 서기관들과 바리새인들이여 잔과 대접의 겉은 깨끗이 하되 그 안에는 탐욕과 방탕으로 가득하게 하는도다"**(마 23:25)라고 그들을 책망하셨습니다. 인간에게 진정한 의로움이 있는 줄 아십니까? **"대저 우리는 다 부정한 자 같아서 우리의 의는 다 더러운 옷 같으며 우리는 다 쇠패함이 잎사귀 같으므로 우리의 죄악이 바람 같이 우리를 몰아 가나이다"**(사 64:6)라고 기록되어 있습니다. 인간의 의는 자기가 보기에는 깨끗하지만, 하나님께서는 사람의 의를 "더럽다"라고 말씀하십니다. 하나님의 말씀 앞에서 자기가 얼마나 악하고 부족하며 더러운 존재인지를 인정하는 사람은 예수 그리스도께서 이뤄 주신 **"하나님의 의"**(롬 1:17)를 믿음으로 죄 사함을 받고 의인이 됩니다.

그러나 바리새인들처럼 자기의 의(義)가 충만한 사람은 오직 인간의 의를 자랑할 뿐, 하나님의 의(義)를 구하지 않습니다. 예수님께서 **"내가 의인을 부르러 온 것이 아니요 죄인을 불러 회개시키러 왔노라"**(눅 5:32)고 말씀하신 대로 스스로를 의롭다고 여겼던 바리새인들은 하나님의 의를 옷 입지 못했습니다. 물에 빠져 있으면서도 "나는 물에 빠지지도 않았다"라고 고집을 부리는 사람을 어떻게 물에서 건져줄 수 있겠습니까? 스스로 의인인 사람들은 결코 죄에서 구원을 받을 수 없습니다. 자기 옳음이 많은 사람은 하나님의 의에 목말라하지도 않기 때문에 죄 사함을 받지 못합니다. 하나님은 우리의 마음 중심을 살피시는 분이기 때문에 자기 의를 가지고 있으면 하나님의 의가 우리의 마음에 온전히 자리 잡지 못합니다. 자기의 옳음이 마음의 한구석에 남아 있을 때에는 복음이 역사되지 않습니다.

제가 **"물과 피의 복음"**을 만났을 때에 저는 제 옳음이 참 많은 사람이었습니다. 예수님의 세례와 십자가의 복음이 성경적으로 분명한 진리인 줄은 알겠는데, 성령께서 내 마음 안에 거하시면서 내 속사람을 변화시켜 주시는 복음의 온전한 역사가 내 안에서 일어나지를 않았습니다. 그것은 마치 속에는 무화과 나뭇잎 옷을 그대로 입고서 가죽옷을 덧입은 것과 같았습니다. 하나님은 그러한 믿음을 인정하지 않습니다.

무화과 나뭇잎 옷은 아담과 하와가 자기의 수치를 가리려고 스스로 지어 입었던 옷인데 이것은 인간의 의(義)를 지칭합니다. "하나님, 제가 이렇게 옳습니다" 하고 자랑하는 것이 무화가 나뭇잎 옷인데, 자기 옳음을 그대로 남겨 두고서는 주님께서 주시는 하나님의 의를 옷 입을 수 없습니다. 천국 영생에 들어가는 구원을 받으려면 **육신의 생각과 인간의 의(義)**라는 자기의 소유를 다 팔아야 합니다. 오늘의 본문 말씀에도 **"자기의 소유를 다 팔아 그 밭을 샀느니라"**라고 말씀하셨습니다. 자기의 옳음을 90%는 팔고 나머지 10%는 남겨 놓아서는 천국 영생을 얻을 수 없습니다. 우리는 자기의 생각이나 옳음을 전적으로 부인해야 합니다. 하나님의 말씀 앞에서 자기의 마음속을 정직하게 들여다본 사람은 "하나님, 저는 죄덩어리입니다. 제 안에 의롭고 선한 것은 전혀 없습니다. 저는 지옥에 가야 마땅한 자입니다" 하고 인정할 수밖에 없습니다. 그렇게 자기 소유를 다 판 자만이 하나님의 은혜로 죄 사함을 받습니다. 그러면 성령님께서 그 사람의 마음에 거하시게 됩니다.

이전의 종교 노선도 버려야 합니다

"또 천국은 마치 좋은 진주를 구하는 장사와 같으니 극히 값진 진주 하나를 만나매 가서 자기의 소유를 다 팔아 그 진주를 샀느니라"(마 13:45-46). 진주 장사는 값진 진주를 찾아다니다가 좋은 진주를 만나면 그것을 알아봅니다. 진리를 찾는 사람들(truth seekers)은 끝내 진리를 만납니다. 정말 값진 진주를 만나기 전에는 자기가 가지고 있는 것이 제일 좋은 진주인 줄 알았을 것입니다. 오늘날의 종교인들도 그렇습니다. 자기가 속해 있는 교단의 가르침이 가장 정통적이라고 믿습니다. 그런데 진리를 찾는 사람들은 교리적인 신앙으로는 해결되지 않는 죄의 문제로 갈등을 느낍니다. 뭔가 더 좋은 진주가 있을 것이라고 생각하고 찾아 나선 진주 장사처럼, 그런 사람은 진리를 찾다가 온전한 진리의 복음을 만나게 됩니다. 저도 천국 영생을 얻게 하는 **"물과 피의 복음"**을 만나기 전까지는 그런대로 괜찮다고 여기는 진주들을 가지고 그것을 매일 들여다보고 자랑하면서 살았습니다. 그런데 천국 영생을 얻게 하는 진주를 만나고 나니, 제가 가지고 있었던 것들이 다 쓰레기에 불과하다는 사실을 알았습니다. 이전에 제가 배웠고 자랑했던 종교적 신념이나 지식들이 가장 값진 진주를 사는데 장애가 된다면 아낌없이 그것들을 내다 버려야 합니다.

사도 바울은 유대교에서 촉망을 받던 젊은이였습니다. 그는 당대 최고의 랍비(Rabbi)였던 가말리엘의 제자였으며(행 22:3) 나면서부터 로마의 시민권을 가진 유력한 집안의 자제였습니다. 그런데 사도 바울이 부활하신 주님을 만나서 거듭난 후에는 **"그러나 무엇이든지 내게 유익하던 것을 내가 그리스도를 위하여 다 해로 여길**

뿐더러 또한 모든 것을 해로 여김은 내 주 그리스도 예수를 아는 지식이 가장 고상함을 인함이라 내가 그를 위하여 모든 것을 잃어 버리고 배설물로 여김은 그리스도를 얻고 그 안에서 발견되려 함이니 내가 가진 의는 율법에서 난 것이 아니요 오직 그리스도를 믿음으로 말미암은 것이니 곧 믿음으로 하나님께로서 난 의라"(빌 3:7-9)고 고백했습니다. 사도 바울은 진리의 복음을 만난 후에, 복음과 위배되는 것들을 다 배설물(똥)로 여겼습니다. 이전의 종교 노선이나 거짓된 교훈들을 아낌없이 내다 버릴 수 있을 때에 우리는 천국의 영생을 얻습니다.

진리의 복음을 만나고 나서도 지금까지 자기가 다니던 "사이비 복음"의 교회를 떠나지 못하는 이들이 많습니다. 그런 사람은 결국 가장 값진 진주를 사지 못합니다. 천국 영생이 가장 귀한지를 안다면, 그것을 얻기 위해서는 모든 것을 내다 팔아야 합니다. 그런 자가 가장 지혜로운 사람이며 영생의 구원을 얻습니다. 하나님께서는 우리에게 천국의 영생을 선물로 주셨습니다. 우리는 자기의 생각이나 옳음이나 이전의 신앙노선을 부인해야만 천국의 영생이라는 가장 귀한 보화를 얻을 수 있습니다. 여러분은 그런 것들을 다 버리면 천국 영생은 얻겠지만 이 땅에서는 쫄딱 망할 것 같습니까? 절대로 그렇지 않습니다. 본토 친척 아비 집을 떠나서 하나님의 말씀만을 따라간 아브라함이 쫄딱 망했습니까? 하나님께서 함께 하셔서 근방의 족장들이 가장 두려워하는 믿음의 사람이 되었습니다.

자기의 소유를 다 팔고 천국 영생의 보화를 얻은 의인들은 그때부터 하나님을 믿음으로 삽니다. 주님은 **"너희는 먼저 그의 나라와 그의 의를 구하라 그리하면 이 모든 것을 너희에게 더하시리라"**(마 6:33)고 우리에게 약속하셨습니다. 저는 이 말씀을 믿습니다. 그래서 할 수만 있으면 **"먼저"** 복음의 일들을 합니다. 그런데 하나님께서는 지금까지 저의 모든 필요를 다 채워 주시고 저를 풍족하게 돌보아 주셨습니다. 저는 새벽에 기도할 때에, "하나님 아버지, 한 번 지나가면 다시는 돌아오지 않는 오늘이 하나님 앞에서 하늘에 보화를 쌓는 하루가 되게 해 주십시오" 하고 기도합니다. 그렇게 마음을 지키고 주께서 은혜와 능력을 주시는 범위 안에서 하루하루를 삽니다. 그러면 하나님께서는 우리에게 필요한 것들을 다 공급해 주십니다. 하나님께서 그렇게 풍족하게 주시는 모든 것은 다 복음을 전파하라고 주시는 것입니다.

하나님께서는 천국의 영생을 우리에게 주셨습니다. 여러분은 천국의 영생이 가장 귀한 줄 아시기 바랍니다. 사람들은 천국의 영생이 귀한 줄은 알아도 얻지 못했지만 우리는 얻었습니다. 그래서 우리는 육체의 남은 때를 믿음으로 살 수 있게 되었습니다. 하나님 아버지께 감사를 드립니다.

말씀을 마쳤습니다.

영혼을 죽이는 사역과 영혼을 살리는 사역

"그 때에 분봉왕 헤롯이 예수의 소문을 듣고

그 신하들에게 이르되 이는 세례 요한이라 저가 죽은 자 가운데서 살아났으니 그러므로 이런 권능이 그 속에서 운동하는도다 하더라

전에 헤롯이 그 동생 빌립의 아내 헤로디아의 일로 요한을 잡아 결박하여 옥에 가두었으니

이는 요한이 헤롯에게 말하되 당신이 그 여자를 취한 것이 옳지 않다 하였음이라

헤롯이 요한을 죽이려 하되 민중이 저를 선지자로 여기므로 민중을 두려워하더니

마침 헤롯의 생일을 당하여 헤로디아의 딸이 연석 가운데서 춤을 추어 헤롯을 기쁘게 하니

헤롯이 맹세로 그에게 무엇이든지 달라는대로 주겠다 허락하거늘

그가 제 어미의 시킴을 듣고 가로되 세례 요한의 머리를 소반에 담아 여기서 내게 주소서 하니

왕이 근심하나 자기의 맹세한 것과 그 함께 앉은 사람들을 인하여 주라 명하고

사람을 보내어 요한을 옥에서 목 베어

그 머리를 소반에 담아다가 그 여아에게 주니 그가 제 어미에게 가져가니라

요한의 제자들이 와서 시체를 가져다가 장사하고 가서 예수께 고하니라

예수께서 들으시고 배를 타고 떠나사 따로 빈 들에 가시니 무리가 듣고 여러 고을로부터 걸어서 좇아간지라

예수께서 나오사 큰 무리를 보시고 불쌍히 여기사 그 중에 있는 병인을 고쳐 주시니라

저녁이 되매 제자들이 나아와 가로되 이곳은 빈 들이요 때도 이미 저물었으니 무리를 보내어 마을에 들어가 먹을 것을 사먹게 하소서

예수께서 가라사대 갈것 없다 너희가 먹을 것을 주어라

제자들이 가로되 여기 우리에게 있는 것은 떡 다섯 개와 물고기 두 마리 뿐이니이다

가라사대 그것을 내게 가져오라 하시고

무리를 명하여 잔디 위에 앉히시고 떡 다섯 개와 물고기 두 마리를 가지사 하늘을 우러러 축사하시고 떡을 떼어 제자들에게 주시매 제자들이 무리에게 주니

다 배불리 먹고 남은 조각을 열 두 바구니에 차게 거두었으며

먹은 사람은 여자와 아이 외에 오천 명이나 되었더라"(마 14:1-21).

오늘 읽은 말씀은 두 부분으로 나눌 수 있는데, 전반부는 헤롯왕이 세례 요한을 목 베어 죽인 사건을 기록하고 있습니다. 세례 요한은 여자의 몸에서 난 자 중에 가장 큰 자, 즉 인류의 대표자였습니다. 그는 예수님의 머리에 안수(按手)의 형식으로 세례를 베풀어서 "세상 죄"(요 1:29)를 예수님의 육체로 넘긴 중차대한 사역을

감당한 하나님의 종입니다. 헤롯 왕은 그런 하나님의 종을 목 베어 죽였습니다.

오늘 본문의 후반부는 예수님께서 오천 명을 먹이신 이적(異蹟)을 기록하고 있습니다. 세례 요한의 비보를 들은 예수님께서 빈 들로 나가셨는데, 많은 무리가 예수님을 좇았습니다. 예수님께서는 병자들을 고쳐 주시며 그들을 돌보아 주셨고, 저녁이 되자 떡 다섯 개와 물고기 두 마리로 그들에게 이적을 베푸셔서 남자만 오천 명이나 되는 큰 무리를 배불리 먹였습니다.

이 두 사건은 극명한 대조를 이루고 있습니다. 사단 마귀의 종인 헤롯은 하나님의 종을 목 베어 죽였지만, 예수님은 수많은 사람들을 살렸습니다. 사단은 영혼들을 죽이는 일을 하고 하나님은 영혼을 살려서 영생의 복락을 누리게 하십니다. 사단 마귀의 사역과 하나님의 사역을 한마디로 표현하자면, 죽이는 일과 살리는 일입니다. 세상 사람들에게는 육신의 생명이 가장 소중합니다. 그래서 생명을 살리는 의사들이 존경을 받는 것입니다. 이번에 중증외상 치료 의사인 이국종 원장님이 판문점 공동경비구역(JSA)을 넘어오다가 심한 총상을 입은 북한 군인을 기적같이 살려냈습니다. 한 생명을 살리고자 헌신적인 노고를 다했던 이국종 원장님에게 국민 모두는 감사와 존경의 박수를 보냈습니다.

살리는 일은 매우 값집니다. 한 영혼이 천하보다 귀하다고 하셨는데 한 영혼을 살리는데 우리들이 동참한다고 하면 그보다 더 귀한 일은 없습니다. 얼마 전에 한 소방대원이 자기의 앞차가 이리저리 갈지(之)자로 가다가 멈춰 선 것을 보았습니다 그 소방대원은 뭔가 잘못된 것을 직감하고 급히 차에서 내려서 앞차로 달려가 보았더니 운전자가 가슴을 움켜쥐고 괴로워하고 있었습니다. 그 소방대원은 행인들의 도움을 받아 그 운전자를 급히 부축해서 인도(人道)에 눕히고 혼절한 그 사람을 심폐소생술로 살렸습니다. 시간이 조금만 늦었어도 그 사람은 죽었습니다. 그 소방대원과 지나가던 몇몇 분들이 대단한 일을 한 것입니다. 그러나 그분들이 구한 것은 육신의 생명입니다. 심근경색으로 죽을 뻔한 사람의 생명을 얼마간 더 연장해 준 셈이지만, 그분의 영혼은 여전히 사망(지옥)의 위기에 처해 있습니다. 육신의 생명을 구원하는 일도 귀하지만 사람의 영혼을 구원하는 일은 무엇보다 귀중하다는 사실을 우리는 알아야 합니다.

예수님께서는 죄의 병에 걸려서 영원한 사망인 지옥으로 떨어지는 영혼들을 치유하시는 의사로 우리 가운데 오셨고, 우리 모든 인류를 영원한 지옥불에서 건져내셨습니다. 주님의 은혜를 입고 먼저 죄 사함을 받은 우리들도 주님의 조수(助手)로 일하는 영혼의 의사들이 되었습니다. 우리는 영혼을 살리는 일을 합니다. 우리는 사람들에게 진리의 복음을 전해 주어서 그들이 영원한 생명을 얻도록 하는 아주 귀한 일을 하고 있습니다. 사람들이 우리를 몰라봐서 그렇지, 사실 우리는 크게 존경을 받아야 할 사람들입니다. 세상 사람들은 우리가 어떤 일을 하는지를 몰라서 우리를 무시하고 홀대하는 것이지 우리가 어떤 일을 하는 사람들인지를 안다면 우리를 존귀하게 여길 것입니다.

영혼들을 죽이는 자들

헤롯 왕도 하나님을 믿는 자였습니다. 그런데 그는 죽이는 일을 했습니다. 예수님을 믿는다고는 하지만 진리의 복음을 알지 못하는 거짓 선지자들도 헤롯처럼 죽이는 일을 합니다. 에스겔 선지자는 **"너희가 두어옹큼 보리와 두어조각 떡을 위하여 나를 내 백성 가운데서 욕되게 하여 거짓말을 곧이 듣는 내 백성에게 너희가 거짓말을 지어서 죽지 아니할 영혼을 죽이고 살지 못할 영혼을 살리는도다"**(겔 13:19)라고 거짓 선지자들을 책망했습니다. 거짓 선지자들은 자기의 욕심을 채우려고 거짓된 교설(巧說)을 지어서 영혼들을 지옥으로 끌고 가고 있습니다. 그들은 살지 못할 영혼들, 즉 도저히 영생을 얻을 수 없는 교만한 자들을 부추겨서 자기들의 의가 더욱 충만하도록 기를 살려 줍니다. 장로님, 권사님, 집사님이라는 감투를 씌워 주고 그들이 듣기 좋아하는 말을 지어내서 자기의 말을 잘 듣게 만듭니다. 그러나 거듭나지 못한 가짜 목사들은 자기의 죄와 연약함을 고백하며 도움을 청하는 **"심령이 가난한 자들"**에게는 별로 해 줄 말이 없습니다. 그런 사람들은 **"물과 피의 복음"**을 전해 주기만 하면 죄 사함을 받고 살아날 수 있는 영혼들입니다. 그런데 삯꾼 목사들은 **"죽지 아니할 영혼을 죽이고 살지 못할 영혼을"** 살립니다.

헤롯으로 대표되는 이 세상의 권세자들은 사람을 죽이는 일을 합니다. 종교지도자들도 **"죽지 아니할 영혼을 죽이는"** 일을 합니다. 사단 마귀의 종들은 사람들의 영혼을 죽이지만 하나님의 종들은 살리는 일을 합니다. 헤롯 왕이 자기 동생의 아내였던 헤로디아를 자기 부인으로 삼자, 세례 요한은 그의 죄를 지적하고 책망했습니다. 그러자 헤롯은 세례 요한을 옥에 가두었습니다. 헤롯은 세례 요한을 없애고 싶었지만 백성들이 세례 요한을 선지자로 여겼기 때문에 민란이 일어날까 두려워서 그를 죽이지 못하고 있었습니다. 그런데 헤롯의 생일 잔치에서 헤로디아의 딸, 즉 헤롯의 의붓딸이 춤을 춰서 헤롯과 손님들의 마음을 사로잡았습니다. 크게 만족한 헤롯은 "무엇을 선물로 주랴? 네가 원하면 나라의 반이라도 주겠다"라고 약속했습니다. 그 딸은 제 어미에게 가서 "무엇을 달라고 할까요?"라고 물었더니, 그 어미 헤로디아는 "요한의 머리를 쟁반에 담아오라"라고 요청했습니다.

모녀가 나라의 절반을 차지할 기회에 기껏 요한의 머리를 선물로 요구했으니 참 이상하죠? 사실 거듭나지 못한 죄인들에게는 자기들의 죄가 들춰져서 비난을 당하는 것이 가장 괴로운 일입니다. 헤롯이나 헤로디아에게는 자기들의 불륜을 계속 지적하는 세례 요한이 눈엣가시같이 괴로웠습니다. 제발 이제는 좀 자기들의 죄를 덮어주고 잊어줘서 얼굴을 들고 떳떳하게 살고 싶은데, 하나님의 종은 헤롯에게 자기의 죄를 죄로 인정하고 돌이키라고 외치니 견딜 수가 없었습니다. 사람은 죄를 덮고 가리고자 합니다. 그것이 인간의 본성입니다. 범죄한 아담과 하와가 제일 처음으로 한 짓이 무화과 나뭇잎으로 옷을 만들어서 자기들의 수치를 가리는 일이었습니다. 사람은 자기들의 죄를 덮으려고 더 큰 죄를 짓기도 합니다.

죄를 덮어버리고 가리려고 하는 노력이 바로 종교입니다. 종교는 인간의 의(무화과 나뭇잎 옷)로 자기의 수치를 가리려는 모든 행태를 일컫는 말입니다. 모든 종교는 인간의 노력에 의한 성화(聖化)를 지향(志向)합니다. 그들은 회개 기도와 희생 봉사와 자기 수양으로 끊임없이 자기들의 죄를 덮고 가리려고 합니다. 그런데 문둥병자가 자기의 환처(患處)를 가리고 덮는다고 그 문둥병이 낫겠습니까? 부지런한 환자일수록 겉으로는 멀쩡해 보이지만 날이 갈수록 속으로는 고름이 더 심하게 흐릅니다. 예수님께서 바리새인과 서기관들에게 **"화 있을찐저 외식하는 서기관들과 바리새인들이여**

잔과 대접의 겉은 깨끗이 하되 그 안에는 탐욕과 방탕으로 가득하게 하는도다"(마 23:25) 하고 책망하신 것도 그런 이유 때문입니다. 하나님은 우리의 죄를 들춰내서 고침을 받게 하지만 영혼을 죽이는 자들은 죄를 덮는 방법만 가르쳐 줍니다. 거듭나지 못한 목사들은 "회개 기도로 너희 죄를 덮어라! 희생 봉사로 너희의 죄를 가려라!"라고 가르칩니다. 그러나 회개 기도를 드린다고 죄가 없어집니까?

 "**피 흘림이 없은즉 사함이 없느니라**"(히 9:22)고 말씀하셨습니다. 죄는 반드시 공의(公義)한 대가를 치러야만 없어집니다. 그리고 인류의 모든 죄를 세례로 담당해서 십자가에서 대속의 죽으심으로 죄의 값을 치러주신 주님의 진리의 복음을 믿지 않고서는 사람의 죄가 절대로 없어지지를 않습니다. 하나님은 우리의 죄를 모두 드러내서 하나님 앞에 구원을 베풀어 달라고 항복하고 나오게 하십니다. 세례 요한은 하나님의 종으로서 사람들의 죄가 드러나게 하는 사역을 했습니다. 그리고 진정으로 자기의 죄를 시인하며 하나님의 긍휼을 구하며 나온 자들에게 회개의 표로 세례를 베풀어 주면서 그 모든 죄를 없애 주실 메시아를 소개했습니다. 그런데 "**요한이 의의 도로 너희에게 왔거늘 너희는 저를 믿지 아니하였으되 세리와 창기는 믿었으며 너희는 이것을 보고도 종시 뉘우쳐 믿지 아니하였도다**"(마 21:32)라고 주님께서 말씀하신 대로, 자기의 죄를 가리려고 하는 종교인들은 세례 요한이 전한 **의의 도를** 믿지 않았습니다. 지금도 현대판 바리새인들이 장악한 기독교라는 종교의 세계에서는 "**물과 피로 임하신**"(요일 5:6) 예수 그리스도께서 완성하신 "**의의 도**"를 믿지 않습니다. 주님은 그들에게도 하나님께서 어린양을 희생해서 만드신 **가죽옷을** 입혀 주기를 원합니다만,

그들은 그토록 완전하고 영원한 가죽옷을 마다하고 새벽마다 회개 기도로 무화과 나뭇잎 옷을 새로 지어 입습니다.

모든 사람들을 살리러 오신 예수님

헤롯으로 대표되는 이 세상의 권세자들은 영혼을 죽이는 일을 하지만 예수님께서는 살리는 일을 하십니다. 예수님께서 갈릴리 호수 건너편의 빈 들로 가셨는데 엄청나게 많은 사람들이 여러 고을로부터 모였습니다. **"먹은 사람은 여자와 아이 외에 오천 명이나 되었더라"**(마 14:21)는 말씀을 볼 때, 남자 장정만 오천 명이었다고 하니, 여자와 아이까지 합하면 2~3만 명은 되었을 것입니다. 그토록 많은 사람들이 오랜 시간 동안 모여 있었으니 먹을 것이 없었습니다. 그래서 제자들이 예수님께 나와서 "이 곳은 빈 들이고 근처에는 먹을 곳이 없으니 저들을 마을로 보내서 음식을 먹게 하자"라고 청했습니다.

그런데 예수님께서 제자들에게 **"갈 것 없다 너희가 먹을 것을 주어라"**(마 14:16)고 말씀하셨습니다. 이는 지금도 많은 영혼들이 영적으로 주려서 굶어 죽어 가고 있는데 주님께서 우리에게 복음의 양식을 먹이라는 주님의 명령입니다. 주님께서는 죽어 가는 영혼들에게 각자 알아서 해결하라고 말씀하시지 않고 **"너희가 먹을 것을 주어라"**라고 말씀하셨습니다. 살리는 사역은 살릴 수 있는 능력을 가진 자들이 감당해야 할 몫입니다. 하나님의 아들이신 예수 그리스도의 은혜를 입어서 죄 사함을 받고 그에게 붙은 자들만이 진리의 복음으로 영혼들을 살릴 수 있습니다. 다른 곳에 가서나 다른 방법으로는 의에 주리고 목마른 자들을 살릴 길이 없습니다.

"갈 것 없다 너희가 먹을 것을 주어라"라는 주님의 말씀은 전 세계의 모든 영혼들에게 먹을 것을 주라고 우리에게 말씀하신 주님의 명령입니다.

오병이어(五餠二魚)의 역사

제자들은 "여기 우리에게 있는 것은 떡 다섯 개와 물고기 두 마리 뿐이니이다" 하며 있는 것을 모두 내어놓았습니다. "떡 다섯 개와 물고기 두 마리"는 살리는 복음을 계시합니다. 성경에서 "다섯"이라는 숫자는 "은혜"를 나타냅니다. 베데스다 (Bethesda)는 "은혜(자비)의 집"이라는 뜻입니다. 베데스다 연못에는 솔로몬의 행각이 다섯 개가 있었는데 거기에 하나님의 은혜가 임했습니다. 그리고 "둘"은 진리를 계시합니다. "너희는 여호와의 책을 자세히 읽어보라 이것들이 하나도 빠진 것이 없고 하나도 그 짝이 없는 것이 없으리니 이는 여호와의 입이 이를 명하셨고 그의 신이 이것들을 모으셨음이라"(사 34:16)고 말씀하신 대로 하나님의 말씀은 신약과 구약이 서로 짝을 이루어 그 말씀이 진리임을 증거합니다. 이처럼 "떡 다섯 개와 물고기 두 마리"는 은혜와 진리를 계시하는 말씀인데, 은혜와 진리는 예수 그리스도 안에 충만했습니다. 그리고 그것들은 또한 진리의 복음을 계시합니다. 물과 피의 복음 안에도 "은혜와 진리가 충만"(요 1:14)합니다.

보리떡 다섯 개와 물고기 두 마리는 우리가 받은 원형복음(原形福音)입니다. 우리에게는 영혼들을 넉넉하게 먹이고 살릴 수 있는 원형의 복음이 있습니다. 그래서 주님은 우리에게 "갈 것 없다 너희가 먹을 것을 주어라"라고 말씀하신 것입니다. "떡 다섯 개와 물고기 두 마리" 위에 주님이 축복하시자 여자와 아이를 빼고도 장정만 오천 명이나 되는 큰 무리가 넉넉하게 먹고도 열두 광주리가 남았습니다. 우리들에게는 전 세계의 모든 주린 심령들을 다 먹이고도 남을 진리의 복음이 있습니다. 주님께서 그 위에 역사하시면 전 세계 모든 영혼들을 넉넉하게 살리고도 남습니다.

제자들은 주님께서 떼어 주시는 떡과 물고기를 부지런히 날랐습니다. 주님께서는 우리에게도 살리는 직분을 주셨습니다. 우리 거듭난 자들은 "이제 나는 복음을 듣고 믿었으니 됐다! 나나 잘 믿고 조용히 살면 되겠구나!" 하고 돌아가 한 달란트를 땅에 묻어 버린 악한 종처럼 되어서는 안됩니다. 저와 여러분들은 다 복음의 충성된 일꾼들이 되어야 합니다. 주님께서 우리에게 복음을 전파할 시간을 언제까지 주실지는 아무도 모릅니다. 다만 허락하실 때까지 후회 없이 주님의 복음을 전파해서 더 많은 이들이 영생을 얻게 되기를 간절히 바랄 뿐입니다.

복음의 일꾼이 되려면 여러분이 먼저 영적인 훈련과 연단을 받아야 합니다. 사도 바울은 디모데와 같은 영의 아들을 잘 양육해서 후에는 젊은 디모데가 바울의 지시를 따라 아테네, 데살로니가, 고린도, 에베소 등지에서 독립적인 사역과 목회를 했습니다. 그처럼 여러분들도 때가 되면 어떤 지역의 목회자로서 많은 영혼들을 먹이고 이끄는 하나님의 종들로 서게 되기를 바랍니다.

우리는 영혼들을 살리는 일에 부르심을 받은 자들이기 때문에 생명의 말씀에 능통한 자들이 되어야 합니다. "에이, 난 말씀을 잘 모르겠어요! 성경은 너무 어려워요!" 할 것이 아니라, 장차 영혼들에게 먹일 것이 있게 하기 위해서 지금 여러분의 마음에 생명의 양식을 믿음으로 많이 쌓아 두어야 합니다. 상대방에게 말씀을 전해 주려면 자기 안에 말씀이 있어야 합니다. 거듭나지 못한 자들도 성경 구절을 잘 외웁니다. 그런 자들을 생명의 말씀으로 이끌려면 우리도 말씀을 알아야 합니다. 주님은 **"갈 것 없다 너희가 먹을 것을 주어라"**라고 말씀하십니다. 우리는 복음의 일꾼으로서 영혼을 살리는 일에 마음을 새롭게 하고 지금부터라도 말씀에 능한 종으로 부족함이 없도록 구비해야 할 것입니다.

　말씀을 마쳤습니다.

믿음의 능력

"예수께서 즉시 제자들을 재촉하사 자기가 무리를 보내는 동안에 배를 타고 앞서 건너편으로 가게 하시고

무리를 보내신 후에 기도하러 따로 산에 올라가시다 저물매 거기 혼자 계시더니

배가 이미 육지에서 수리나 떠나서 바람이 거슬리므로 물결을 인하여 고난을 당하더라

밤 사경에 예수께서 바다 위로 걸어서 제자들에게 오시니

제자들이 그 바다 위로 걸어 오심을 보고 놀라 유령이라 하며 무서워하여 소리지르거늘

예수께서 즉시 일러 가라사대 안심하라 내니 두려워 말라

베드로가 대답하여 가로되 주여 만일 주시어든 나를 명하사 물 위로 오라 하소서 한대

오라 하시니 베드로가 배에서 내려 물 위로 걸어서 예수께로 가되

바람을 보고 무서워 **빠져** 가는지라 소리질러 가로되 주여 나를 구원하소서 하니

예수께서 즉시 손을 내밀어 저를 붙잡으시며 가라사대 믿음이 적은 자여 왜 의심하였느냐 하시고

배에 함께 오르매 바람이 그치는지라

배에 있는 사람들이 예수께 절하며 가로되 진실로 하나님의 아들이로소이다 하더라

저희가 건너가 게네사렛 땅에 이르니

그 곳 사람들이 예수신 줄을 알고 그 근방에 두루 통지하여 모

든 병든 자를 예수께 데리고 와서

다만 예수의 옷가에라도 손을 대게 하시기를 간구하니 손을 대는 자는 다 나음을 얻으니라"(마 14:22-36).

예수님께서 떡 다섯 개와 물고기 두 마리로 오천 명을 먹이신 기적을 베푸심으로 배불리 먹은 사람들은 예수님을 더욱더 붙좇았습니다. 그들은 오직 육신의 떡을 구했지만 예수님께서는 그들에게 영생을 얻게 하는 생명의 양식을 주고자 하셨습니다. 그래서 **"내가 곧 생명의 떡이니 내게 오는 자는 결코 주리지 아니할 터이요 나를 믿는 자는 영원히 목마르지 아니하리라"**(요 6:35)고 말씀하셨습니다. 또 주님은 그들에게 **"내가 진실로 진실로 너희에게 이르노니 인자의 살을 먹지 아니하고 인자의 피를 마시지 아니하면 너희 속에 생명이 없느니라 내 살을 먹고 내 피를 마시는 자는 영생을 가졌고 마지막 날에 내가 그를 다시 살리리니 내 살은 참된 양식이요 내 피는 참된 음료로다"**(요 6:53-55)라고 말씀하셨습니다. 주님의 **"살"**은 세례 요한에게 안수의 형식으로 세례를 받아서 세상 죄를 담당하신 당신의 육체를 계시합니다. 주님의 **"피"**는 그 모든 죄를 대속하신 십자가의 죽으심을 의미합니다. 주님께서 받으신 세례와 십자가의 피를 온전히 믿는 사람은 **"죄 사함으로 말미암는 구원"**(눅 1:77)을 받고 영원한 생명을 얻습니다.

이러한 가르침을 들은 사람들은 예수님의 말씀을 이해할 수 없어서 수군거리기 시작했습니다. 심지어 제자들조차도 **"이 말씀은 어렵도다 누가 들을 수 있느냐"**(요 6:60)라고 불평을 했습니다. 그리고 열두 제자 외에는 예수님을 다 떠나갔습니다. 예수님께서는 남은 제자들에게 **"너희도 가려느냐?"**라고 물으셨습니다. 이에 시몬 베드로는 "**주여 영생의 말씀이 계시매 우리가 뉘게로 가오리이까 우리가 주는 하나님의 거룩하신 자신 줄 믿고 알았삽나이다**"(요 6:68-69)라고 대답했습니다. 주님께는 영생의 말씀이 있습니다. 그러나 육신의 욕망만을 좇는 자들은 진리의 말씀에 별로 관심이 없습니다. 예수님께서 엄청난 이적을 베푸신 후에 제자들을 배에 태워 건너편 마을로 먼저 보내시고 당신은 기도하러 산으로 가셨습니다. 그러나 그때에는 예수님을 따르는 자들이 없었습니다.

예수님께서 밤늦도록 기도하시다가 제자들과 합류하려고 갈릴리 바다로 향하셨습니다. 그런데 제자들이 타고 있었던 배는 역풍(逆風)을 만나서 앞으로 나아가지 못하고 풍랑으로 인해 곤란한 지경에 빠져 있었습니다. 물이 세차게 배로 넘어오고 있는 위급한 상황이었는데, 그때에 예수님이 물 위를 걸어서 제자들에게 다가오고 있었습니다. 밤 사경(四更)에, 즉 지금 시간으로는 밤 10시경이면 아주 깜깜할 때였는데, 누군가 물 위를 걸어서 자기들에게 오고 있었으니 제자들은 "유령이다!" 하고 소리를 지르며 두려워했습니다. 예수님께서 "**안심하라 내니 두려워 말라**"라고 하시자 용감한 베드로가 "**주여 만일 주시어든 나를 명하사 물 위로 오라 하소서**" 하고 호기를 부렸습니다. 주님께서 "**오라**"고 하시자, 베드로는 놀랍게도 물 위를 걸어서 주님께로 몇 걸음을 떼었습니다. 그런데 베드로는 풍랑을 바라보고는 물에 빠져들어 가면서 무섭고 당황해서 "**주여 나를 구원하소서**" 하고 소리쳤습니다. 예수님께서 즉시 손을 내밀어 베드로를 붙잡으시며 "**믿음이 적은 자여 왜 의심하였느냐**"라고 책망하시며 함께 배에 오르자 바람이 잠잠해졌습니다. 이 모든 것을 본 제자들은 예수님께 절하며 "**진실로 하나님의 아들이로소이다**"라고 고백했습니다.

예수님은 하나님의 아들이라는 믿음의 중요성

예수님은 하나님 아버지의 외아들인 성자(聖子) 하나님입니다. 예수님은 전능한 하나님입니다. 그렇기에 예수님께서는 능히 물 위를 걸어가실 수 있습니다. "예수님은 하나님이시다"라는 믿음은 믿음의 올바른 기초입니다. 예수님은 당신의 능력의 말씀으로 우주 만물을 창조하신 창조주 하나님입니다. 이 우주가 얼마나 크고 신묘막측(神妙莫測)한지를 한번 헤아려 봅시다. 우선 우리의 눈에 보이는 태양(太陽)은 스스로 빛을 내는 항성(恒星)입니다. 밤하늘에 반짝이는 모든 별들도 태양과 같은 항성들입니다. 태양이라는 항성의 주위에는 수성, 금성, 지구, 화성, 목성 등의 행성(行星)들이 일정한 속도로 정해진 궤도를 돌고 있습니다. 또 각각의 행성에는 위성(들)이 일정한 궤도와 속도로 돌고 있습니다. 지구는 위성(衛星)인 달이 하나뿐이지만 목성은 달을 네 개나 가지고 있습니다. 이 모든 태양계의 천체(天體)들이 한치의 착오도 없이 공전과 자전을 하고 있습니다.

태양계 하나의 크기만 해도 상상을 초월합니다. 1초에 30만 Km를 달리는 빛의 속도로도 태양빛이 지구까지 오는데 8분이 걸립니다. 우리가 지금 보고 있는 태양은 8분 전의 태양이라는 말씀입니다. 만일 우리가 지는 해를 보고 있다면, 우리는 이미 8분 전에 진 태양의 잔상(殘像)을 보는 것입니다. 그렇게 태양계 하나만 해도 그 크기가 어마어마한데, 우리 은하계(galaxy)에만 수억 개의 태양계들이 있다고 합니다. 또 우주 전체에는 우리 은하계와 같은 은하계가 6,000억 개가 있다고 천문과학자들은 주장합니다. 그런데 성자 하나님인 예수님께서 "있으라!"라는 말씀 한마디로 이 엄청난 우주가 생겨났으니, 예수님은 전능하신 하나님임을 우리는 믿어야 합니다.

그러니 제자들이 물 위를 걸어오신 예수님께 절하며 **"진실로 하나님의 아들이로소이다"**라고 고백한 것은 당연한 일입니다. 예수님은 태초부터 계신 "말씀"의 하나님입니다. 그 "말씀"의 성자(聖子) 하나님이 아버지 하나님의 뜻을 좇아 처녀 마리아의 태중에 성령으로 잉태되어 사람의 몸을 입고 우리 가운데 오셨습니다. 약 2,000년 전에 영(靈)의 하나님께서 인류의 대속제물이 되어 주시려고 우리와 같은 인간의 모습으로 이 땅에 오셨습니다. 하나님께서 육신이 되어 오셨으므로 예수님은 근본 죄를 알지도 못하신 분이며, 전 인류의 대속제물이 되기에 부족함이 없는 "흠 없는 하나님의 어린양"이었습니다. 그 예수님께서 서른 살이 되시자 갈릴리에서 요단강에 이르러 대제사장 아론의 후손이자 인류의 대표자인 세례 요한에게 안수의 형식으로 세례를 받았습니다. 그때에 예수님은 세례 요한에게 세례를 청하면서, **"이제 허락하라 우리가 이와 같이 하여 모든 의를 이루는 것이 합당하니라"**(마 3:15)고 선포하셨습니다. **"그 세례"**(the Baptism, 행 10:37)가 인류의 모든 죄를 단번에 당신의 육체로 넘기신 능력의 세례입니다. 저와 여러분을 합당하게 구원하시려고 육신을 입고 흠 없는 제물로 이 땅에 오신 예수님께서 세례를 받으셔서 세상의 모든 죄를 담당하시고 십자가에서 우리의 모든 죄를 다 대속해 주셨습니다. 예수님은 하나님이라는 믿음이 하나님께서 기뻐 받으시는 믿음입니다. 믿음의 사람들은 예수께서 물 위를 걸으셨다는 말씀을 그대로 믿습니다.

고등비평학(Higher Criticism)의 인본주의적 해석

그러나 고등비평학(高等批評學)에 속한 신학자들은 성경 말씀을 그대로 믿지 않습니다. 그들은 기록된 성경 말씀을 이성적으로, 역사적으로, 그리고 문화적인 비평을 통해서 인간이 이해할 수 있는 논리로 해석합니다. 그들은 "예수님께서 물 위를 걸으셨다"라는 말씀도 문자 그대로 믿지 않습니다. "어떻게 그런 일이 있을 수 있겠느냐? 그것은 예수님께서 갈릴리 호숫가의 물이 얕은 모래톱을 걸어가신 것인데, 풍랑으로 당황했던 제자들이 예수님이 물 위를 걸으신 것으로 착각해서 오두방정을 떤 것이다"—그들은 이렇게 해석하는 것이 옳다고 주장합니다. 그들은 오병이어(五餠二魚)의 기적도 인본주의적 관점에서 해석해냅니다. "어떻게 떡과 물고기가 증가할 수 있겠느냐? 큰 무리가 예수님을 따라다녔지만 그들은 자기가 먹을 것은 다 감추어 두고 몰래 먹고 있었다. 그런데 어린아이가 아낌없이 자기의 음식을 내어놓는 것을 보고 감동을 받아서 너도나도 감추어놓았던 음식을 내어놓았다. 그 결과 모두가 배불리 먹고도 열두 광주리의 음식이 남았다. 자기의 욕심을 부인하고 서로 나눌 때에 기적은 일어난다는 교훈이다"—이렇게 고등비평학에 속한 신학자들은 해석합니다.

그들은 성경 말씀을 기록된 문자 그대로 믿는 것은 저급(低級)한 수준의 해석이라고 비판합니다. 그리고 철학과 역사학 인문학을 동원해서 이성적이고 논리적으로 성경을 이해하고 믿는 것이 고등(高等)한 성경해석의 방법이라고 주장합니다. 유명한 의료 선교사 앨버트 슈바이처(Albert Schweitzer) 박사도 그런 자들 중의 하나입니다. "인류에 대한 노력을 인정받아 1952년에 노벨상을 받은 슈바이처 박사는 예수에 대해 자신만의 관점으로 바라보았습니다. 슈바이처 박사는 예수가 자신이 신이라고 주장하는 이유가 정신이상 때문이라는 결론을 내렸습니다. 다시 말해서, 예수의 주장은 틀렸지만, 고의로 거짓말을 한 것은 아니라는 얘기입니다. 이 이론에 따르면 예수는 자신이 실제로 메시아라고 믿도록 속은 셈입니다."(출처: www.y-jesus.com) 그런 **고등비평학**(Higher Criticism)의 영향을 받아서 20세기 초반 이후 많은 신학자들이 성경 말씀을 인본주의적 관점에서 해석했고, 결국은 예수님이 하나님이라는 사실을 부인하게 되었습니다. 그런 자들은 예수님을 하나님이 아니라 "인류의 위대한 스승 중의 한 분"이라고 믿습니다.

그런데 그렇게 믿으면 지옥에 갑니다. 우리는 하나님 말씀을 어린아이같이 순수하게 믿어야 합니다. 예수님은 하나님이기 때문에 얼마든지 물 위를 걸어가실 수 있습니다. 예수님은 근본 사람이 아닙니다. 예수님은 모든 인생들을 구원하려고 잠시 사람의 몸을 입고 오셨던 하나님입니다. 우리는 성경 말씀을 사람의 논리와 이치에 맞게끔 인본주의적인 시각에서 해석하려는 자들을 경계해야 합니다. "너희가 내가 진정 하나님의 아들인 것을 믿으면 내가 명한 말씀은 그대로 이루어진다"라고 주님께서는 말씀하십니다. 베드로는 예수님의 말씀을 믿고 예수님이 하나님의 아들이심을 믿는 믿음의 능력으로 물 위를 몇 발짝 걸었습니다. 그런데 베드로가 예수님께로부터 눈을 떼는 순간 그는 물속으로 빠져들어 갔습니다. 진정한 믿음은 자기의 상황과 형편에 상관없이 주님의 말씀을 붙드는 것입니다. 자기 생각에 빠져서 상황과 형편을 바라보게 되면 그동안 주님을 믿음으로 좇아간 것이 순식간에 물거품이 됩니다. 그러면 믿음의 실족자(失足者)가 되고 맙니다.

말씀을 믿고 의지하는 믿음

베드로는 예수님의 부르심을 받기 전에 시몬이라고 불리는 어부였습니다. 그는 갈릴리 호수에서 밤새도록 그물질을 하였지만 한 마리의 물고기도 잡지 못해서 씁쓸한 마음으로 배에서 내려와 그물을 씻고 있었습니다. 그때에 예수님께서는 시몬의 배를 빌려 타시고 물가에 몰려든 사람들에게 말씀을 전하셨습니다. 말씀을 마치신 예수님은 시몬에게 **"깊은 데로 가서 그물을 내려 고기를 잡으라"**라고 명하셨습니다. 이에 시몬은 **"선생이여 우리들이 밤이 맞도록 수고를 하였으되 얻은 것이 없지마는 말씀에 의지하여 내가 그물을 내리리이다"**(눅 5:5) 하고 대답하고 순종하였더니 그물이 찢어지도록 많은 물고기가 잡혔습니다.

믿음이란 자기의 생각을 부인하고 주님의 말씀을 어린아이같이 단순하게 믿는 것입니다. 그것이 주님께서 기뻐하시는 믿음입니다. 그리고 주님의 말씀은 한 점 한 획도 떨어지지 않고 다 이루어집니다. 주님은 **"너희는 먼저 그의 나라와 그의 의를 구하라 그리하면 이 모든 것을 너희에게 더하시리라"**(마 6:33)고 약속하셨습니다. 우리가 복음 전파에 마음을 정하고 충성되게 주님의 뜻을 좇는다고 하면 우리는 결코 부족함이 없는 삶을 살 것입니다. 하나님께서 아브라함을 창대(昌大)하게 하셨듯이 우리도 창대하게 하실 것입니다.

우리를 대적하는 이들도 있을 것입니다. 그러나 그들이 우리에게 도전하는 것은 "계란으로 바위를 치는 격"입니다. 우리의 복음 서적들은 기독교계의 어느 누구의 책과 비교해도 꿀리지 않습니다. 여러분이 우리의 복음 서적을 누구에게 줄 때에도 쭈빗쭈빗할 것이 전혀 없습니다. "정말 세계 어느 곳에서도 만날 수 없는 진리의 책자를 내가 너에게 준다"라는 자부심으로 당당하게 줘야 합니다. 우리는 하나님께서 **"심령이 가난한 자"**를 만나게 하실 때를 대비해서 가방에 우리의 책자 한두 권을 늘 준비하고 다녀야 합니다. 저는 직장에서도 하나님의 말씀을 들을 만한 영혼을 만나면 교제를 해보고 우리의 책자를 주곤 합니다. 값진 것을 알아보지 못할 자들에게는 주지 않지만 그래도 하나님의 은혜를 구하며 우리의 서적을 선물로 줄 때도 많습니다. 그리고 그 책을 꼭 읽어보라고 권면합니다.

우리는 영적으로도 꿀릴 것이 없습니다. 우리가 믿고 전파하는 **"물과 피의 복음"**(요일 5:6)이 **"성경대로"**(고전 15:3-4)의 복음이며 분명한 진리의 말씀이기 때문입니다. 하나님께서는 우리의 복음 사역을 축복하셔서 우리를 창대(昌大)하게 하실 것입니다. 여러분, 기대하십시오. 하나님께서 우리의 사역을 큰 나무처럼 창대하게 하셔서 천하의 모든 민족들이 그 나무 그늘 아래서 쉼을 얻게 하실 것입니다.

오늘 말씀은 예수님이 전능하신 성자(聖子) 하나님이라는 사실을 믿는 사람들은 하나님의 말씀의 능력을 맛볼 수 있다는 교훈입니다. 저와 여러분은 그런 믿음의 사람이 되기를 바랍니다.

말씀을 마쳤습니다.

마태복음 강해 설교집
모든 의를 이루신 예수 그리스도 II

2017 년 12 월 28 일 초판 인쇄

Copyright © 2017 by Uijedang Press
All rights reserved. No part of this publication may be reproduced, distributed, or transmitted in any form or by any means, without the prior written permission of the publisher.

발행처　도서출판 의제당
주소　제주특별자치도 제주시 계명길 10 (외도일동) 2 층

홈페이지　www.born-again.co.kr
　　　　　의제당.kr
블로그　pilgrim1952.blog.me
문의　uijedang@naver.com

Author　Samuel J. Kim
Editor　Tim J. Kim
Cover Art / Illustrator　Leah J. Kim

ISBN　979-11-87235-34-7　04230
ISBN　979-11-87235-30-9 (세트)

가격　10,000 원